伏击股市系列 5

网罗大行情

（上）

“地网”之上抢反弹

帅龙 著

四川人民出版社

图书在版编目（CIP）数据

网罗大行情·上，“地网”之上抢反弹/帅龙著.
—成都：四川人民出版社，2018.8
（伏击股市系列丛书）
ISBN 978-7-220-10943-0

Ⅰ.①网… Ⅱ.①帅… Ⅲ.①股票交易-基本知识
Ⅳ. ①F830.91

中国版本图书馆 CIP 数据核字（2018）第 183636 号

WANGLUO DA HANGQING（SHANG）
网罗大行情（上）
“地网”之上抢反弹

帅 龙 著

责任编辑	王定宇 王鲁琴
封面设计	张 科
版式设计	戴雨虹
责任校对	何佳佳
责任印制	王 俊
出版发行	四川人民出版社（成都市槐树街 2 号）
网 址	http://www.scpph.com
E-mail	scrmcbs@sina.com
新浪微博	@四川人民出版社
微信公众号	四川人民出版社
发行部业务电话	（028）86259624 86259453
防盗版举报电话	（028）86259624
照 排	四川胜翔数码印务设计有限公司
印 刷	自贡市华华广告印务有限公司
成品尺寸	185mm×260mm
印 张	14.25
字 数	234 千
版 次	2018 年 9 月第 1 版
印 次	2018 年 9 月第 1 次印刷
书 号	ISBN 978-7-220-10943-0
定 价	45.00 元

目　录

“天罗地网”战法

一、股市摸金，要靠战法

有招胜无招。

据正史记载，唐太宗李世民为表彰和纪念开国功臣，在皇宫内特意修建了一座名为凌烟阁的小楼。他命著名画家阎立本仿照真人大小，为二十四位功臣绘制了画像，陈列在凌烟阁中。作为一国之君，李世民常去凌烟阁缅怀这些曾跟随自己一起出生入死的兄弟。在获得皇帝如此重视和礼遇的人中，有一位卢公，程知节。此公何许人也？他正是大名鼎鼎的程咬金。我们对程咬金的了解，多是从评书艺人口中得来，尤其是他的绝活“三板斧”。“三板斧”不简单，招招索命、式式连环，构成了一个自成一体的无敌小宇宙。无数隋唐大将都败在了程咬金的“三板斧”之下。可见，自古而今，从来都是有招胜无招。

股市就是战场。“赤手空拳”上阵，亏的是钱。反过来说，股市摸金，要靠战法。

1. 严谨的买卖依据才是制胜法宝

股市战法，就是一整套关于如何买进股票、如何卖出股票的方法。即笔者上面提到的“招”。“招”，就是规定动作，而不是自选动作。股市里的规定动作其实就简单的两招：买进和卖出。笔者在此想问各位读者朋友一个小问题：“你每一次买进或卖出股票的依据是什么呢?”

想必这一问就把很多人问住了。

如果投资者对自己在个股上的买、卖依据讲不清、道不明，他八成只能“跟着感觉走”，或者随波逐流，迷失在市场里却浑然不觉。不信咱就一起看看下面这张图。

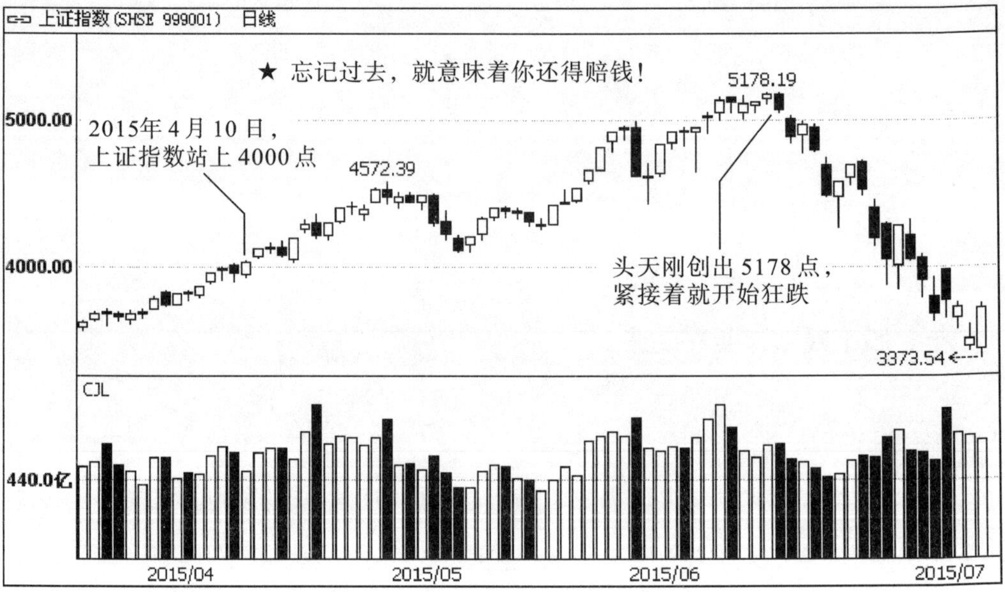

图 1—1

如图 1—1 所示，2015 年 4 月 10 日，当时距离 6 月 15 日开始的“股灾 1.0”66 天，上证指数收盘时站上 4000 点。这时该不该进场?

一只只股票气势如虹，当时我们听到了什么？看到了什么？

“当前的估值非常合理”，“4000 点是牛市的新起点”……看看 4000 点之后的成交量吧，多少人冲了进去。

为什么早不进、晚不进，看到“权威”媒体异口同声唱多了才进场？此时此刻，场内的击鼓传花已经达到高潮了，你本来可以不去接这一棒的，为什么最后还是进场了呢？你的买、卖依据到底有，还是没有?

请再看下一幅图。

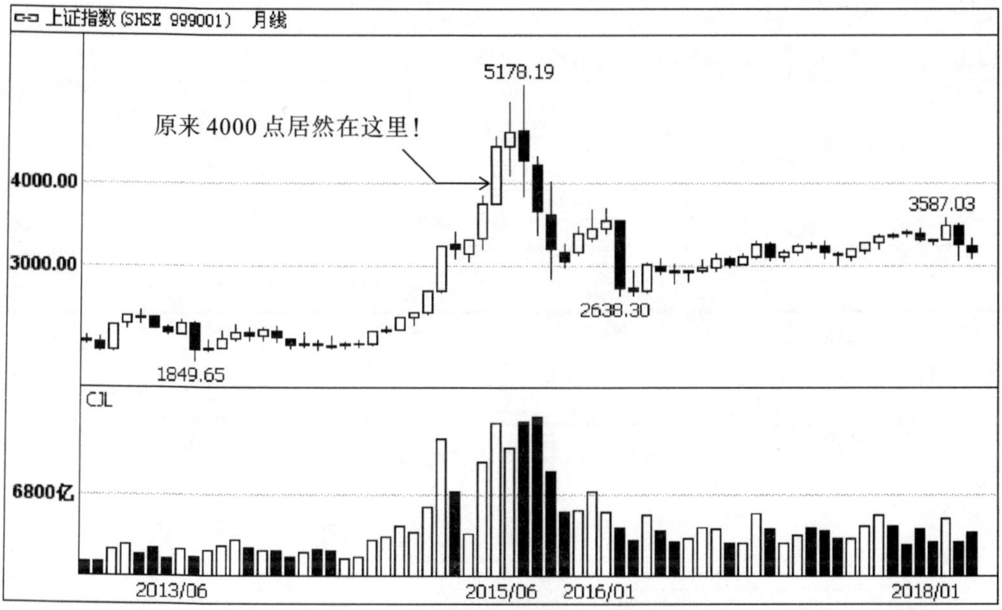

图 1—2

如图 1—2 所示，当我们打开上证指数月 K 线图，就会赫然发现，4 月初的 4000 点，已经非常接近山顶的位置了。

不要怕被人说成是“事后诸葛亮”，这不丢脸。只要能真搞懂了、理解了，就比什么都强。怕就怕很多股民对于自己当初为什么会输一辈子都搞不懂，等到下次、下下次出现同样的情景时，他们还会犯同样的错误！

进场与出场，买与卖，你的依据是什么？你的买卖依据可以用语言清晰地描述出来吗？你买进、卖出股票的这些依据，是否已经尽可能地把盘面的特例，即小概率事件都涵盖进去了呢？是否是经过优化和过滤，被固定下来了呢？你能做到始终如一地执行吗？

我们的股市还不到“而立之年”。市场和交易者其实都还很“不成熟”。市场里太多似是而非、以讹传讹的投资理念在混淆着视听。请你把耳朵堵起来，学会“看图说话”。下面，笔者将掺水、掺假的买进依据和卖出依据各举几例，希望投资者今后遇到后能多留个心眼。

（1）“一阳穿三线”，不等于那里就是起涨点，不代表股价将开启上涨行情

“一阳穿三线”，“三线”是指三条重要的均线。一般要求参数间隔拉开，以便这

三条均线分别代表的短期趋势、中期趋势和长期趋势看上去比较明显。笔者用 30 日（MA30）、60 日（MA60）、120 日（MA120）这三条均线做素材，请看下面几个“一阳穿三线”后，股价并没有上涨的案例。

案例一　传化智联（002010. SZ）

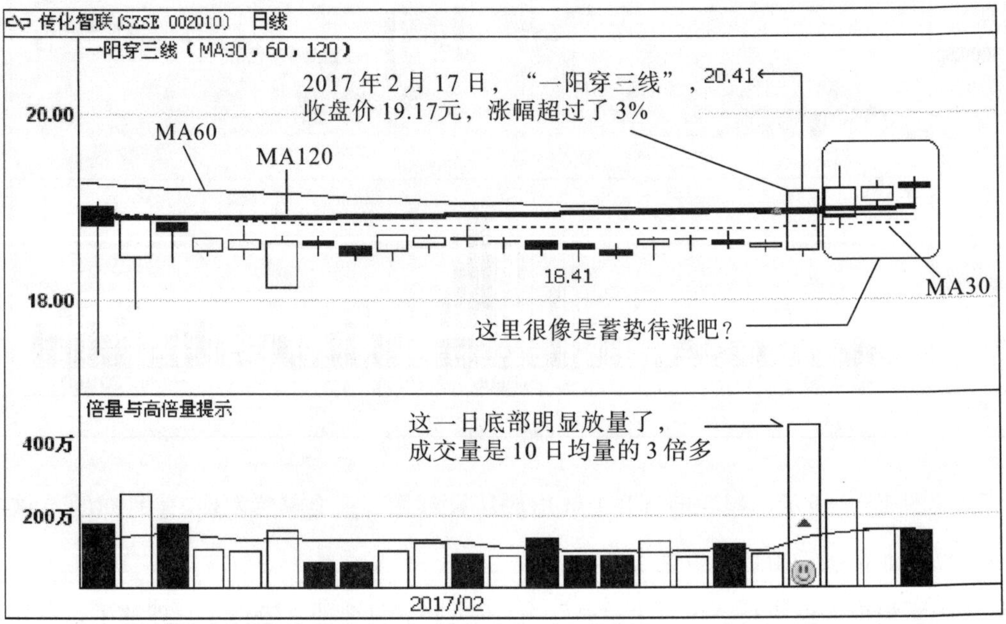

图 1—3

图例说明：

副图里有一条 10 日均量线，成交量柱上会出现三个提示符。

☺：倍量提示符——表示某交易日的成交量超过前一交易日的 1 倍。

☺：高倍量提示符——表示某交易日的成交量超过前一交易日的 3 倍。

▲：表示某交易日的成交量超过 10 日均量的 1 倍。

如图 1—3 所示，2017 年 2 月 17 日，传化智联的股价涨幅 3%，当天的这根阳 K 线一举向上穿越了 30 日、60 日、120 日均线，这就是俗称的“一阳穿三线”。2 月 17 日这天的成交量也相当给力，明显增加了很多，超过了 10 日均量的 3 倍多。

在此后的几个交易日里，股价始终运行在三条均线上方。这是否就意味着上涨行情就要展开了呢？答案请看下图。

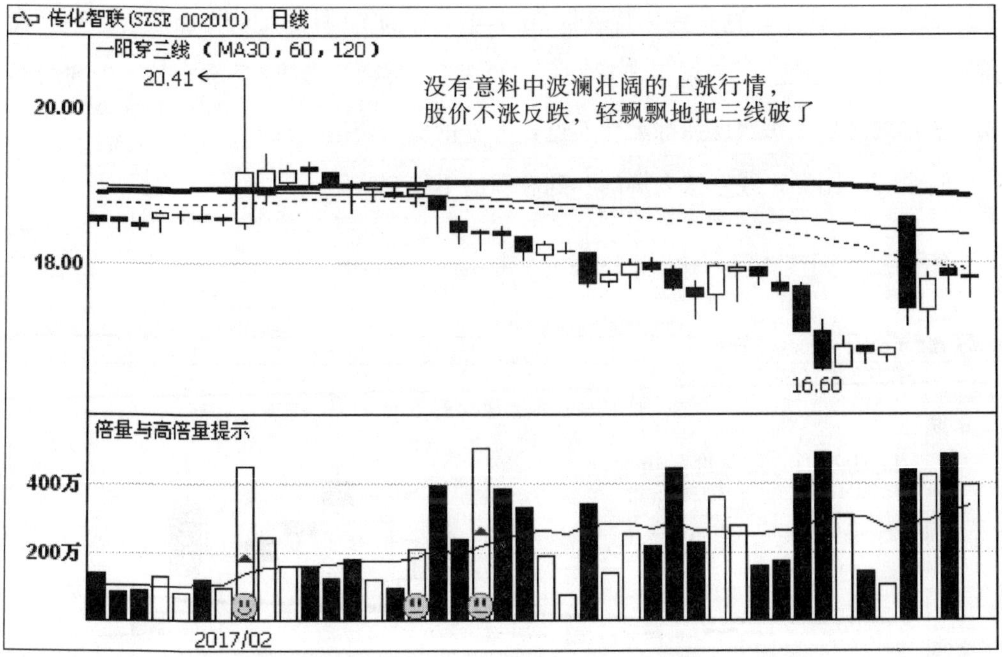

图 1—4

如图 1—4 所示，哪里有什么上涨？从“一阳穿三线”的第四个交易日开始，股价不涨反跌。没过多久，股价竟然在多方毫无抵抗的情况下轻松地就把三线都跌破了。

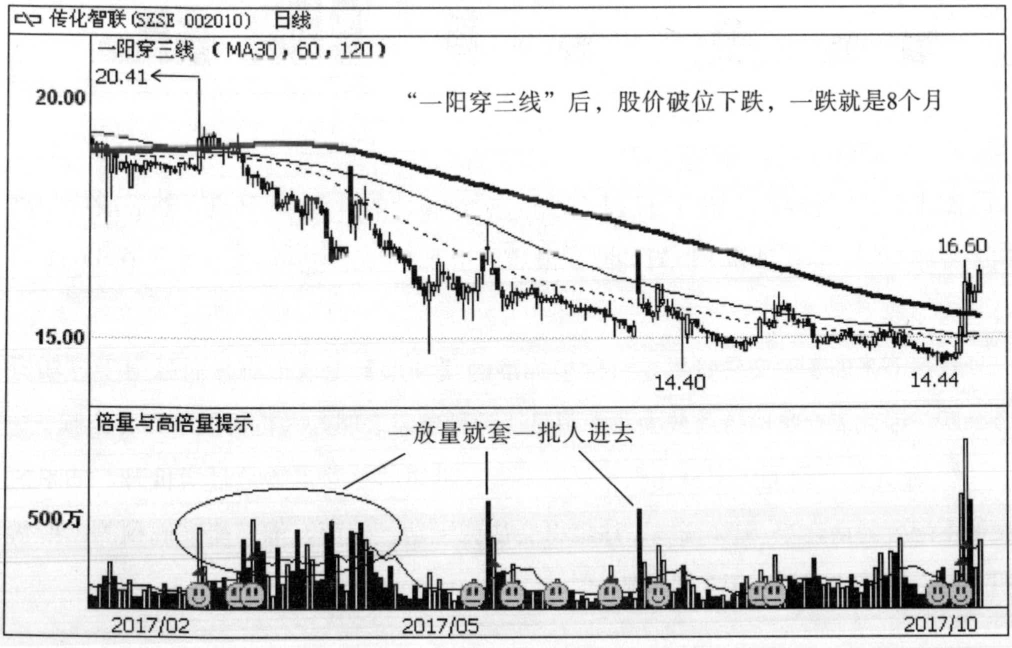

图 1—5

如图 1—5 所示，这是传化智联从 2017 年 2 月到 10 月的走势图。股价不穿三线还好，“一阳穿三线”，后果很严重——股价破位下跌，一跌就是 8 个月。当均线形成空头排列之后，每次反弹都无功而返，一放量反倒套进一批人。

这个“一阳穿三线”怎么搞的？到底靠谱不靠谱？

案例二　天茂集团（000627. SZ）

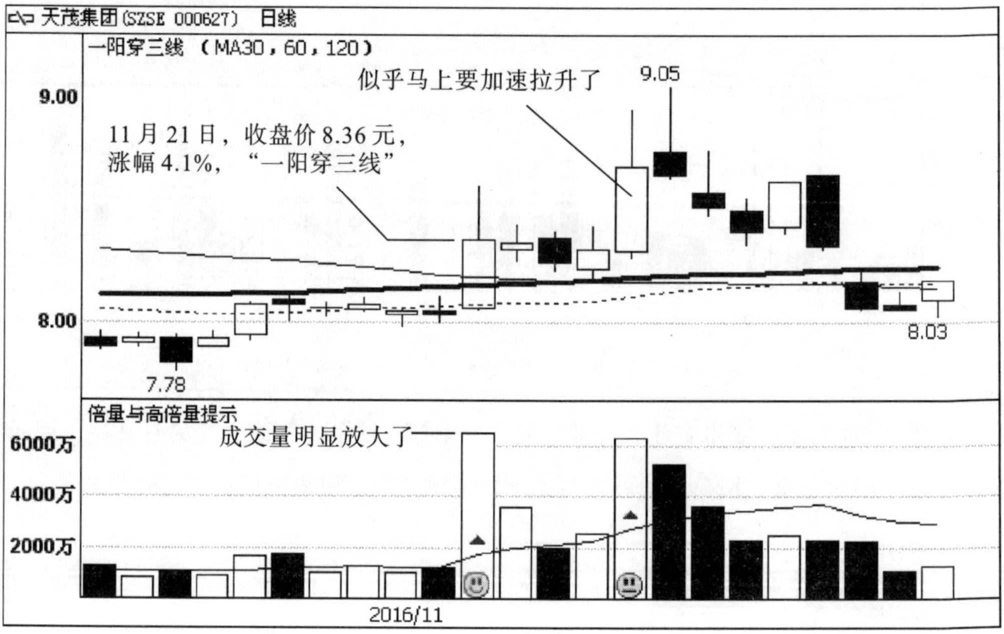

图 1—6

如图 1—6 所示，2016 年 11 月 21 日，天茂集团以 8. 06 元开盘，然后股价一路向上穿越 30 日、60 日和 120 日均线，最后收于 8. 36 元。“一阳穿三线”在 11 月 21 日这天完成了。

在接下来的 4 个交易日里，股价呈标准的【N 形】上攻形态，而且由于进场资金踊跃，因此成交量的持续放大非常明显。种种迹象表明，大行情似乎即将来临。

“一阳穿三线”能决定一切吗？显然不能。健康的上涨走势是量增价升，如果成交量不配合的话，“一阳穿三线”注定将会徒劳无功。然而，谁又能准确预测出股价明天怎么走，成交量明天怎么变呢？

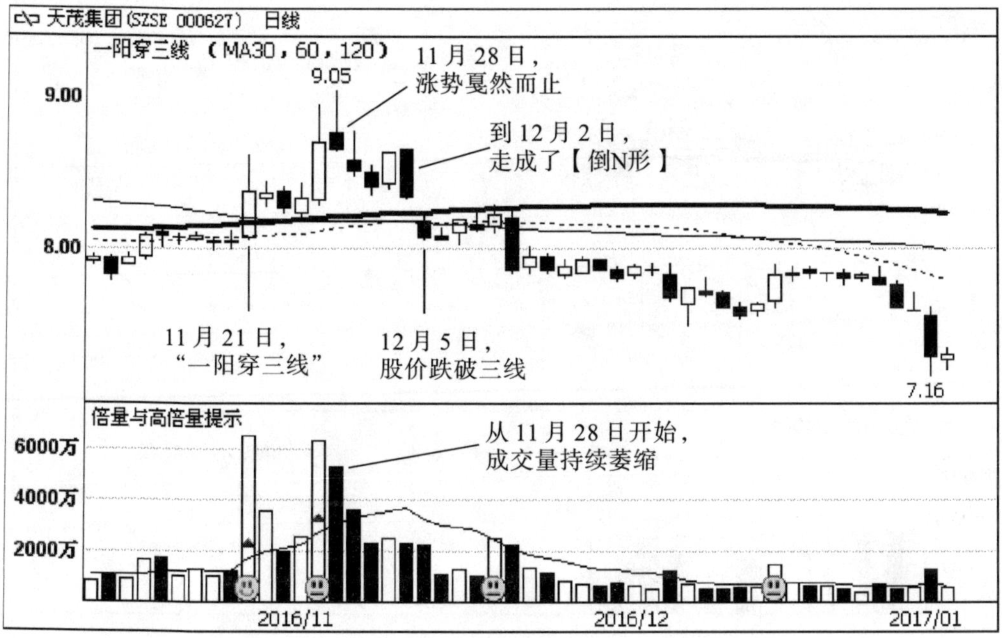

图1—7

如图1—7所示，从11月28日开始成交量持续萎缩，而股价在28日创出9.05元的阶段性最高价之后，当天便拉出了阴K线。谁也无法预料到，在放大量“一阳穿三线”之后，这根不起眼的阴线竟然就是行情逆转的开始！

由于股价【二连阴】之后的那根小阳线缺乏进场资金的支持，股价的反抽竟然为空方蓄积了不少能量。于是我们看到，12月2日，股价高开低收，5个交易日以来的走势已经呈现明显的【倒N形】了，三线岌岌可危。

12月5日，股价跳空低开，痛痛快快地回到了3条均线下方。一切烟消云散，期待中的大行情哪里去了？

到2017年1月中旬，本来就不高的股价跌到7元一线。

案例三　乐普医疗（300003.SZ）

如图1—8所示，这里是时隔几日两次“一阳穿三线”！这种盘面走势还真是十分少见。

2016年12月9日（周五），K线第二次穿过三线时，它的收盘价高于12月5日的收盘价，前低后高的【N形】走势被确认无疑。同时，成交量在12月9日也明显

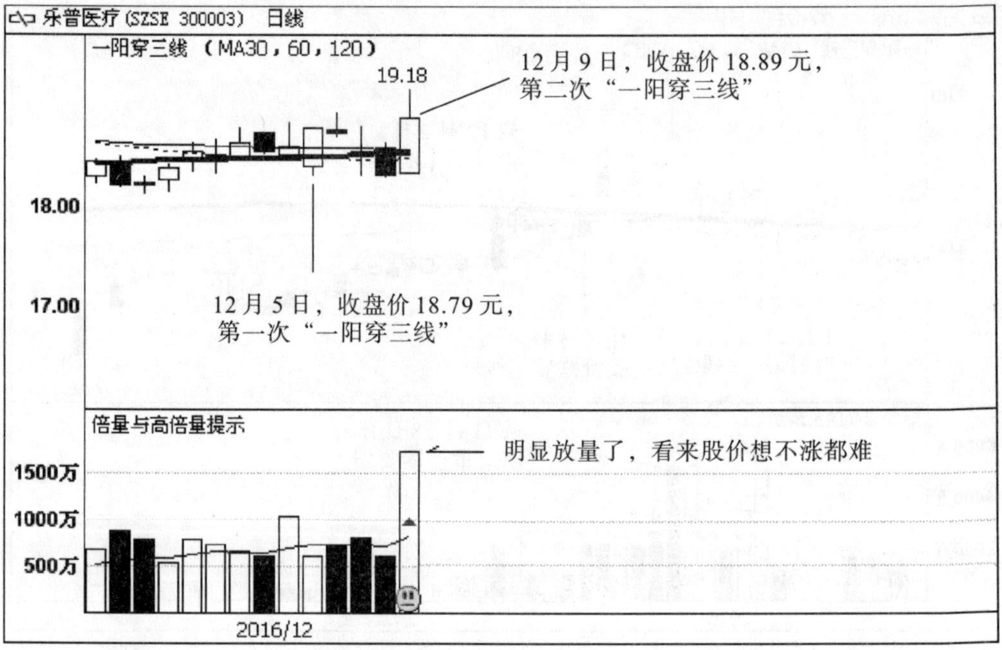

图 1—8

放大了，不但达到前一日的1倍以上，甚至还超过了10日均量1倍以上。K线组合形态优雅、量价又配合完美，难道还能找到比这更标准的上涨形态图吗？看看成交量柱就知道，有很多人迫不及待地在12月9日这天进场了。对股价未来走势的预测都是要基于已经发生的事实，在如此的盘面下，我们有什么充分理由认为下一个交易股价不会继续上涨甚至不会大涨呢？

然而股价的真实走势请看下图。

如图1—9所示，两次"一阳穿三线"代表什么？什么也不代表！

12月12日（周一），股价放量大跌7.3%，三线一下就给跌破了。后面的行情就真是没法看了，成交量突然严重萎缩了，3条均线反倒成了压制股价反弹的封锁线。

其实，细心的读者也许都发现了，在上面3个失败的"一阳穿三线"案例中，穿越3条均线的大阳线都有一个共性：它们都带有长长的上影线，这说明股价在放量拉出大阳线的当天实际上有不少人选择了逢高出货。由于随着股价冲高买盘逐渐少于了卖盘，因此导致后续买盘不足，从而最终造成了股价在"穿三线"当天便冲高回落了。

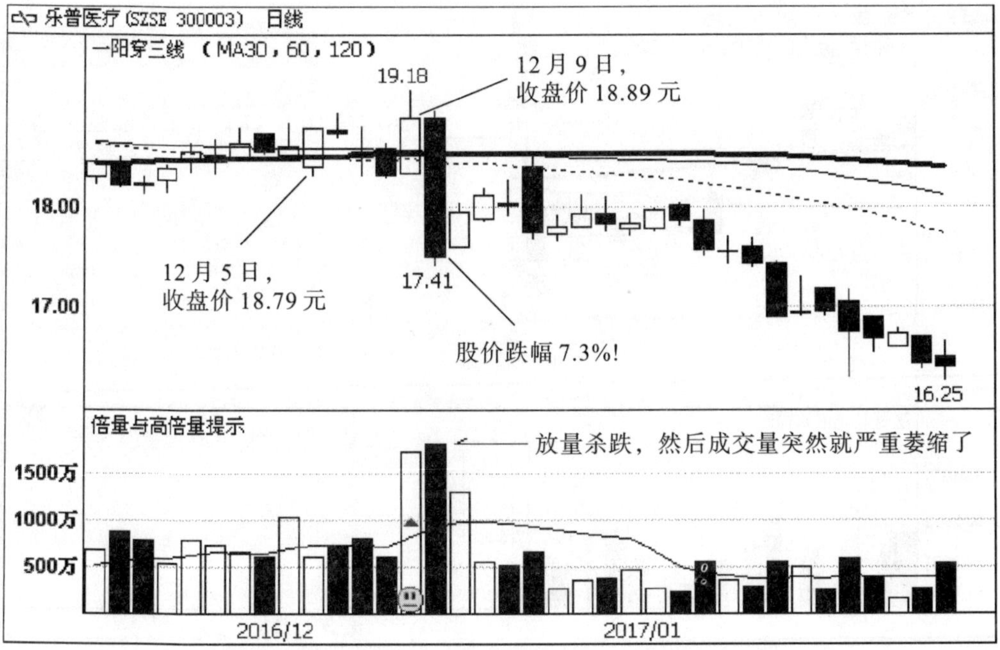

图 1－9

因此，当今后我们再次遇到“一阳穿三线”的时候，先不要那么高兴、那么冲动，最起码一定要确认大阳线上没有较长的上影线才行。

不过，即便一举穿越 3 条均线的 K 线上方没有上影线，我们还是同样应该多一分小心。

案例四　凯恩股份（002012. SZ）

如图 1－10 所示，2013 年 10 月 17 日，伴随着明显的放量，凯恩股份一根涨幅 9.8%的大阳线一举穿越了 30 日、60 日和 120 日 3 条均线。平地一声惊雷！这下我们就没有理由不对后市看好了。按常理、按某些教科书里的说法，“一阳穿三线”加上成交量明显放大，从此往后必须坚决看多。

而 2013 年 10 月 17 日“一阳穿三线”后的实际走势请见下图。

如图 1－11 所示，在“一阳穿三线”后，该股股价未见其涨、只见其跌。不但 3 条均线仅用了 3 个交易日便被跌破，而且在此后很长一段时间里其股价一直保持箱体震荡的格局，甚至连 5.95 元都没能越过去。

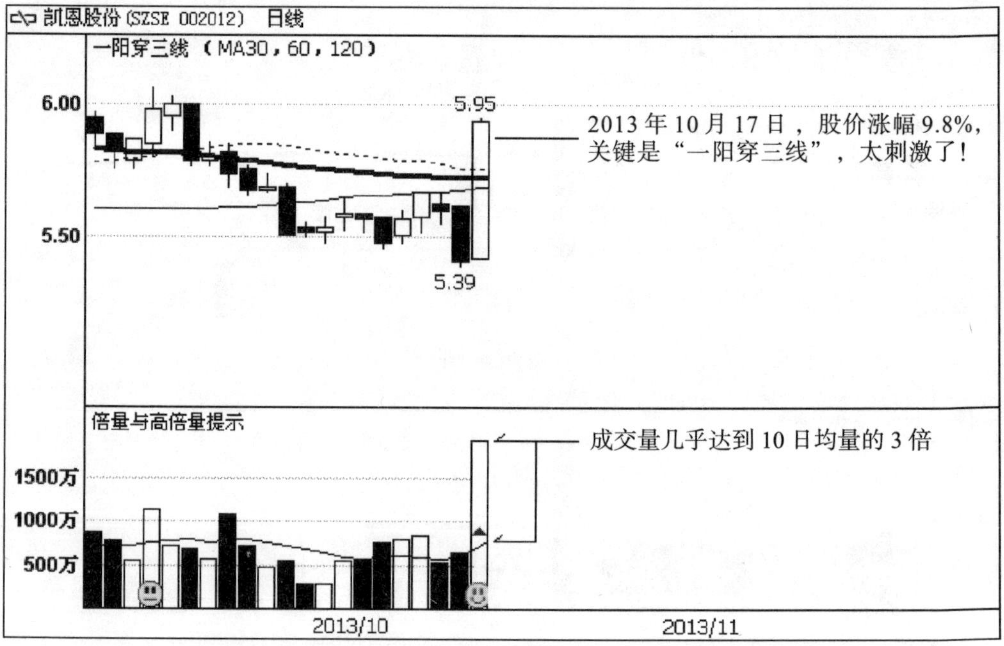

图 1—10

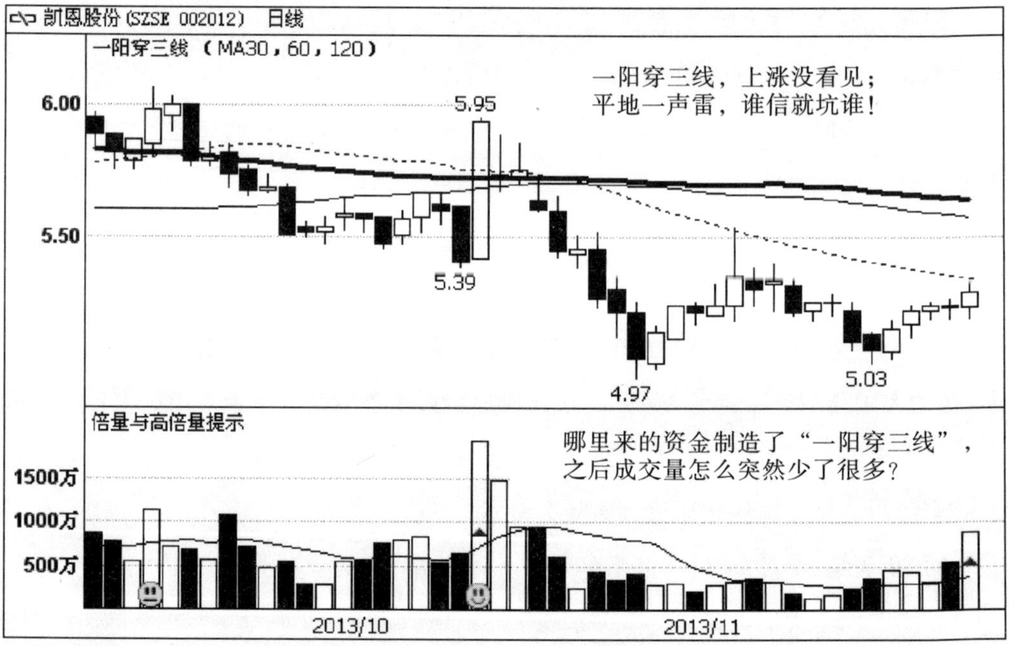

图 1—11

你别说，凯恩股份的大行情后来还真来了。哦，不对，笔者的表述不准确——应该说，等到 2014 年 7 月之后，大牛市来了，于是这只股票的大行情也就跟着来了。

案例五　神州泰岳（300002.SZ）

如图1—12所示，2016年12月13日，神州泰岳的股价收于10.37元，涨幅达到了5.2%，一举穿越了30日、60日和120日均线。另外，12月13日这天的大阳线与12日的阴线构成了【大阳反包】形态，而且成交量在持续放大。

紧接着，股价12月14日回调后，于12月15日再收阳线。13日、14日、15日这3天的K线构成了典型的【多方炮】。这样的K线组合形态加上成交量持续放大，如果股价未来不涨那才怪了。哦，对了，别忘了很多股民最看重的一点——12月13日可是“一阳穿三线”啊！

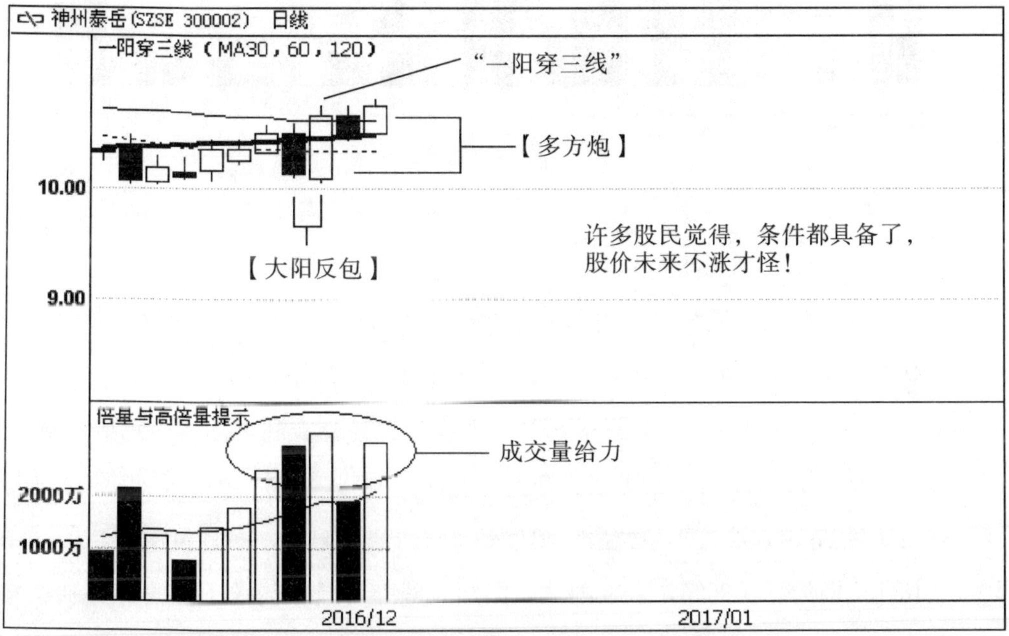

图1—12

如图1—13所示，2016年12月16日，神州泰岳创出了反弹的阶段性最高价10.85元，收了个十字星。可谁也不知道这天买单怎么突然就没了。

缩量持续了4个交易日，股价已经不声不响地回到120日均线下方了。紧接着，股价连续两天放量杀跌，走势彻底坏了。这才短短几天的工夫啊，真是沧海桑田般的变化。

当初的“一阳穿三线”怎么丝毫没有攻击力呢？

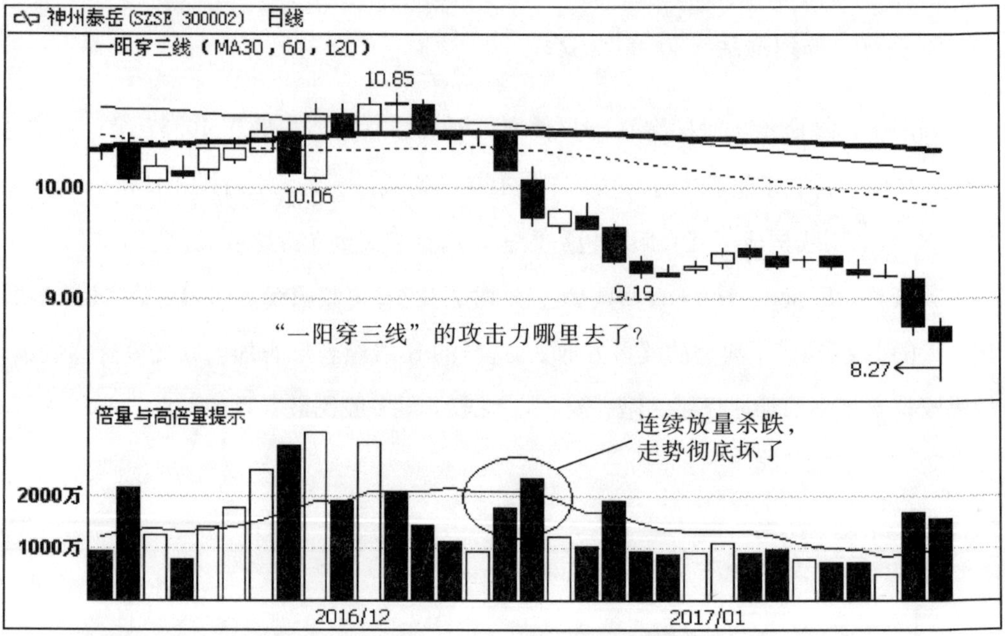

图 1—13

案例六　天海防务（300008.SZ）

如图 1—14 所示，早在 2017 年 3 月下旬，当 30 日、60 日、120 日这 3 条均线处于黏合状态时，天海防务的股价就有一次曾经越过了这几条均线。那一次的穿越是相当温柔的，分几天才完成。这样的走势对股民来说还算有利可图，毕竟股价从 10 元一线上升到了 11 元上方，价差机会还是存在的。

然而 4 月 25 日，股价不但拉出一根涨幅 6.8%的大阳线，而且再次穿越了 3 条均线。相比之前的那次上线，这次的"一阳穿三线"可是太简单了。我们特别注意到 4 月 25 日这天，30 日、60 日、120 日这 3 条均线还是多头排列的！

然而，没用。

如图 1—15 所示，"一阳穿三线"，穿越的这 3 条均线还是多头排列的。可这又能说明什么？股价该破位破位，该下跌下跌。其实，"一阳穿三线"管的只是一天的事，股价"穿三线"之后会如何演绎在很大程度上要看量能的配合。价增量升是基本的规律，后续资金不足股价就上不去。

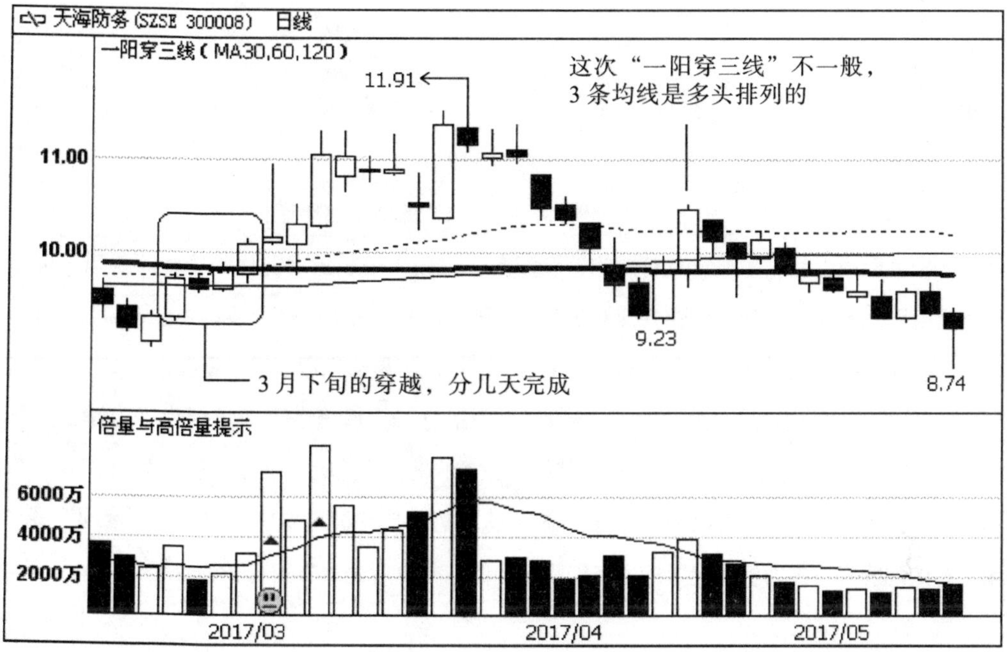
天海防务(SZSE 300008) 日线
一阳穿三线(MA30,60,120)
11.91
这次“一阳穿三线”不一般，
3条均线是多头排列的
11.00
10.00
9.23
3月下旬的穿越，分几天完成
8.74
倍量与高倍量提示
6000万
4000万
2000万
2017/03
2017/04
2017/05

图 1—14

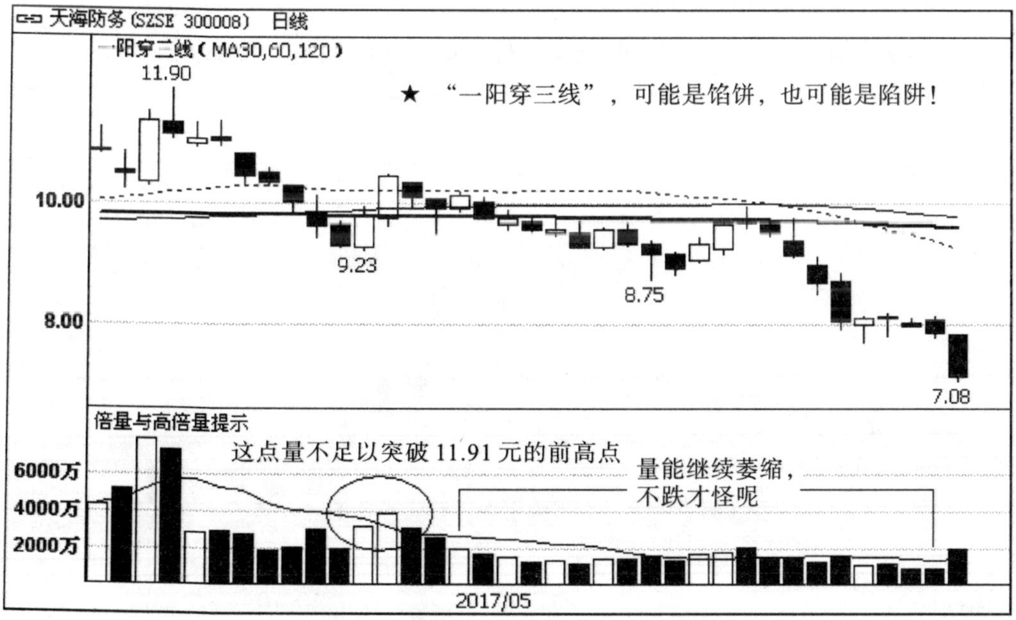
天海防务(SZSE 300008) 日线
一阳穿三线(MA30,60,120)
11.90
★ “一阳穿三线”，可能是馅饼，也可能是陷阱！
10.00
9.23
8.75
8.00
7.08
倍量与高倍量提示
这点量不足以突破11.91元的前高点
量能继续萎缩，
不跌才怪呢
6000万
4000万
2000万
2017/05

图 1—15

总结

“‘一阳穿三线’后，股价会涨甚至会大涨”，这个提法不够严谨。

一根大阳线之后，如果没有量能的持续配合，这根大阳线出现的当天多半不是机会而很可能是陷阱！不管这根阳线一次性穿越的是 30 日、60 日、120 日这 3 条均线，还是其他的 3 条均线，我们都要谨慎对待。大胆假设、小心求证，这在量化投资里非常重要。

“一阳穿三线”不能被当作是大行情即将来临的标志，投资者不应该因为担心踏空而在“一阳穿三线”发生的当天抢着进场。太多的失败案例最终给笔者一种启发，“即便买入条件具备了、信号出来了，也可以等一等再进场”，这个思路后来被笔者编进了“天罗地网”战法里，有效地躲开了主力机构设置的很多陷阱和暗箭，本书后面章节里有详细介绍。

（2）K 线组合【穿头破脚】，不意味着股价将开始下跌，甚至暴跌

K 线组合【穿头破脚】，就是后面的一根大阴线完全包裹住了前面的那根大阳线。这种 K 线组合的出现，常被认为是股价见顶、下跌即将开始的标志。

在一些个股的行情走势中，情况的确如此。请见下图。

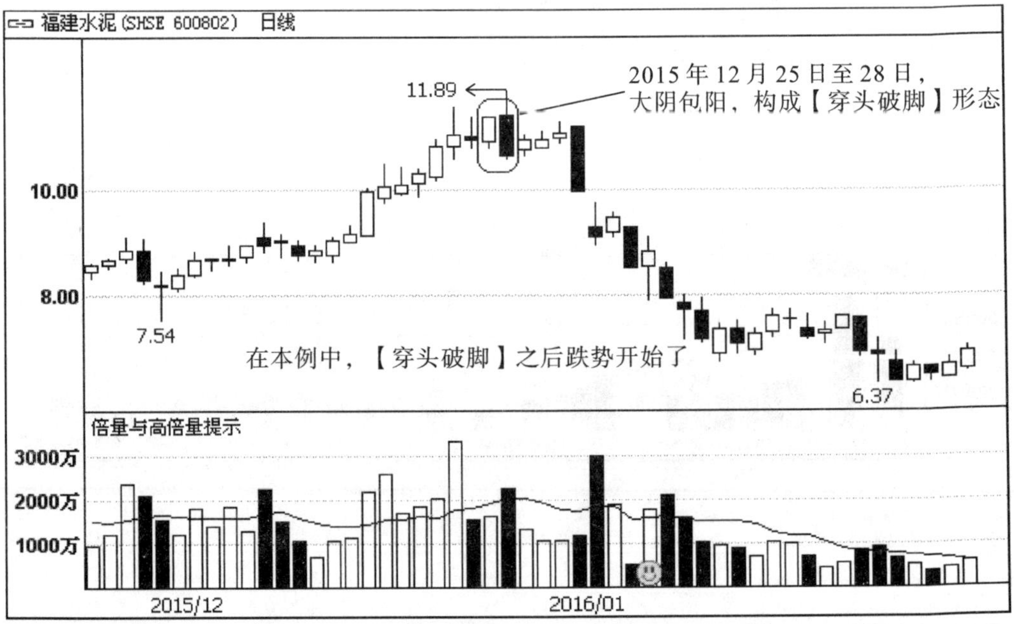

图 1－16

如图1—16所示，2015年12月28日（周一），福建水泥（600802.SH）的股价突然杀出一根跌幅6.2%的大阴线，这天股票的开盘价11.40元，高于前一交易日，即12月25日（周五）的收盘价11.37元。而这天的收盘价为10.66元，低于12月25日的开盘价10.91元——大阴包阳的【穿头破脚】形态构成了。这种在股价上升途中的【穿头破脚】往往又被形容为“断头铡刀”，非常贴切。

股价涨得好好的，突然构成【穿头破脚】形态是不是意味着上升行情结束、股价即将开始下跌呢？如图1—16所示，至少在福建水泥这个案例中是这样的。到2016年1月27日，股价跌到了6.37元。

然而，上升途中出现【穿头破脚】形态并不一定预示着行情结束、股价即将开始下跌。

我们看下面几个案例。

案例一　阳光股份（000608.SZ）

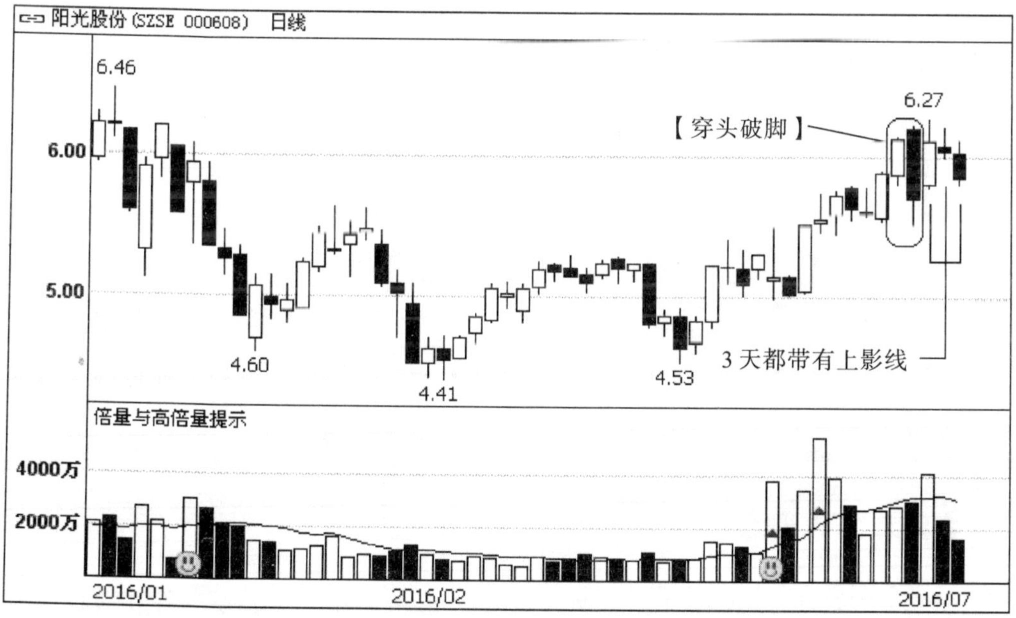

图1—17

如图1—17所示，阳光股份2016年7月27日股价暴跌7%，其K线实体部分完全覆盖了前一交易日阳线的实体部分，构成了典型的【穿头破脚】形态。

在此后的3个交易日里，股价的K线都带有上影线，这至少说明投资者追高意愿在减弱。此时，股价距 2 月份阶段性最低价 4.41 元已有超过 30％的涨幅，6 元附近的阻力较为明显。股价会不会出现大幅下跌呢？请看下图。

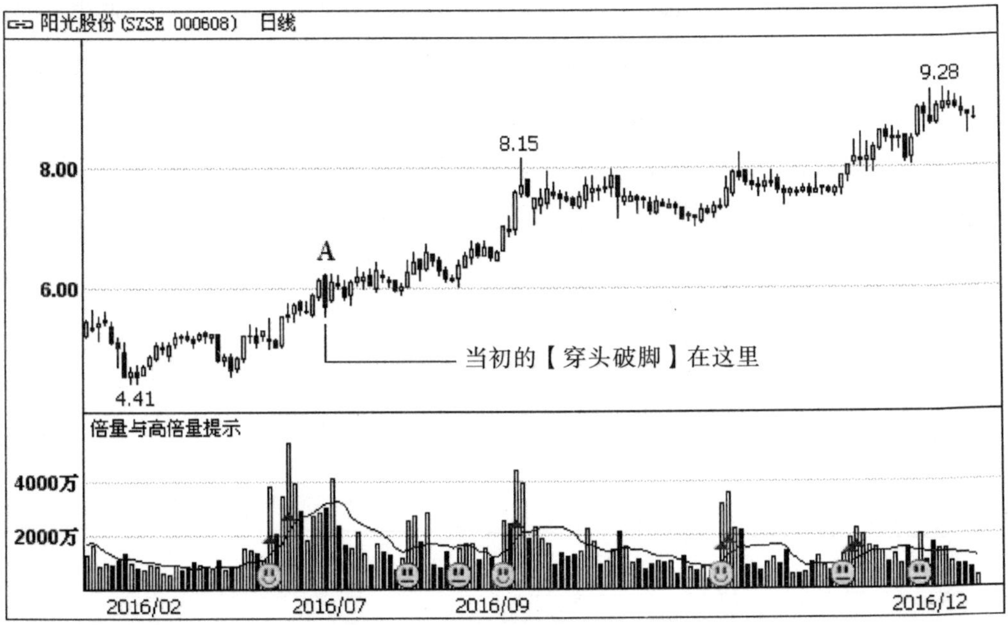

图 1—18

如图 1—18 所示，【穿头破脚】之后，阳光股份的后续走势异常稳健，演绎成了回调很小的单边上涨行情。6 元、7 元、8 元、9 元这几个重要的整数位相继被攻克，到 12 月 20 日，创下了反弹以来的最高价 9.28 元。

如果从用 2016 年全年的日 K 线图来看，7 月 27 日（图中 K 线 A 的位置）的那次【穿头破脚】实在是算不了什么。如果离场后没有及时捡回筹码，那投资人真是要后悔了。

案例二　马钢股份（600808.SH）

如图 1—19 所示，2016 年 4 月 20 日，马钢股份的股价创出 3.5％的跌幅，【穿头破脚】形态形成了。随后股价一路下跌，在 6 月 24 日跌到了 2.30 元的阶段性最低价位置。【穿头破脚】的威力可见一斑。

股价经历了一段反弹之后，7 月 27 日这天跌幅达到 3％，再次出现了【穿头破脚】形态，这下股价是不是又要惨了？

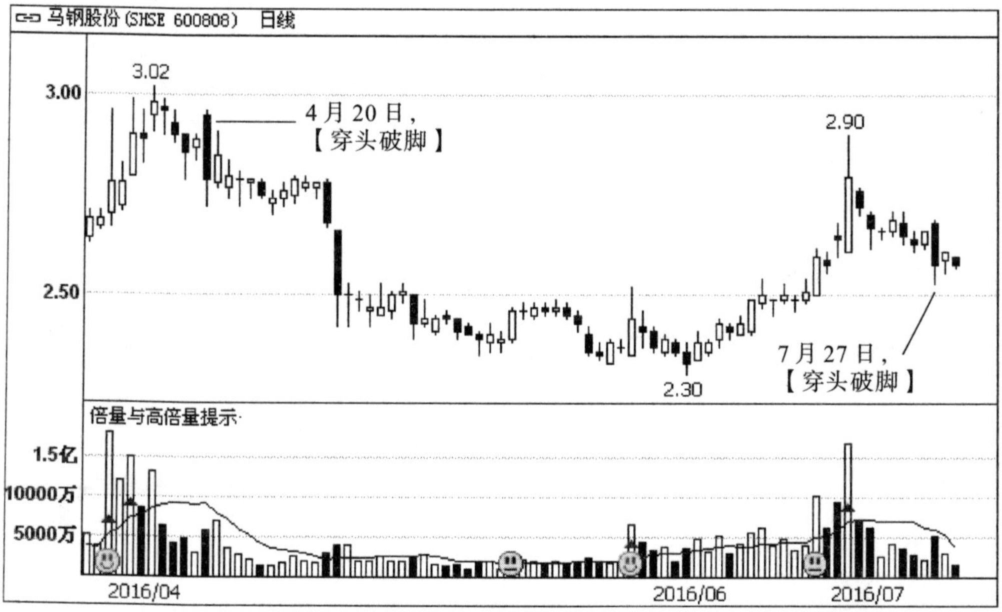

图1－19

如图1－20所示，马钢股份7月27日的【穿头破脚】之后，预期中的下跌并没有延续多长时间，而且幅度非常小。7月27日的收盘价是2.58元，8月1日跌到2.51元后股价反倒很快形成了一段新的反弹。

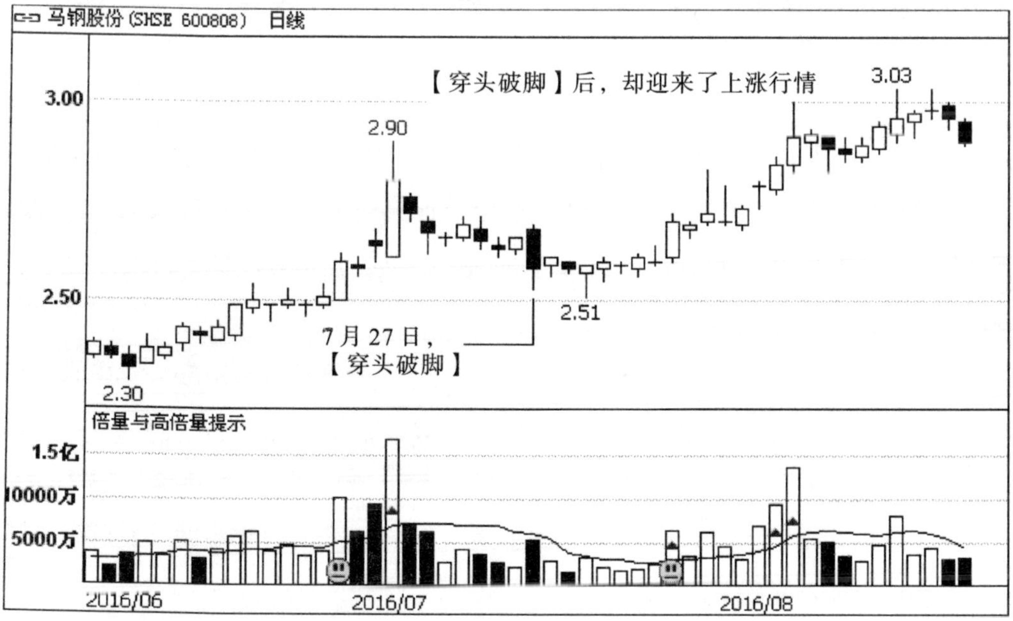

图1－20

到 8 月 25 日，股价摸高 3.03 元。如果你在 7 月 27 日这次【穿头破脚】当天止损出局，并且抱定要等大跌后再进场的主意，那将与未来一个月内获得将近 20%的收益擦肩而过。

可见，【穿头破脚】后的大跌，有时候只出现在我们自己的想象中。

案例三　金路集团（000510.SZ）

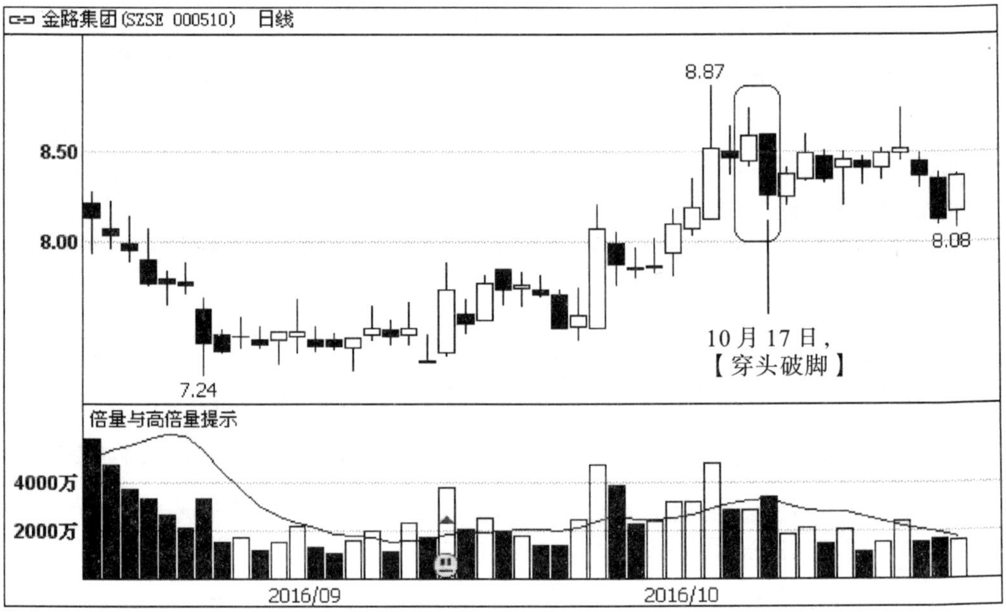

图 1—21

如图 1—21 所示，金路集团的股价在 2016 年 10 月 17 日出现了【穿头破脚】形态。当时股价自当年 9 月份创出 7.24 元的阶段性最低价后，反弹到 8.60 元上方，反弹幅度已接近 20%。如今【穿头破脚】出现了，是否预示着股价将再次探底寻求新的支撑位置呢？答案请看下图。

如图 1—22 所示，【穿头破脚】发生在什么位置，股价后来又是怎么演绎的，在图中一目了然。【穿头破脚】后股价仅仅横向运动了十余个交易日，然后在 11 月 3 日突然放量报收于 9.35 元的涨停价。

至 11 月 11 日，股价创出了反弹以来的最高价 16.01 元。【穿头破脚】后股价还能这么涨，绝对会叫人目瞪口呆。

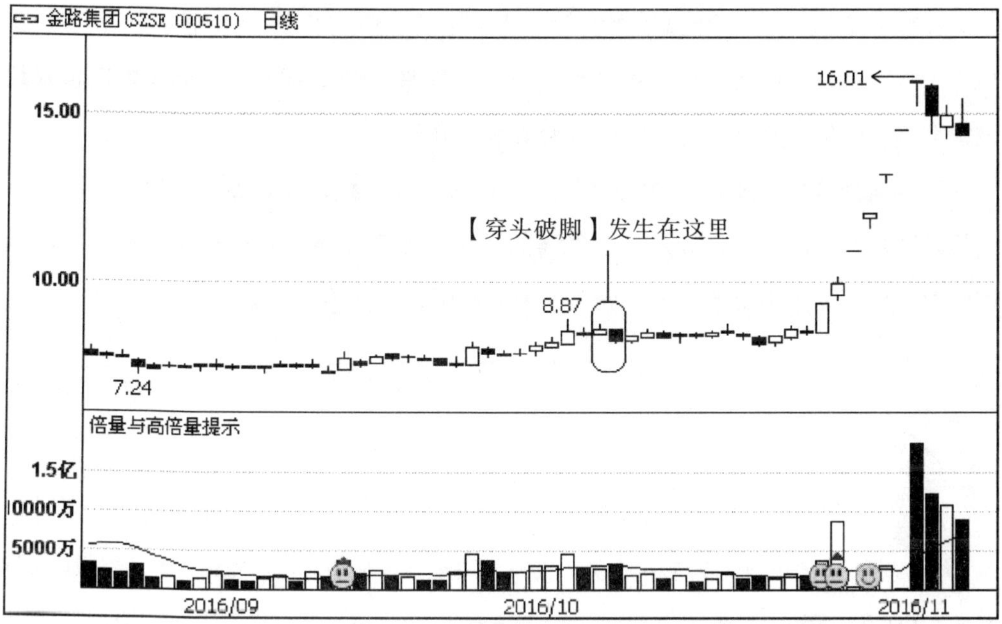

图 1—22

如图 1—23 所示，这是金路集团的周 K 线图。我们已经不可能看到日级别【穿头破脚】发生在哪一天了，我们只能找到它发生的那一周。

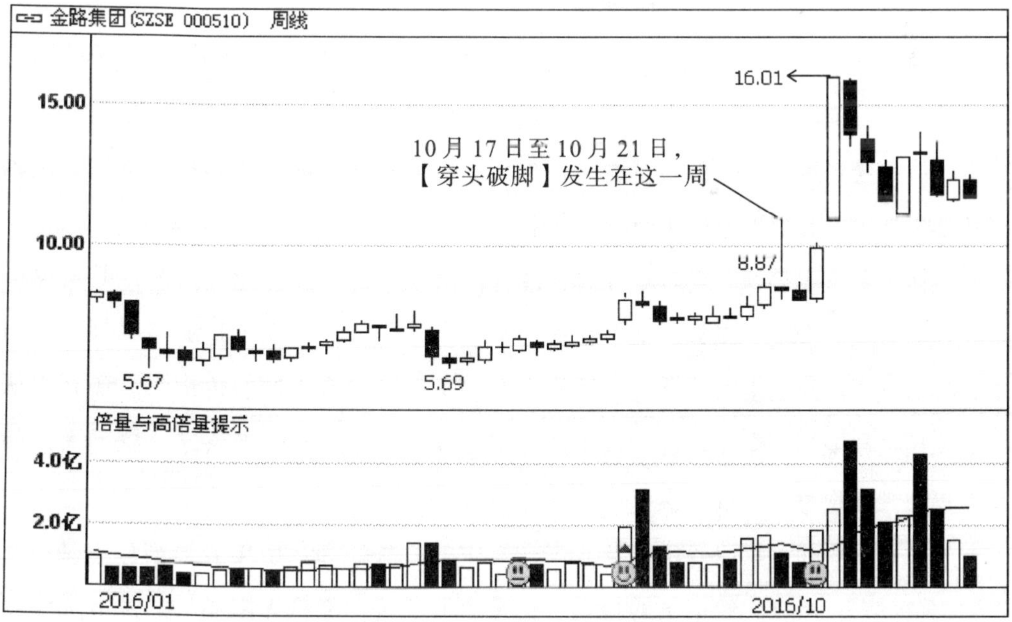

图 1—23

在整个 2016 年里，金路集团的股价从 6 元以下涨到了 16 元，涨了 10 元多。发生在 10 月 17 日的那次【穿头破脚】在当天看起来的确挺吓人的，但如果把它放到该股全年整体的走势里看，则实在是太微不足道了。

K 线组合【穿头破脚】，并不意味着股价将开始下跌甚至暴跌。所以，以一个 K 线形态来判断后市股价走势是不够严谨的。要想把交易做好，投资者先要把大趋势判断准才行，尽量不要被一两天或三五天的回调、震仓给洗出去。

总　结

笔者以为，K 线的形态对股价走势不会产生决定性的影响，它可能真，也可能假；上次准了，下次不一定准。其实，它爱真就真、爱假就假，无所谓。为什么？因为只有投资人自己的交易计划才是最重要的。成竹在胸，遇变而变。交易的乐趣，正在于此。

2. 交易元素的统计与量化是股市战法的基础

（1）从指标、模型，到股市战法

总结日级别的股市战法，就一个字——难！难就难在日级别属于短时间周期，短短几个交易的股价变动就有可能引发趋势的反转——支撑位和压力位需要重新划定，均线系统也混乱了，更不要说像 MACD、KDJ 这样的摆动类指标，更是会让你彻底迷失在金叉和死叉一次次的轮回之中。

然而，股价走势并非绝对随机的、没有任何规律的。市场无法预测，但至少可以统计。有人断言某个参数、某个指标、某个模型不靠谱，理由是那些案例和回测数据都是基于已经发生的行情，说那些东西并不能预测未来的股价走势。还有人认为量化模型早晚都会老化，说一旦用的人多了就不灵了。在笔者看来，摆动类的指标会出现钝化现象，但量化模型并不存在老化一说。

笔者有必要在这里向各位普及股市交易中的一条铁律：历史会重演！正是由于“历史会重演”，所以无论市场的指数、还是个股股价，涨跌无限循环。除非那个市场关门，或者某只个股摘牌、退市。正是由于“历史会重演”，因此我们的赚钱机会才会源源不断地出现在板块轮动和个股轮涨之中。

“量化”是什么意思呢？量化就是把股价运行的某种状态或者某个节点特征用一定的算法计算出来。量化出来的结果可以直接在K线图中用各种符号进行标注，这样一来，涨势、跌势，以及股价的买点、卖点就都出现在K线图上，一目了然。

为什么有些股市战法能够明确地在某个区域甚至某根K线的位置发出信号，提示这里就是买点，或是卖点？因为对于股价正处于涨势还是跌势的判断，以及对买点、卖点提示的背后，就是大量的数理统计。只要你舍得花时间做大量的数理统计，你就能得出量化的结果和对应的结论。于是，当今后类似股价走势或盘面特征再次出现时，你就知道接下来的大概率事件是什么。

无论是技术分析中涉及的量、价、时、空，还是趋势、形态、位置、通道，没有什么是不能被统计和被数字化的。量化模型不仅不会老化，笔者反而还要大胆预言：未来的资本市场，在技术分析领域将是量化模型的天下。量化模型“有无”的问题早已解决了，今后是要在“好”和“全”上面下功夫。量化模型的作用类似汽车的导航仪，投资者把它当指引或当参考都可以。更何况，“自动驾驶”在证券投资中早就实现了——量化模型的买、卖信号会在盘中实时出现，是天天盯盘、手动下单、还是把委托单放在“云”上让电脑自动完成交易，全凭投资者个人的喜好。（说明：无论是做趋势交易，还是做跨品种、跨周期的套利交易，云条件单在国内的期货交易中早已普及多年了。）

总之，从指标、量化模型出发，最后落实到股市战法，这是一个从简单到复杂的过程。

（2）交易元素的统计与量化是股市战法的基础

行情启动有什么样的特征？这是笔者一直在研究的课题。

有一种上涨行情的启动是以一根大阳线作为开端的。在这根大阳线出现之前，股价走势往往长期呈窄幅振荡状，毫无生机。而一旦一根大阳线拔地而起，则这只股票的活力立刻就会被激活，它后面的涨势会明显加强、涨速会明显加快。尽管大阳当天股价已经涨起来不少了，但如果此时你不及时进场，则很可能踏空后面的一大段行情。

好了，现在“量化”的问题来了——这根大阳线出现的当天，股票涨幅要达到多少才靠谱？还需要其他条件也必须同时满足吗？

经过大量统计笔者发现，一般来说，当股价在底部区域出现超过7%的涨幅，并且配合有成交量明显放大的情景出现，则一波上涨行情出现将是大概率事件。请看下面的案例。

案例一　青岛啤酒（600600.SH）

如图1—24所示，青岛啤酒2017年12月13日收盘价34.38元，当天涨幅为7.47%。同时副图中的成交量柱显示，这天的成交量较前面一个时期有明显放大。而且在12月13日之后，该股的确展开了一波走势十分清晰的上涨。到2018年1月16日，股价摸高到了46.22元。短短1个月的时间，涨幅超过了34%。

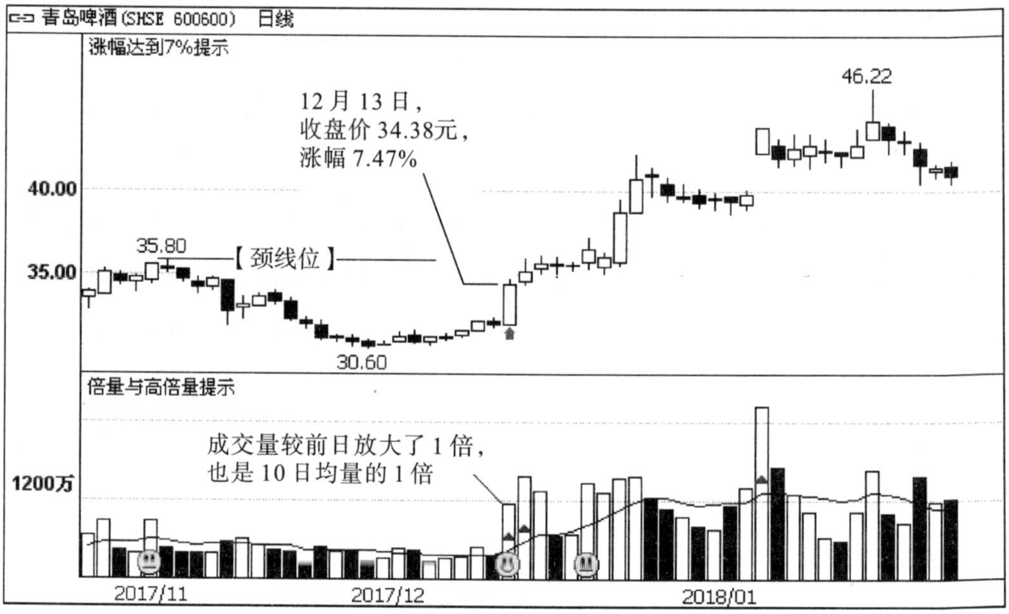

图1—24

值得注意的是，在本案例中，“涨幅大于7%”这个条件不但是关键性的，而且因为这个条件的具备，其他一些条件就显得不再那么重要了。具体来说就是，青岛啤酒在2017年11月13日曾伴随着放量创出过35.80元的阶段性高点，之后股价回落、见底。毫无疑问，35.80元就是【颈线位】。按照传统的技术分析方法，新一波行情的启动会受到【颈线位】的压制，需要在股价站上【颈线位】之后才可以确认新的起涨区域在哪里。然而图1—24显示，12月13日股价收在了34.38元，离35.80元还有4%的距离。【颈线位】构成对行情的压制了吗？没有。12月13日7%的大阳线就是行情启动标志，这天就是一波34%涨幅的起涨点。

案例二　贝达药业（300558.SZ）

如图1－25所示，从2017年8月11日的阶段性最低价51.50元算起，贝达药业的股价在止跌后的两个月内涨了吗？当然涨了。这种涨法是缓慢上涨，属于爬升。而10月10日之后的涨法才叫拉升——19个交易日涨幅26%（11月6日，股价摸高到76.82元）。

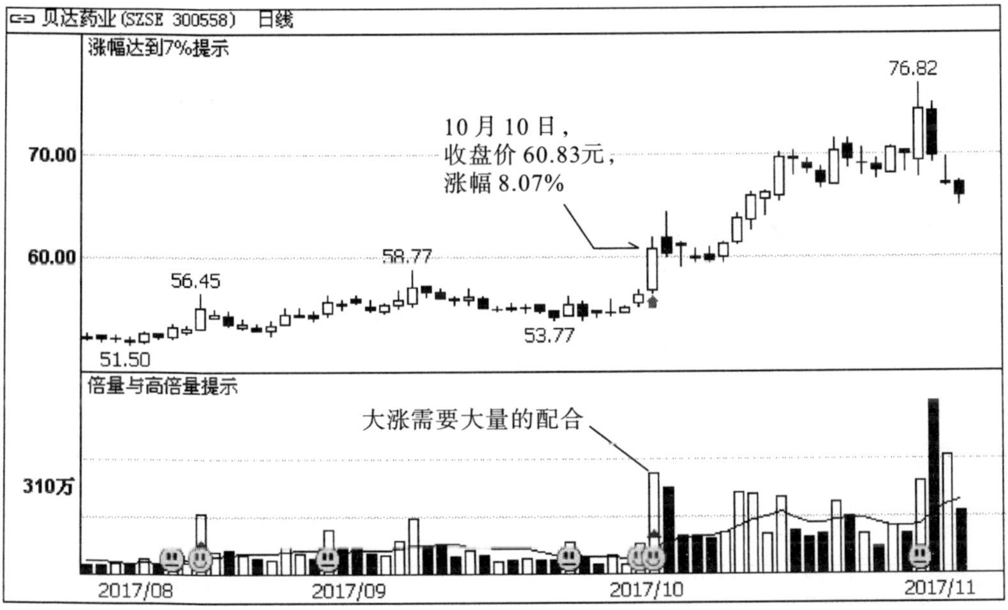

图1－25

在本案中，行情起涨点在哪里不用猜、不用预测，看图说话，一目了然。

10月10日，股价就是涨了8.07%，你想不承认这天就是行情的起涨点都不行。

案例三　格林美（002340.SZ）

如图1－26所示，从5.00元到4.80元，再到4.71元，格林美的【三重底】形态做成了，怎么还不拉升，到底等什么呢？就在等6月13日这根大阳线呢！

当然，6月13日股价突然大涨那天的成交量放大自然是功不可没的。

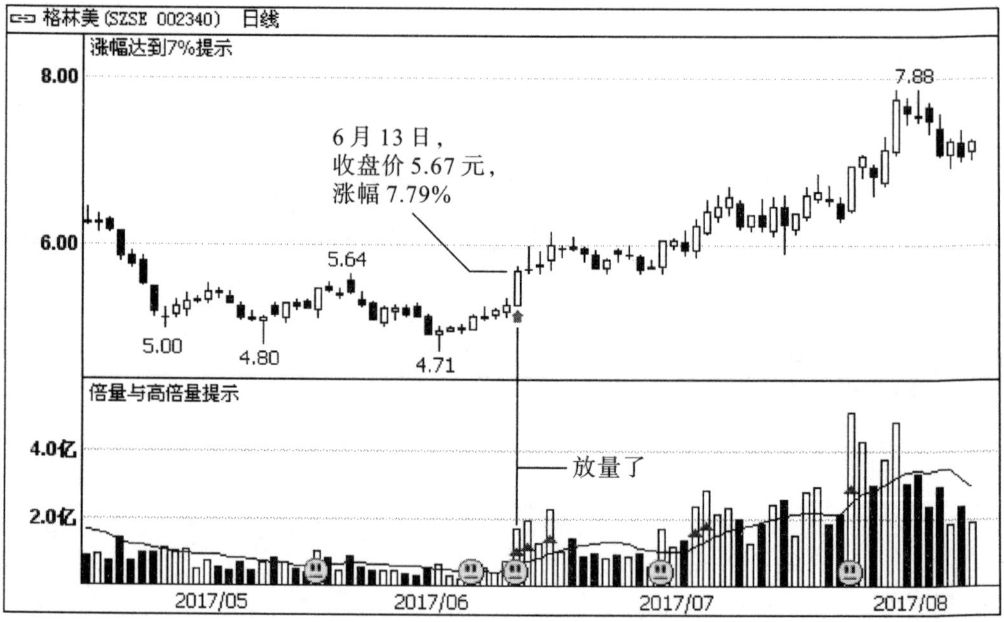

图 1—26

案例四　吉艾科技（300309.SZ）

如图 1—27 所示，吉艾科技的上涨行情就是从 2017 年 6 月 21 日这天开始的。不来个大涨怎么聚集人气？

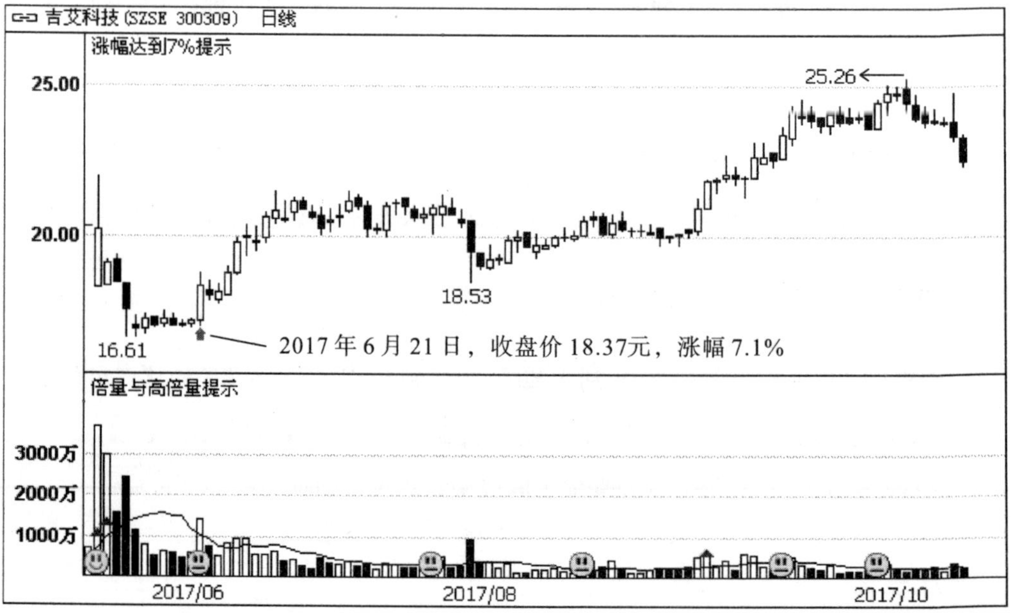

图 1—27

在很多个股的上涨行情启动之初，7%的涨幅的确是非常明显的一个标志。笔者还发现，有时候7%的涨幅甚至比涨停板更靠谱。不信咱就看看下面几个案例。

案例一 供销大集（000564.SZ）

如图1—28所示，供销大集的股价于2017年3月1日突然涨停，K线呈一根光头光脚的大阳线。上涨行情就此启动了吗？没有。

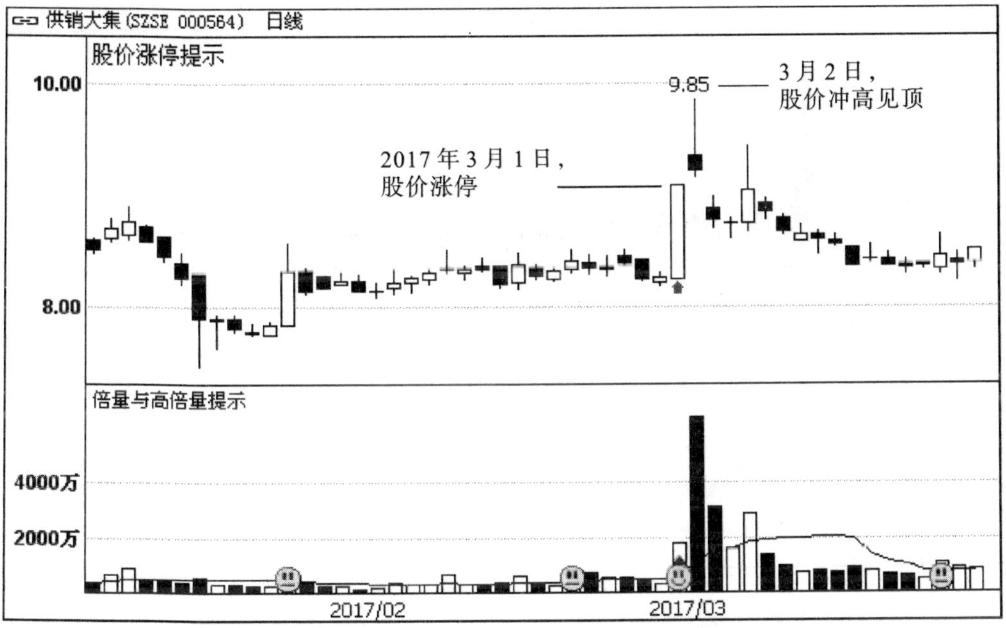

图1—28

3月2日，股价高开后先是上冲，随后一个【倒栽葱】直接就拍了下来，在K线上留了根长长的下影线。这就是俗称的“见光死”——涨停后涨势没来，跌势倒是开始了。请继续看下图。

如图1—29所示，2017年3月1日，供销大集的股价涨停，收盘价是9.09元。然而后面的行情却太不给力了，股价竟然一路下跌，直到5月24日的6.23元才止跌。

3月1日的涨停是什么？原来是主力机构虚晃一枪。

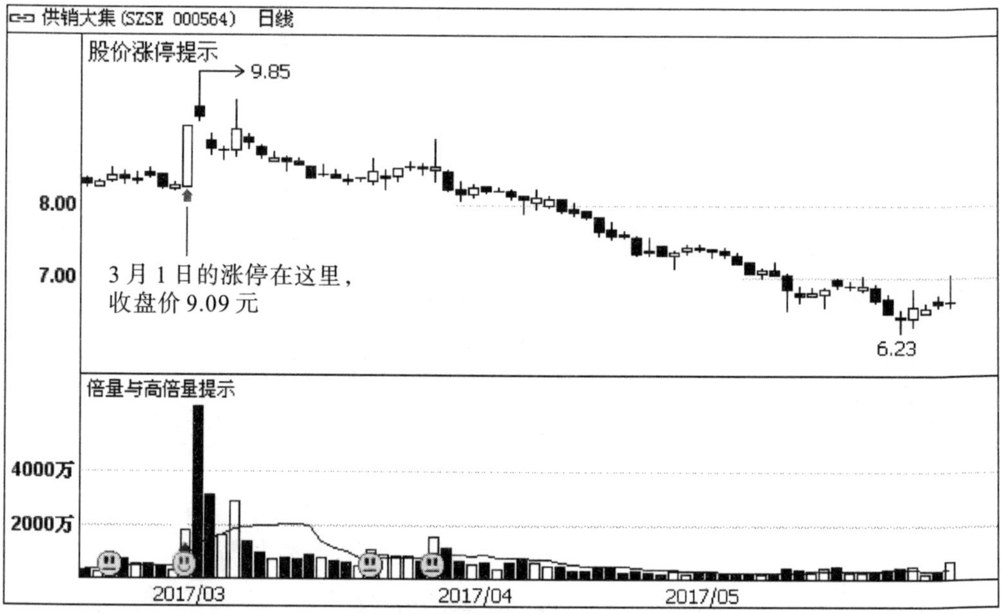

图 1—29

案例二　云意电气（300304. SZ）

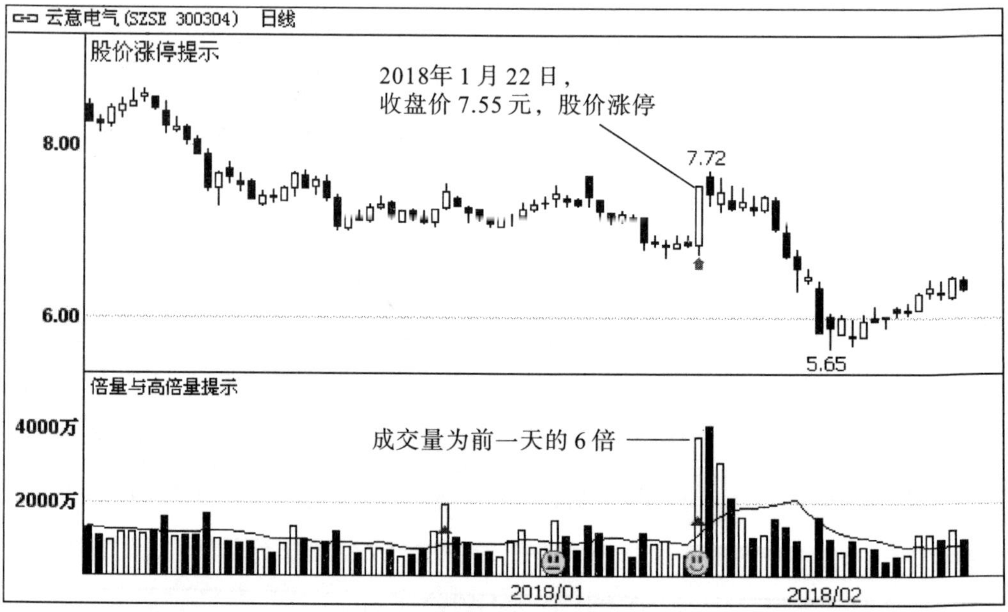

图 1—30

云意电气的股价从之前接近 12 元的位置一路跌下来，股民早就憋着抄底呢。

如图 1—30 所示，2018 年 1 月 22 日，股价突然放巨量涨停，收盘价为 7.55 元。这时候该买进吗？涨停都敢追进去，结果可想而知。在后来不到半个月时间，2 块钱就跌没了。

案例三 精华制药（002349.SZ）

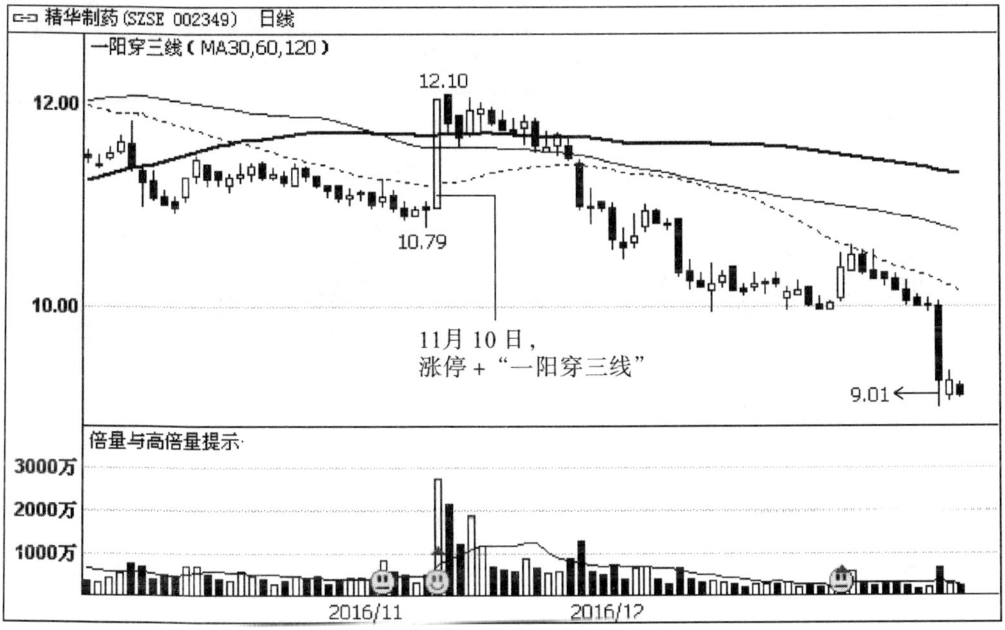

图 1—31

如图 1—31 所示，精华制药在 2016 年 11 月 10 日股价涨停。有意思的是，这天股价放量“一阳穿三线”，绝对的威武霸气。然而这又能说明什么？

股价从 11 月 11 日开始便量缩价跌，当初笑着追进去的，一路哭着割肉出来。

案例四 沙隆达 A（000553.SZ）

如图 1—32 所示，2016 年 12 月 19 日和 2017 年 1 月 5 日，沙隆达 A 两次带量的涨停板都不靠谱，上涨行情没有如期而至。股价在两次涨停后虽然都往上蹿了一下，但随后的下跌却急速而猛烈。

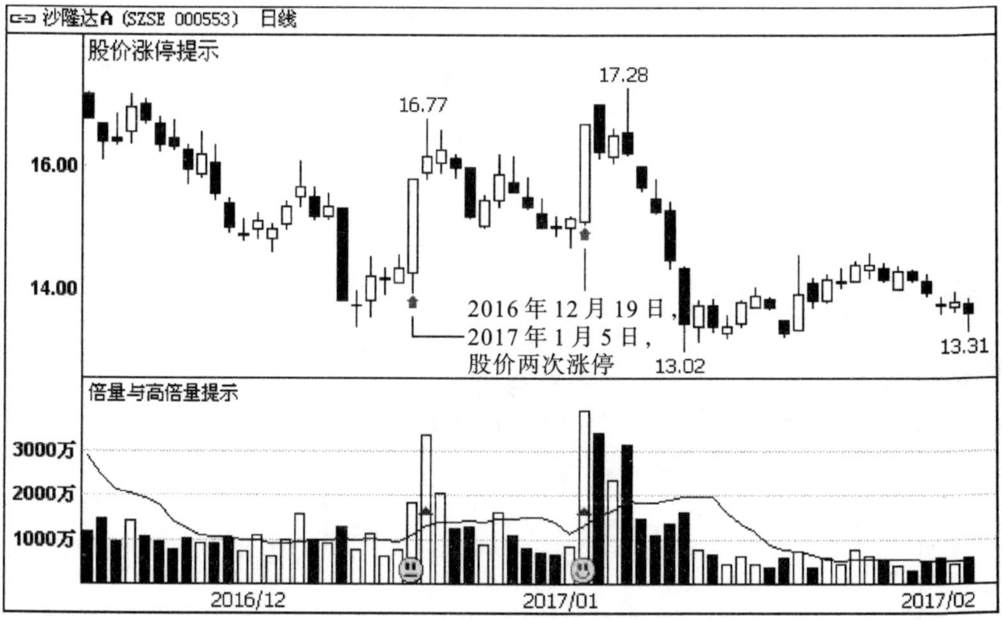

图 1—32

结　论

股价（放量）涨停很可能是诱多，因为 10%的涨幅能让股票登上当天的涨幅榜，从而吸引投资者的注意。反观之，7%的涨幅倒是很“中庸”，相对低调一些。盘面上“假象”甚多，真是不得不防啊！

任何拿来指导交易的一招一式，必须基于大量的数理统计，它是一种从普遍性到特殊性、从现象到规律的提炼。然而，股市的复杂之处恰恰就在一个“变”字。

随着不断进行数理统计和量化研究，在积累了大量数据之后笔者竟然又有了新发现。在研究万科 A（000002. SZ）的长期走势后，笔者发现，7%的这个涨幅对于万科 A 来说太苛刻了。适当降低“门槛”并不会错过行情，反倒有可能发现更多的机会——仅在近三年的行情中，万科 A 一共有 5 次启动位置较容易识别的上涨行情。这 5 次行情启动时，它们都有一个共同的特点：均以一根涨幅超过 3%但不足 7%的阳线为开端。详情请见下面几幅图。

万科A第一次行情

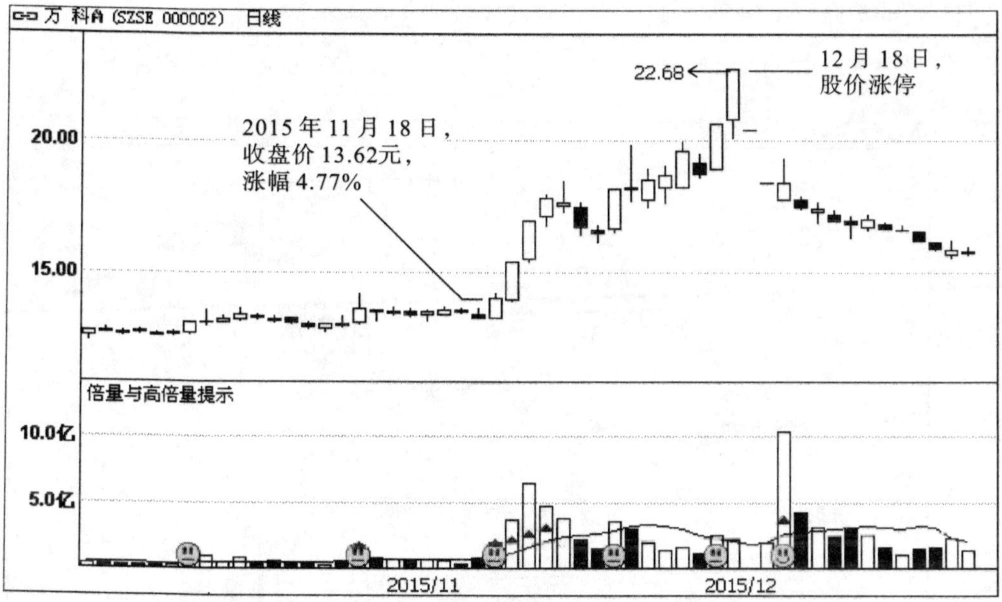

图1—33

如图1—33所示，2015年11月18日，当天万科A的收盘价为13.62元，涨幅4.77%。此后股价一路上涨，到2015年12月18日，股价以22.68元的涨停价报收。

万科A第二次行情

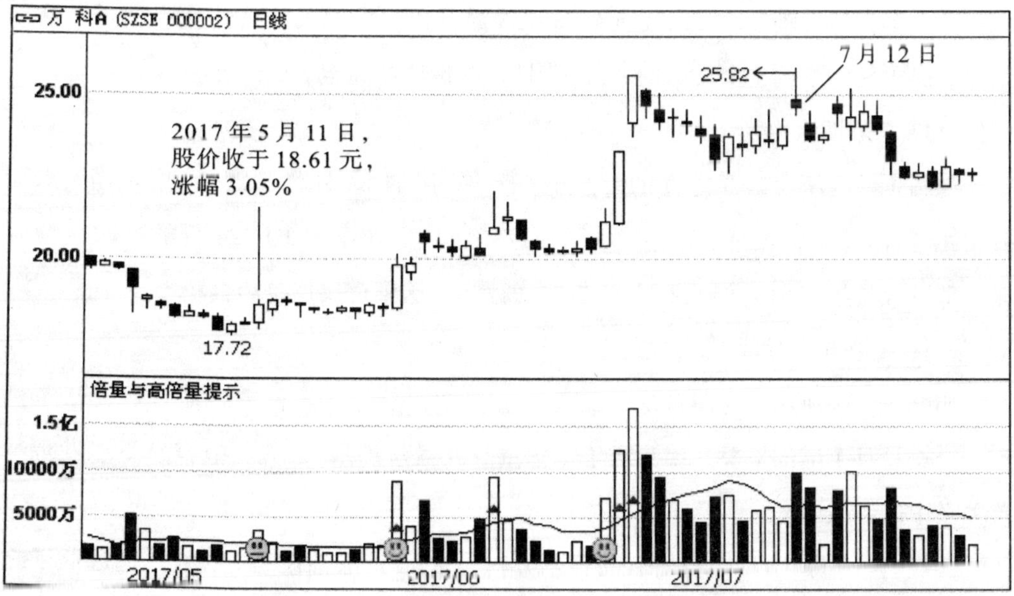

图1—34

如图 1—34 所示，2017 年 5 月 11 日，万科 A 股价收于 18.61 元，涨幅 3.05%。这波行情的最高价出现在 7 月 12 日，股价摸高到 25.82 元。

万科 A 第三次行情

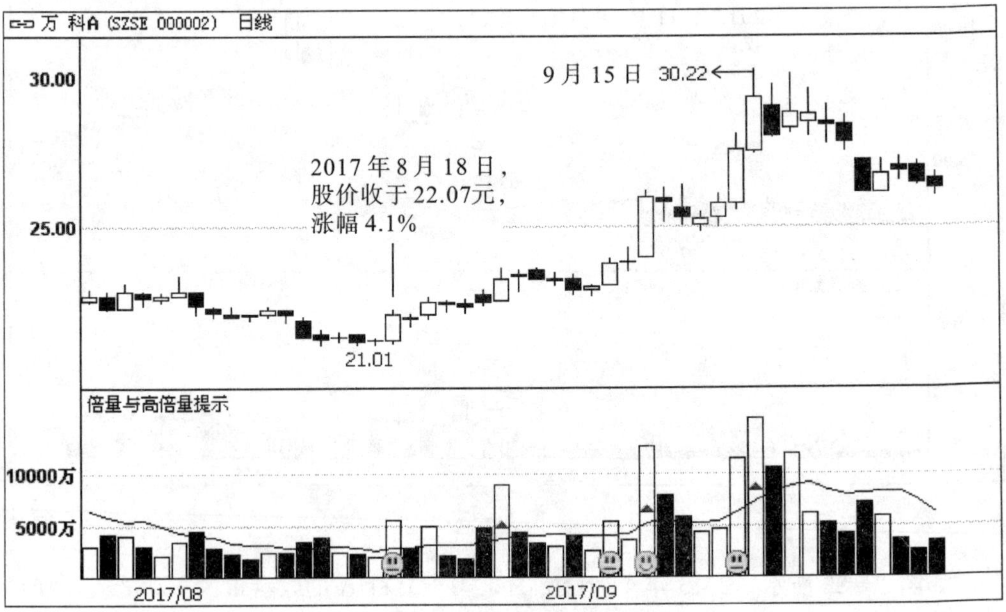

图 1—35

如图 1—35 所示，2017 年 8 月 18 日，万科 A 的涨幅为 4.1%，收盘价 22.07 元。前一个交易日刚创出 21.01 元的阶段性最低价，第二天新行情就启动了，这种情况实属少见。不到 1 个月后的 9 月 15 日，股价便冲高至 30.22 元。

万科 A 第四次行情

如图 1—36 所示，万科 A 的股价于 2017 年 10 月 24 日收于 27.00 元，当天涨幅 4.1%。俗话说“事不过三”。在短短的两年时间里，连同 10 月 24 日的这次行情启动，都以仅超过 3%而远未到 7%的涨幅为标志。这难道仅仅是巧合吗？

万科 A 第五次行情

如图 1—37 所示，这是被统计的 5 次上涨中，唯一一次行情启动日成交量不到前一个交易日 1 倍的情况。因为有了“倍量与高倍量提示”，笔者很容易就能发现量价关系中的细微差异。

2017 年 12 月 21 日的行情启动日，万科 A 的股价涨幅仅为 3.9%，远远低于之前 7%的考察条件。

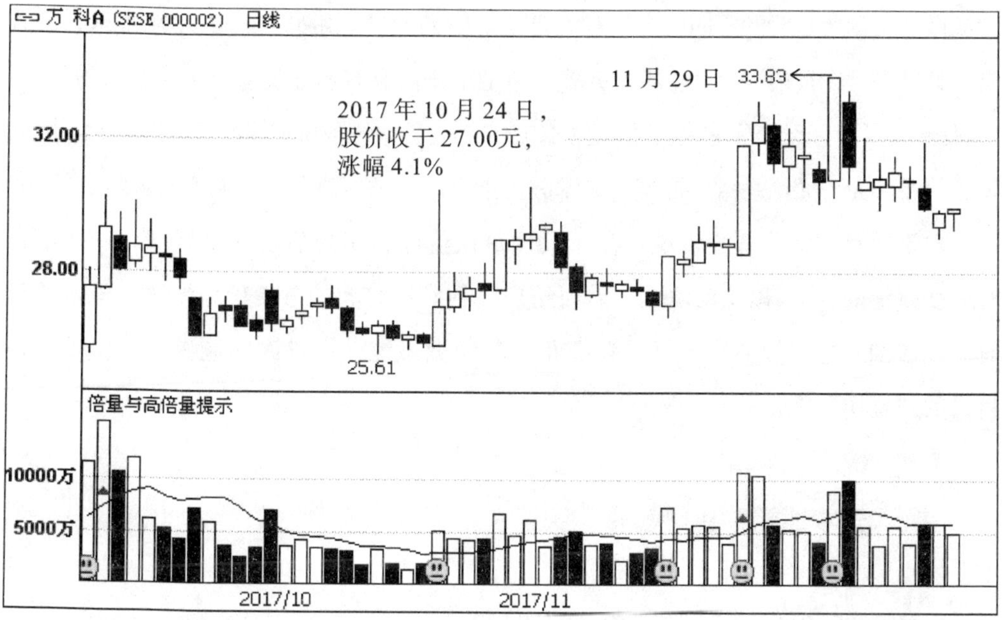

图 1－36

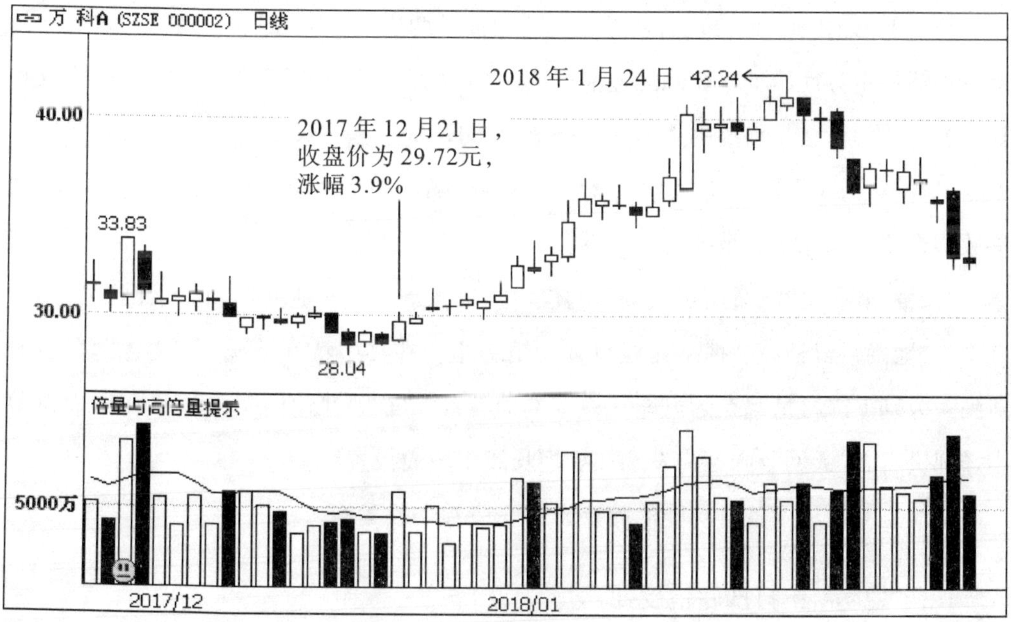

图 1－37

为什么万科 A 在底部区域只需要一个 3%以上 7%以下的涨幅，再配合适度的成交量放大，就有可能引发一波上涨行情呢？仔细一想，明白了。原来万科 A 是大盘蓝筹股啊，带指数的。普通股票放量上涨 7%才有可能引发一波行情，但普通股票对指数影响甚微。大盘蓝筹股则不同，市场对大盘蓝筹股的涨跌多敏感啊！像万科 A 这样的大盘蓝筹股一旦在日内涨个 3%甚至更多，整个市场都会有明显反应。大家会纷纷打听："出什么事了？怎么今天它突然涨了这么多?" 所以，股票和股票之间是不同的，因此笔者始终认为，无论是量化模型、技术分析指标，还是参数，包打天下的东西不存在。

对于所有大盘蓝筹股来说，在阶段性最低价已经出现后的底部区域，一次配合有适度放量的、3%以上的涨幅，对行情启动到底有多大的参考价值？这个笔者还没有研究透彻。感兴趣的读者可以自己花点时间做做统计，或许你能挖到一座属于你自己的"金矿"呢。

二、"天罗地网"战法简介

一套简单、实用的股市战法终于来了！

"天罗地网"战法，是笔者总结的一套适用于日级别的股市操盘法。

在日 K 线图中，通过设置由 3 条均线组成的两道"网"，即"天网"与"地网"，以分别捕捉走势性质不尽相同的上涨行情。"天罗地网"战法里均线的取值虽然以收盘价为准，但算法与传统的 MA 算法有所不同，这正是"天罗地网"战法的独特之处。"地网"与"天网"，3 条均线算法均为 WMA，即线性加权平均值。同时，均线参数的设置，也基于大量的数理统计。

"天罗地网"战法适用于股市里的任何一只股票。在"地网"和"天网"这两道网中，"地网"以抄底、捕捉短线反弹行情为主。在某些特殊情况下，"地网"也有抓到大级别上涨行情起点的可能（概率约为 5%）。有关"地网"内容将在后面章节中详细讲解。"天网"则专为发现和捕捉长线牛股而设置。

下面是对两道网各自功能的简要介绍。请看个股案例。

1. "地网"主打抄底抢反弹

案例一　鲍斯股份（300441. SZ）

如图 1—38 所示，2017 年 8 月 10 日，鲍斯股份创出了下跌以来的阶段性最低 19. 81 元。

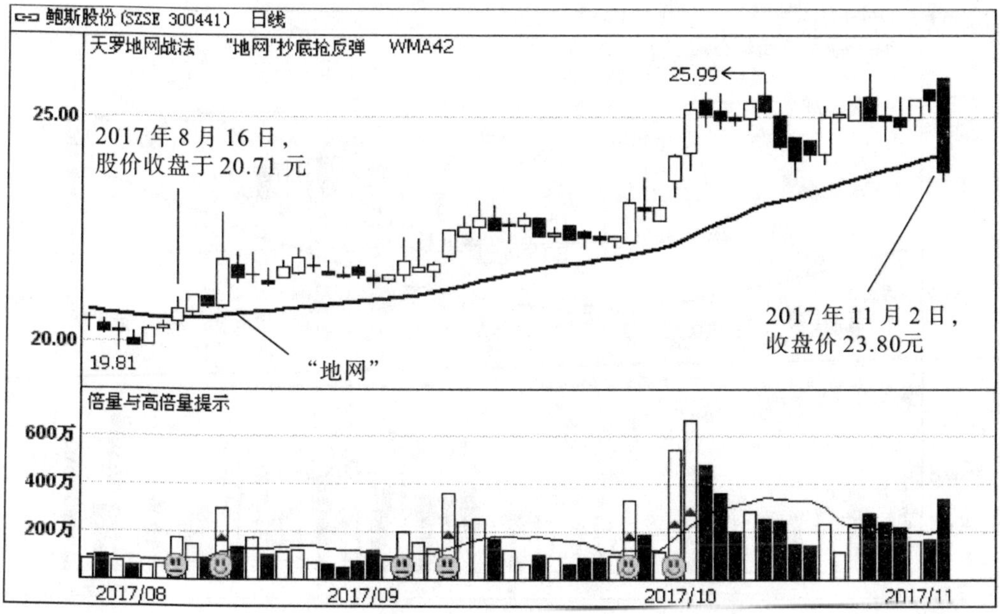

图 1—38

4个交易日后，即2017年8月16日，股价收盘于20.71元，第一次站到了"地网"之上。在这条"地网"的一路护送下，鲍斯股份的股价一路攀升。

2017年10月16日，鲍斯股份的股价冲高到25.99元的位置。相对于8月16日的收盘价20.71元，已有了25.5%的涨幅。

2017年11月2日，股价在收盘时跌破了"地网"，宣告反弹暂告一段落。此时股价为23.80元，即便8月16日进场的投资者这天才被动止盈，也可以获得15%的收益。

其实，设置"地网"的最主要目的就是抄底抢反弹，收益预期以10%至30%为宜，投资者不要有太高的奢望。

案例二 中国化学（601117.SH）

如图1—39所示，中国化学的次低价6.14元和最低价6.11元构成了标准的双底形态，在此之后，股价于2017年12月12日首次站到了"地网"之上，当天的收盘价为6.45元。

2018年1月27日股价创出了7.69元的反弹最高价，此时股价和"地网"的走势都很健康。

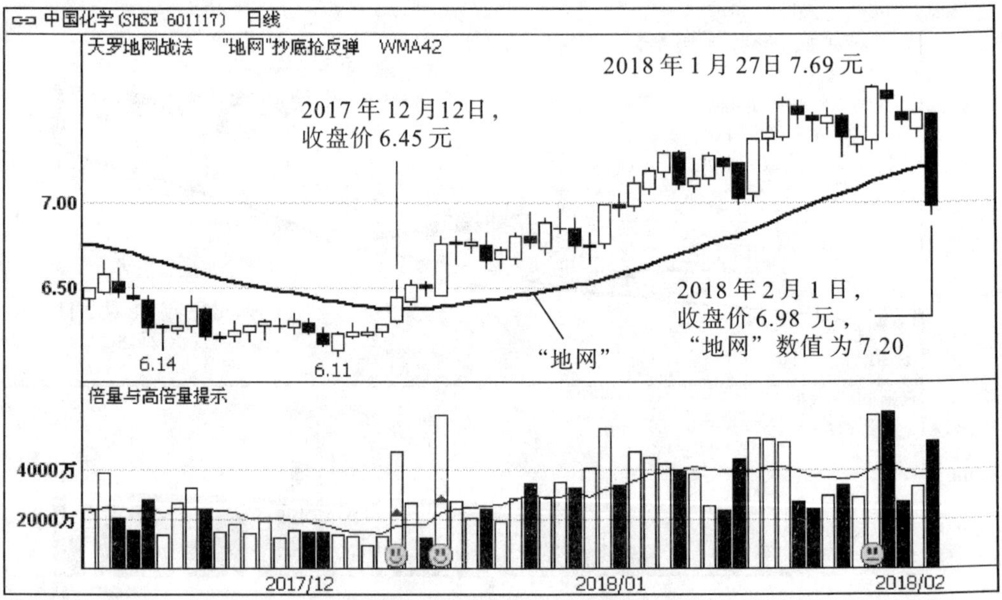

图 1—39

2018 年 2 月 1 日，股价高开低走，大跌 7.2%，收于 6.98 元，明显跌到了“地网”下方。其实当天“地网”的值为 7.20，投资者应该参考这个数，在盘中股价跌破“地网”时就果断止盈，无须拖到收盘再清仓。这样一来，就可以保证 10%左右的收益。

2. “地网”之上逮牛股

在一些很凑巧的情况下，“地网”有可能帮助投资者捕捉到黑马、牛股。

案例一　远望谷（002161.SZ）

如图 1—40 所示，2015 年 10 月 8 日，远望谷的股价在盘中即穿越了“地网”，到收盘时价格为 12.95 元，稳稳站在了“地网”之上。股价在冲高到 16.92 元之后，以“五连阴”的方式向下回探。

11 月 2 日、3 日，股价已经接近“地网”了，但最终没有将它跌破。既然没有破线股民就没必要清仓出局，“大难不死必有后福”，股价在探低至 14.27 元之后再次翻身向上。在“地网”的一路护送下，股价一骑绝尘而去进入加速拉升阶段。

到 11 月 20 日，创下了 26.71 元的阶段性最高价。

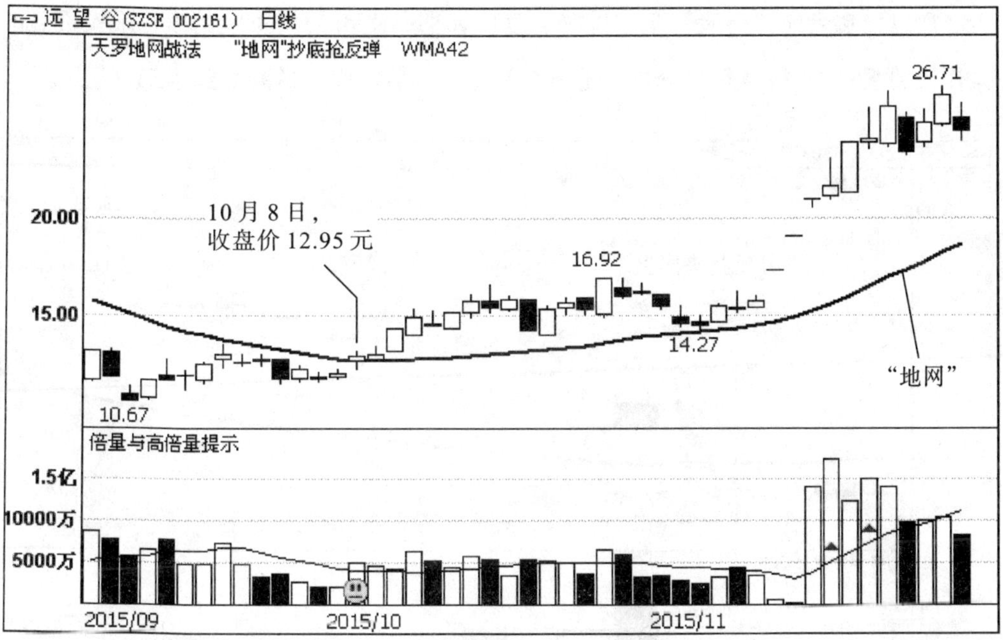

图1—40

由于股价自2015年10月8日站到了“地网”之上后，始终在“地网”之上运行，因此只要投资者在进场后坚定持股，那么一个半月的时间就能获得翻倍的收益。“地网”这道网无意间帮投资者抓到了一匹黑马。

案例二 顺丰控股（002352. SZ）

如图1—41所示，2016年3月14日，一根非常不起眼的小阳线收在了顺丰控股的“地网”之上，当天收盘价仅为11.19元。

线随价走。3月15日、16日、17日，随着股价的抬升，“地网”开始拐头向上了。股价自打站上“地网”后，一路无量地缓慢向上爬升，几乎没有人意识到，眼前的这只股票竟然是一只大牛股。

如图1—42所示，2016年4月1日，顺丰控股的收盘价为13.75元，该股收盘后宣布停牌。两个月后的5月31日，股票复牌。

笔者根本没时间去搜索、追忆该股在停牌期间宣布了什么利好，我们只从K线图上看结果就够了——1）顺丰控股3月14日的收盘价是11.19元，因为股价站上“地网”了，所以投资者应该买进该股；2）由于进场后股价始终在“地网”上方运行，所以投资者应该持股。至于停牌、复牌，那是上市公司决定的事，跟投资者的操作没关系；3）行情是股价自己走出来的。复牌后，股价最高涨到了51.05元。

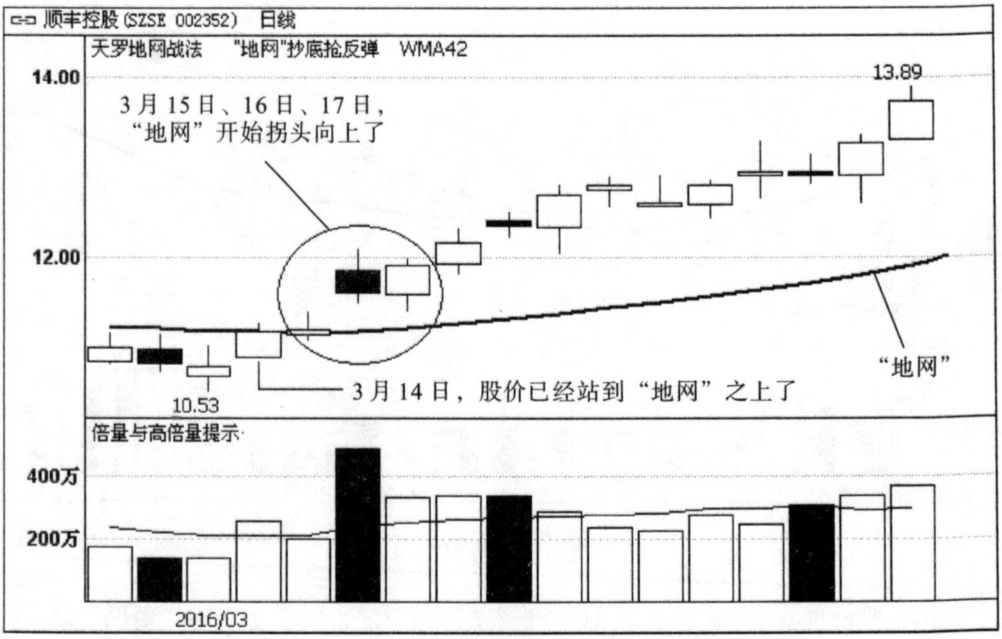

图1－41

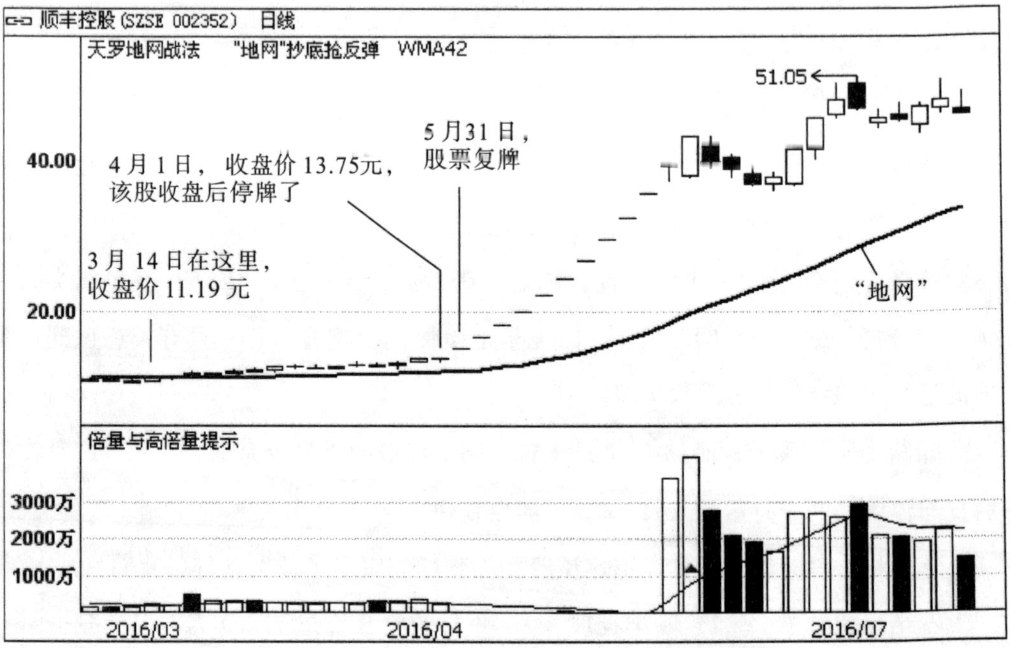

图1－42

3. “天网”之上，黑马无处遁形

“天网”的作用跟“地网”当然不同，设置它是为了抓黑马、擒牛股。由于“天网”战法将在“伏击股市”丛书第六册里详细介绍，所以本书只举一例。

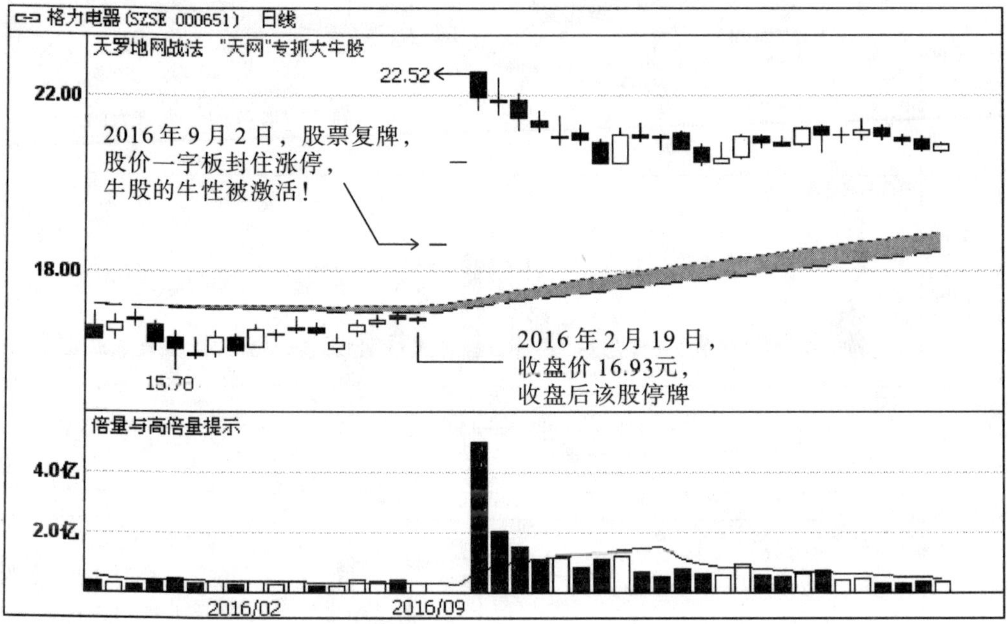

图 1—43

如图1—43所示，格力电器（000651.SZ）2016年2月19日的收盘价为16.93元，收盘后该股停牌。

2016年9月2日，股票复牌。复牌后该股股价 字板涨停。就在9月2日这大，股价站到了“天网”之上，这只牛股的牛性终于被激活了。

如图1—44所示，在股价的带动下，“天网”已经从原来的走平状态转为向上运行了。

股价在复牌后的第一阶段上冲接近了30元，随后的回调中创出22.61元和22.26元两个低价。由于受到“天网”的有力支撑，股价于2017年1月开始再次发力。第二波上攻开始了。

如图所示，只要“天网”不被有效跌破，黑马就始终在我们的掌控之中！在“天网”的支撑下，行情继续发展，股价回调后持续上涨。如果一年前能在22元附近买到这只股票，现在的40多元已经让你的收益实现了翻倍！

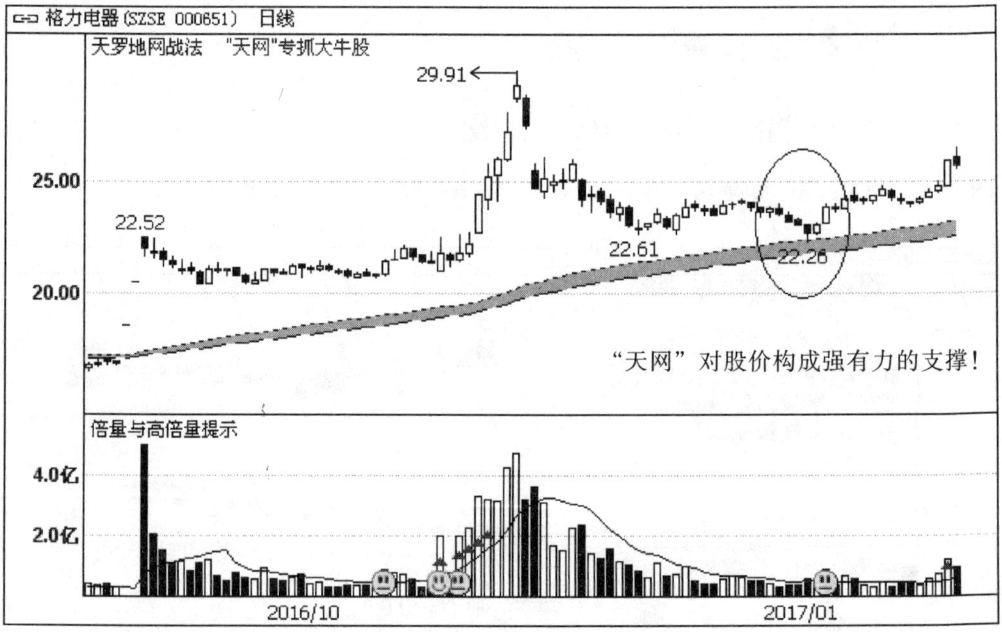

图 1—44

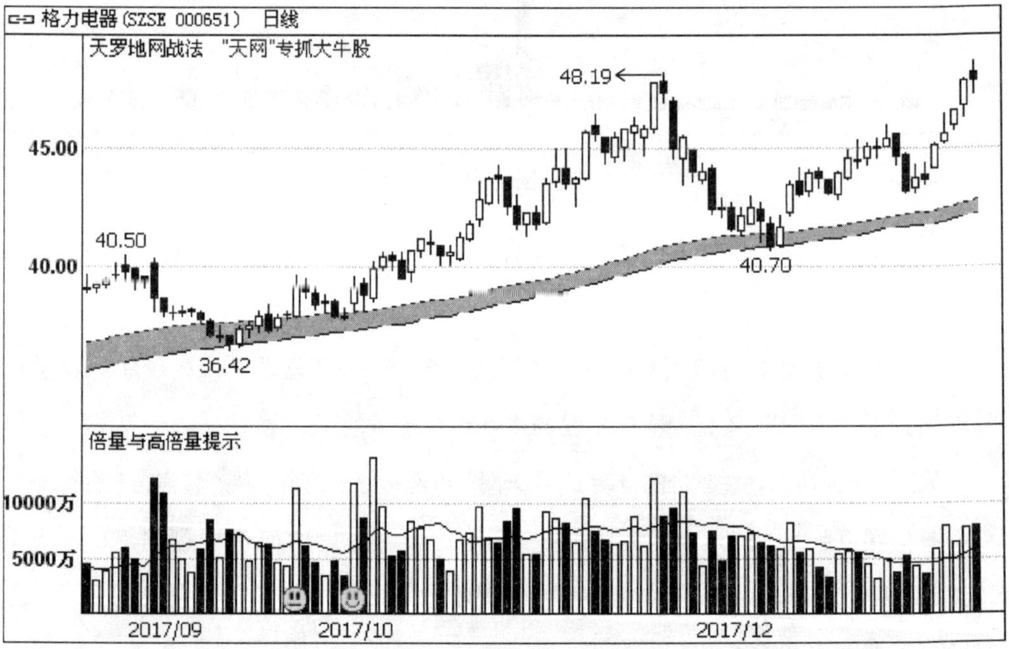

图 1—45

如图 1—46 所示，格力电器这匹黑马一路向前狂奔！股价从 2017 年 12 月的 40.70 元仅用了两个月时间便一路猛蹿到 58.70 元。主升浪原来如此给力！

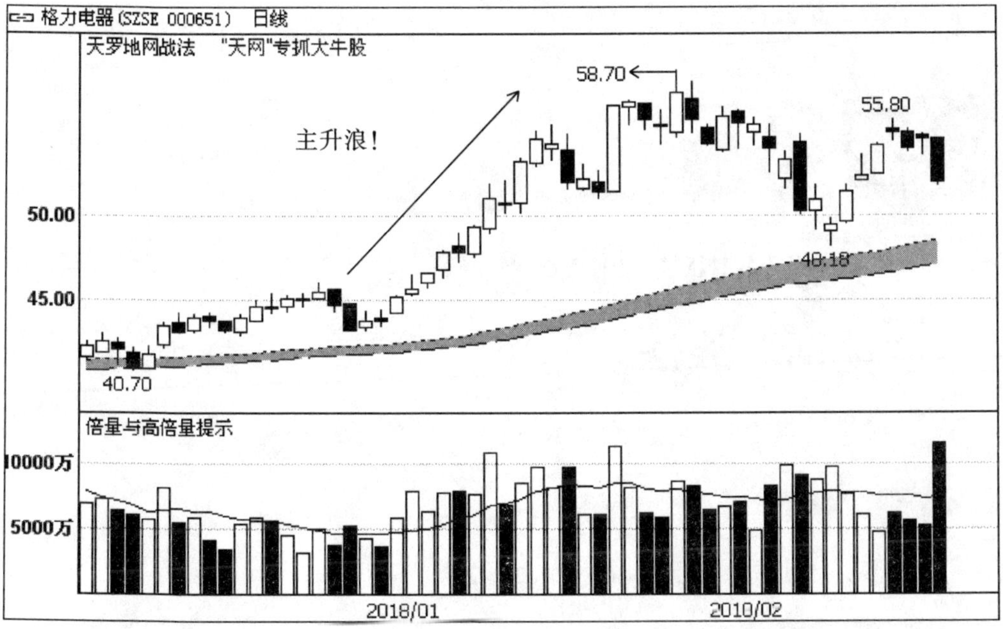

图 1—46

如图 1—47 所示，2018 年 3 月 23 日，格力电器的股价收于 48.88 元，跌破了“天网”，又跌破了颈线位。再看看成交量，明显萎缩了。

这匹黑马终于跑累了，它需要休息了。

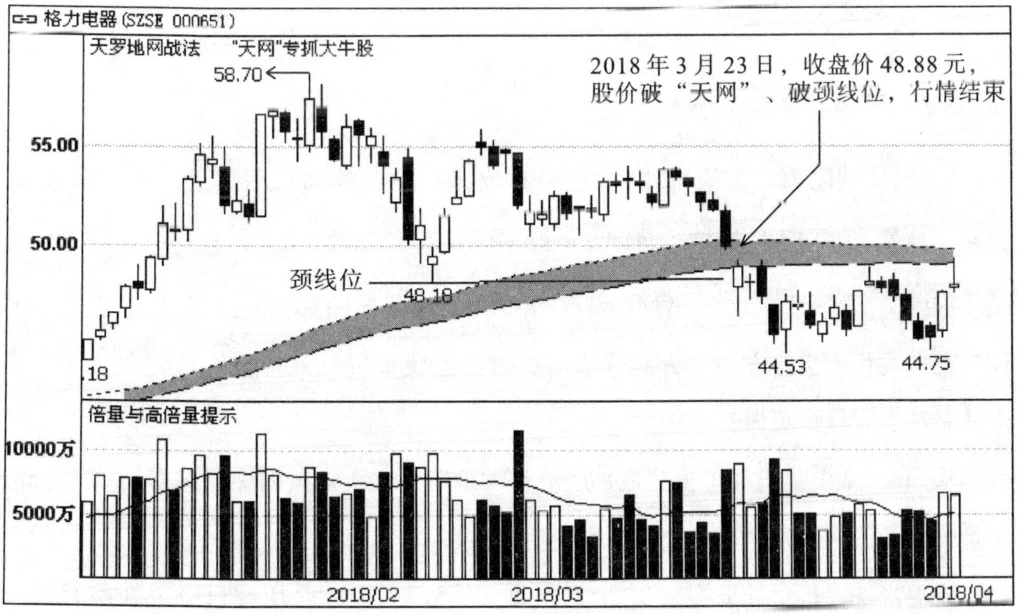

图 1—47

“天罗地网”战法之“地网”战法

“天罗地网”战法设置了两道“网”用来捕捉行情。第一道是“地网”，围绕“地网”展开的一系列战法就是“地网”战法。“地网”战法主要用于抄底抢反弹。

一、对无效的交易说“不”!

1.“地网”撒在了哪里?

“地网”的取值，是最近 42 个交易日收盘价的线性加权平均值，即 WMA42。这张“地网”就撒在了那里。见图 2—1、图 2—2。

如图 2—1 所示，这条 WMA42 均线就是“天罗地网”战法里的“地网”。“地网”可以看作一道多方与空方的分水岭。对于股民来说，只有股价站到“地网”之上才意味着有行情可做。

从图 2—2 中我们看得很清楚，股价在“地网”之下运行时多呈跌势；当股价向上运行重新回到“地网”之上后，说明反弹该来了。

简单来说，每个月平均有 21 个交易日。WMA42，就是用一只股票在整整两个月时间里的收盘价取值并加以计算。

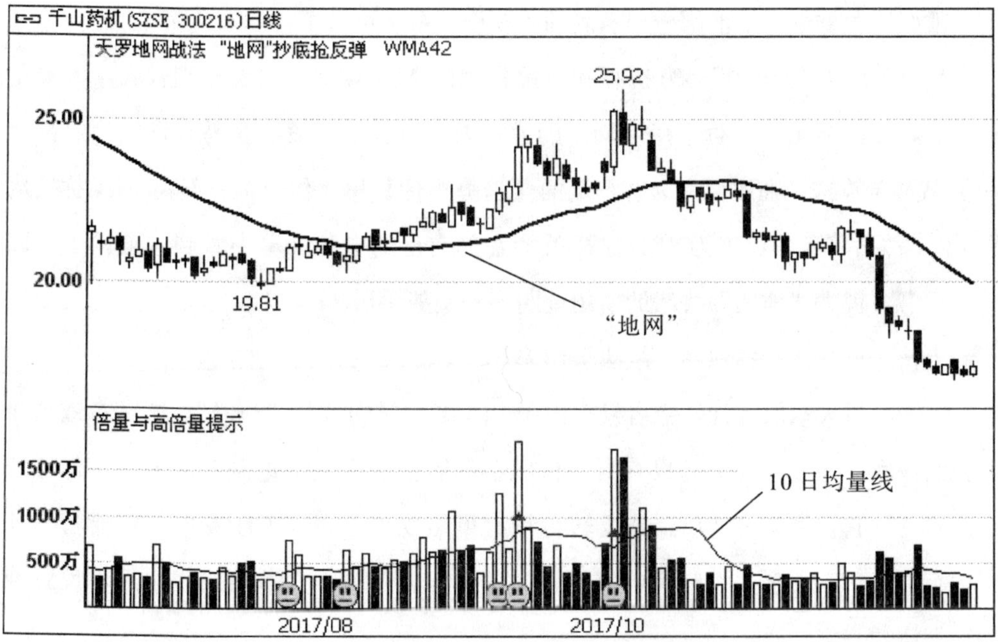

图2－1

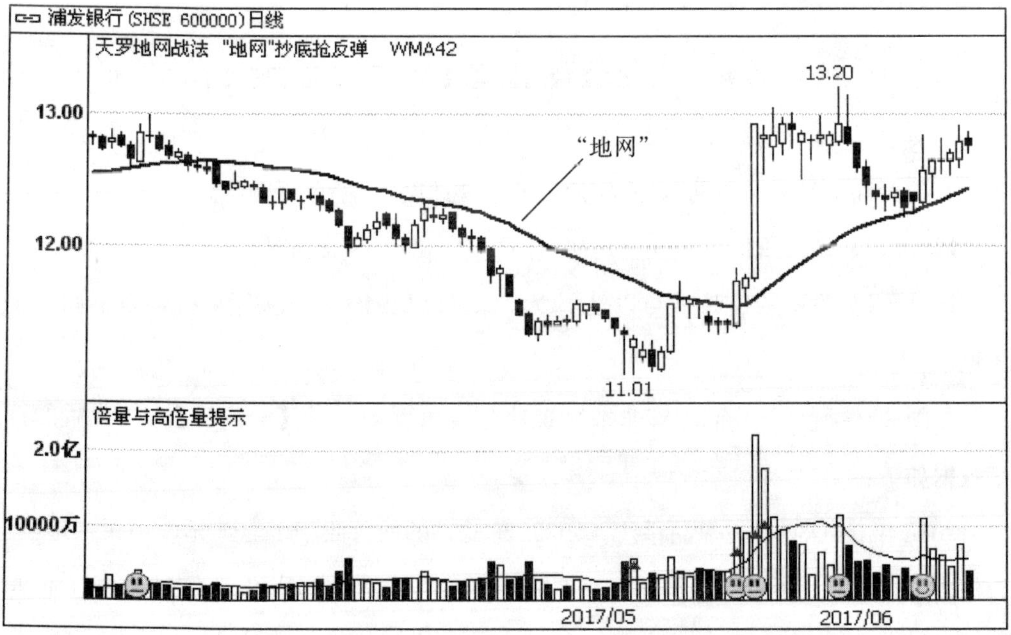

图2－2

“地网”就好比一张渔网，我们凭借这张网打鱼。当然，“地网”的均线参数是42，只是一张“小网”，主要用来抢反弹。但毫无疑问，股价一旦站到“地网”之上，就好比鱼群进入了渔网——满满的收获已经触手可及了。

WMA 算法不同于很多分析师和股民常用的 MA 算法，二者差别较大。大家不用担心，你根本无须手动计算 WMA 的值，因为电脑里的股票交易客户端一定都自带了 WMA 算法。在股票交易客户端的【趋势指标】里，你只需直接将 MA 替换成 WMA，然后将参数设置为 42，这样就能在你自己的电脑屏幕中看到这道网了。因此，本书可视为“地网”战法的使用说明书和实战手册。

为什么这套“天罗地网”战法采用 WMA 算法？为什么“地网”选用 42 作为参数？因为经过大量的统计，笔者发现由 WMA42 构筑的这道“地网”，能够有效地帮助我们抄底。通常情况下，只有当一只股票的股价运行到“地网”之上了，你才应该开始关注它，因为一波反弹或反转行情有可能发生。请读者朋友们一定要特别注意“有可能”三个字，没有人敢打包票说股价突破 WMA42 这条均线之后，反弹或反转行情“一定”发生。

2.【触网】与【破网】

清楚了“地网”在哪里，那么【触网】与【破网】就很好理解了。

顾名思义，【触网】就是股价自下跌以来，收盘价首次高于“地网”。注意：盘中某日的最高价高于“地网”，而收盘价低于“地网”，不算【触网】。

【触网日】是收盘价第一次收在“地网”之上的那个交易日。

【触网日】股票的日 K 线可以是阳线，也可以是阴线，无关紧要。请看下面几个图例。

如图 2—3 所示，我们能够非常直观地分辨出哪一天是【触网日】。其背后的详细数据如下：

2016 年 5 月 30 日，福晶科技（002222. SZ）的股价收于 12. 31 元，当天“地网”数值为 11. 79 元。由于收盘价高于“地网”的数值，因此 2016 年 5 月 30 日这天便是【触网日】。

如图 2—4 所示，2017 年 5 月 31 日，绿地控股（600606. SH）的“地网”数值是 7. 24，而当天股价开盘就是 7. 54 元，直接以跳空的方式一举越过“地网”，并且收盘价也在“地网”之上。毫无疑问，2017 年 5 月 31 日这天就是【触网日】。

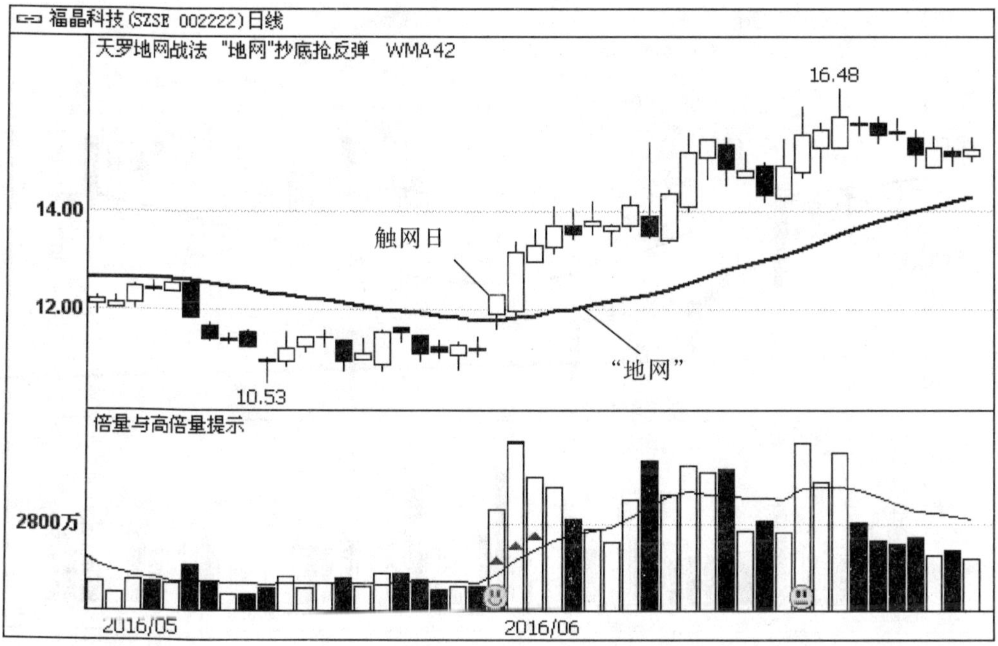

图 2—3

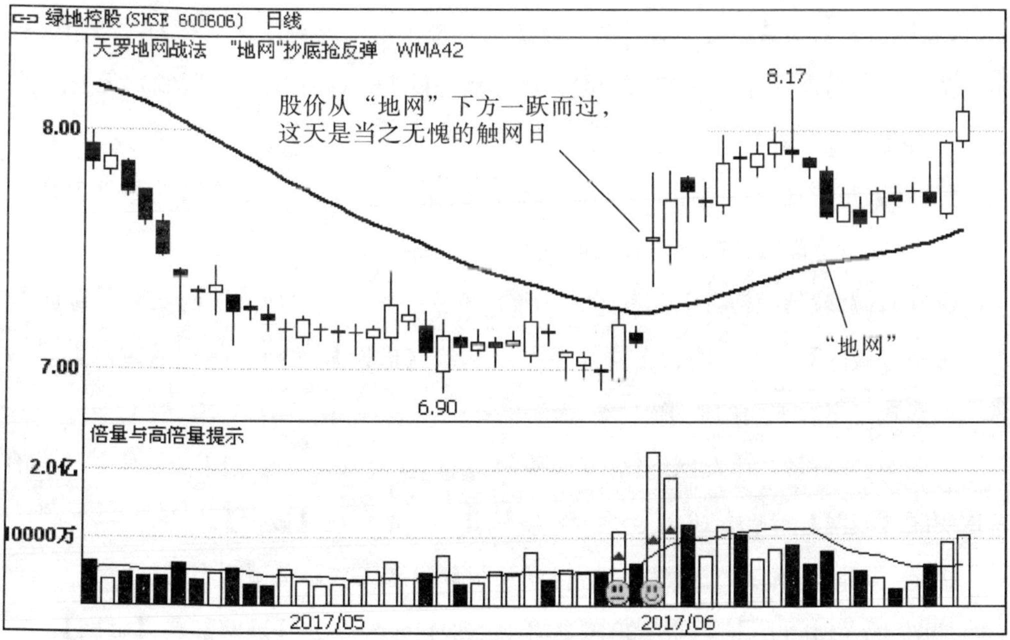

图 2—4

如图 2—5 所示，2017 年 12 月 11 日，易华录（300212.SZ）的股价高开低走收出阴线，但由于这天的收盘价已经收在了“地网”之上，因此毫无疑问，2017 年 12 月 11 日就是【触网日】。

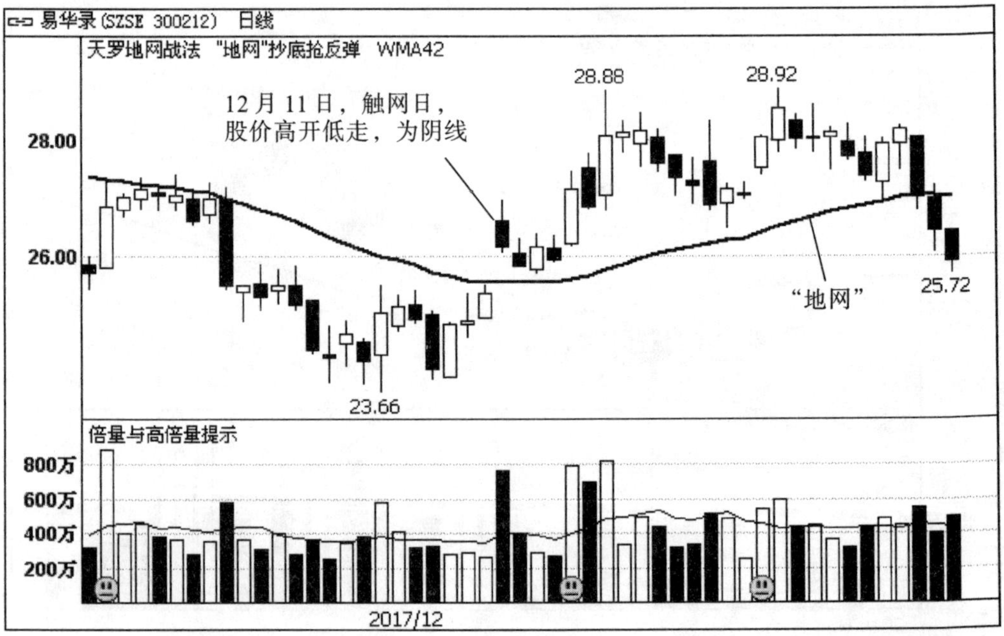

图 2－5

【触网日】只与某一交易日股票的收盘价是否收在“地网”之上有关，与当天股价走势是低开高走（即日 K 线为阳线）还是高开低走（即日 K 线为阴线）无关。

什么是【破网】?

【破网】是指股价自上而下运行，收盘价跌破“地网”。盘中某日的最低价低于“地网”但收盘价没有跌破则不算【破网】。

【破网日】就是股价自上而下运行，收盘价第一次低于“地网”的那个交易日。

由于【破网】一定是股价在跌，因此阴 K 线【破网】和向下跳空【破网】是最常见的形式。请看下面的例子。

如图 2－6 所示，用友网络（600588. SH）2017 年 10 月 12 日和 11 月 3 日，有两次阴线【破网】。11 月 16 日，股价跳空低开，一举形成【破网】。

由于“地网”就是一根均线，所以【触网】和【破网】是循环出现的。

如图 2－7 所示，用友网络 2016 年开始的股价走势是先【破网】再【触网】。

有涨就有跌，有跌就有涨。正如图 2－8 所示，股价会围绕“地网”上下翻飞，永远在【触网】状态与【破网】状态间循环不止。反过来讲，只要把 WMA42 这条均线加载到日 K 线图中，那么股价的【触网】和【破网】也将循环不止。

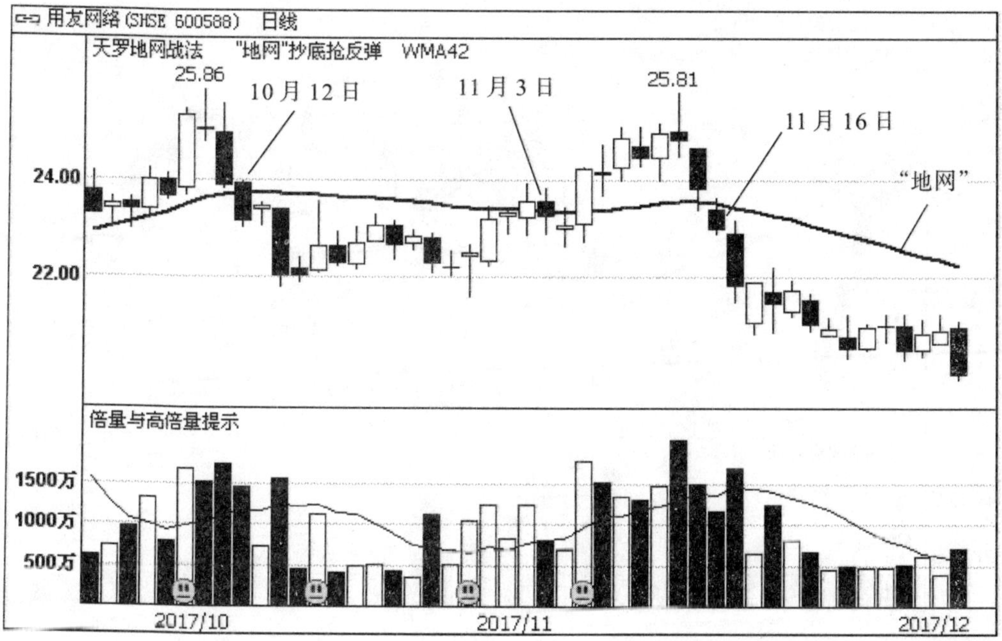
用友网络(SHSE 600588) 日线
天罗地网战法 "地网"抄底抢反弹 WMA42
25.86
10月12日
11月3日
25.81
11月16日
“地网”
24.00
22.00
倍量与高倍量提示
1500万
1000万
500万
2017/10
2017/11
2017/12

图2－6

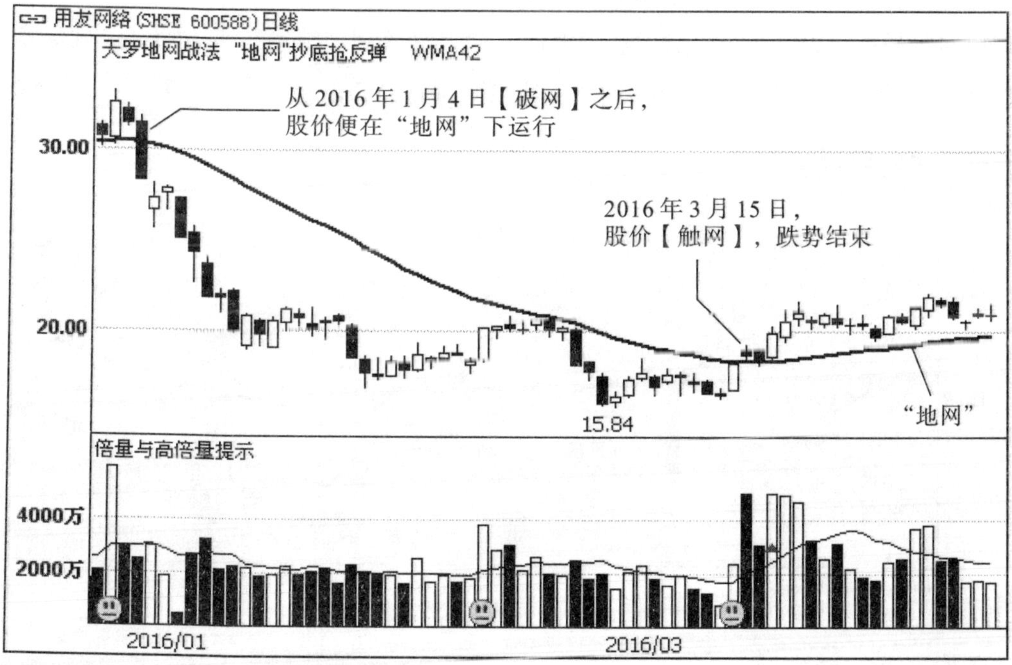
用友网络(SHSE 600588)日线
天罗地网战法 "地网"抄底抢反弹 WMA42
从2016年1月4日【破网】之后，
股价便在“地网”下运行
30.00
2016年3月15日，
股价【触网】，跌势结束
20.00
15.84
“地网”
倍量与高倍量提示
4000万
2000万
2016/01
2016/03

图2－7

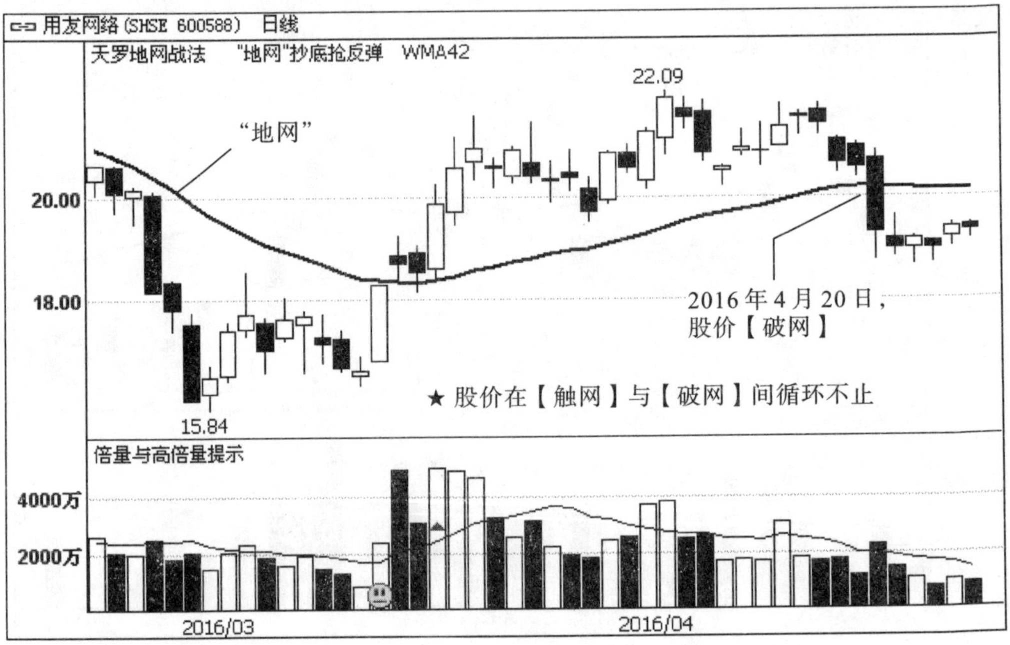

图 2－8

由于【触网日】是"天罗地网"战法里判断反弹行情是否可能出现的最重要标志，因此当每一次股票的收盘价从"地网"之上跌落到"地网"下方后，之前那个【触网日】就失效了，我们需要等待下一次【触网日】的出现。请看下图。

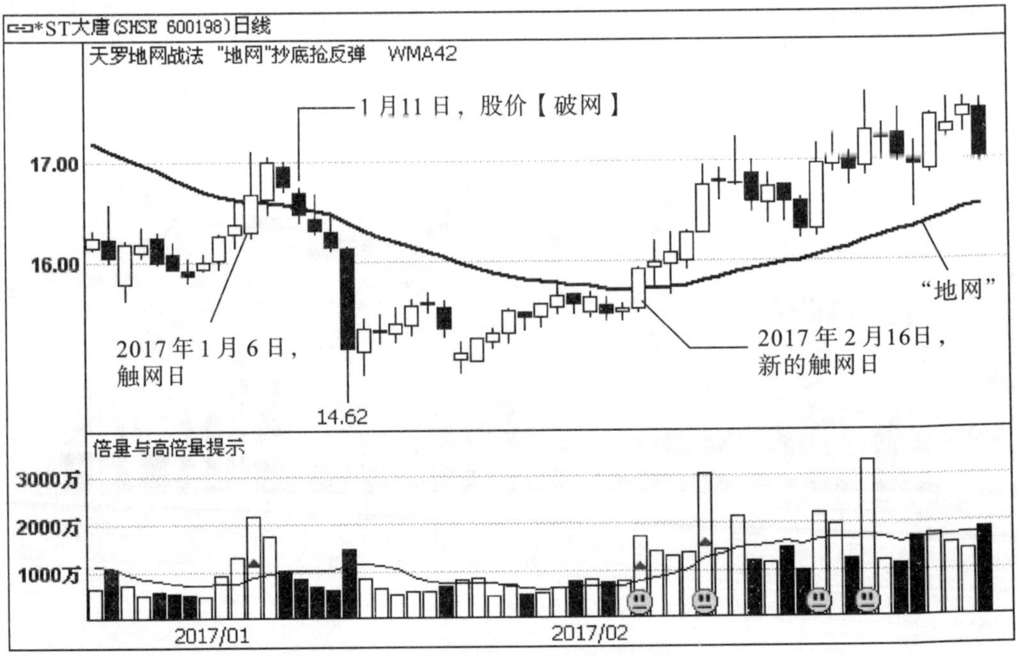

图 2－9

如图 2—9 所示，＊ST 大唐 2017 年 1 月 6 日最先形成的那个【触网日】很快就失效了，因为 1 月 11 日收盘价低于“地网”造成了【破网】。直到 1 个多月之后的 2 月 16 日，新的【触网日】才诞生。

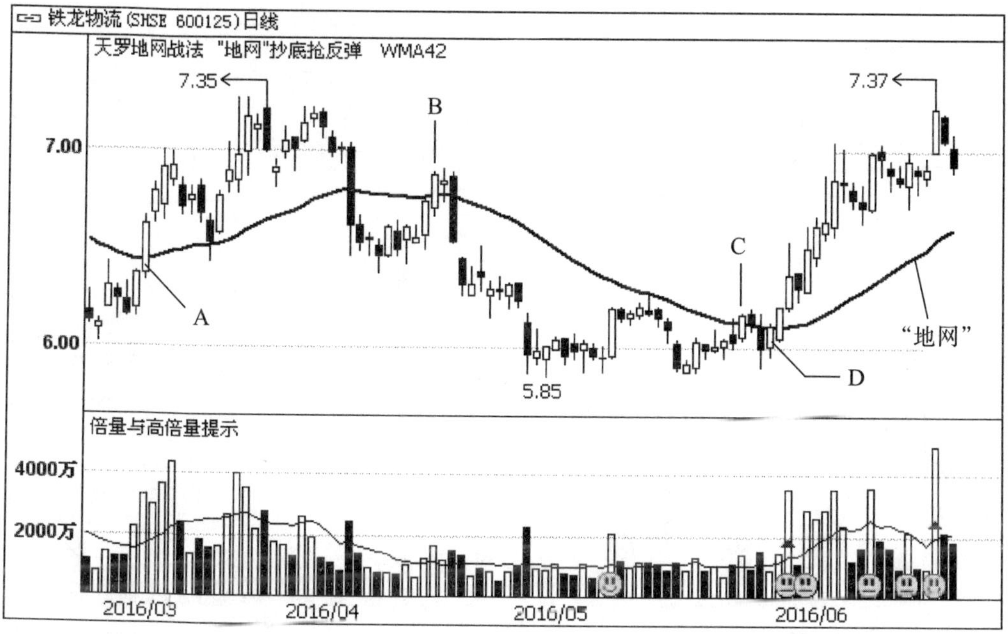

图 2—10

如图 2—10 所示，图中 A、B、C、D 4 个交易日都是【触网日】。

3. 股价【触网】后，股价有望反弹

如果股价没上“地网”，始终在“地网”之下运行，那自然就不存在【触网日】了，对吗？对。那样的话，是不是意味着这样的股票就不需要关注了呢？是。

笔者经过大量的数理统计，最后将 42 作为 WMA 的参数，因此就有了“地网”精确的铺设位置。日 K 线图中这道将股价走势从中间一分为二的网是用来干吗的？就是为了让大家减少无效的操作。很多人津津乐道的“抄底”可是大有讲究的，搞不好的话，很可能抄在了股价下跌途中的半山腰位置。请看下面几个例子。

如图 2—11 所示，九鼎新材（002201. SZ）的这一段跌势到底走完了没有？笔者只需用日收盘价与“地网”的关系来判断就够了——只要股价收在“地网”之下，笔者就认定该股的跌势没有走完。从图上我们一目了然，该股一路的下跌不断创出

新低，让人惨不忍睹。股谚道："反弹不是底，是底不反弹"，很可能每抄一次底，就把你套得更深一些！6.92 元事后被证明才是阶段性的最低价，但反弹行情什么时候开始呢？大家不去猜，只看日 K 线什么时候收在"地网"之上。

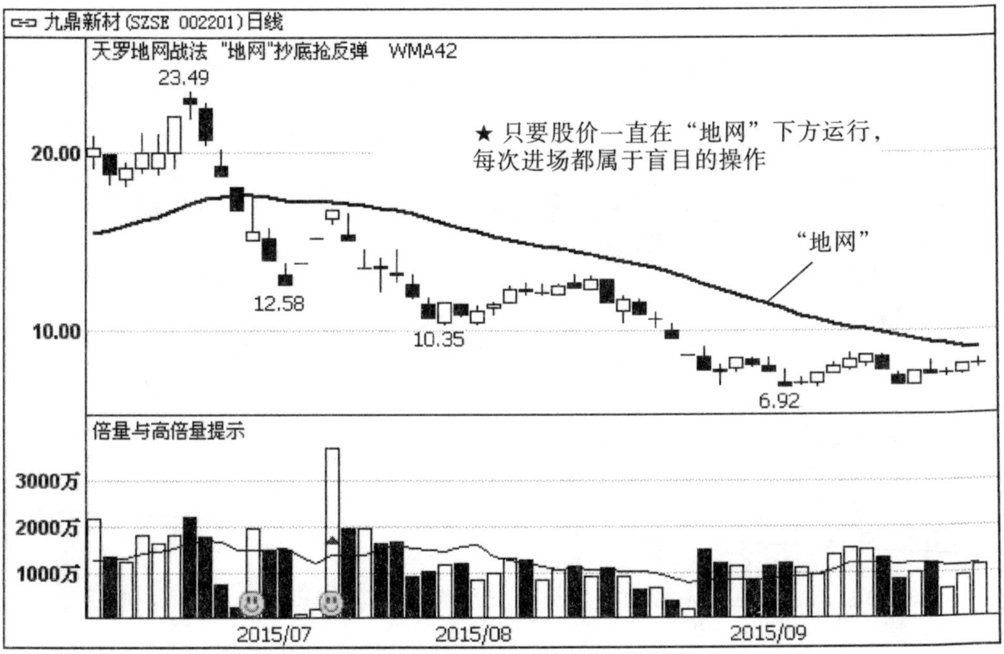

图 2－11

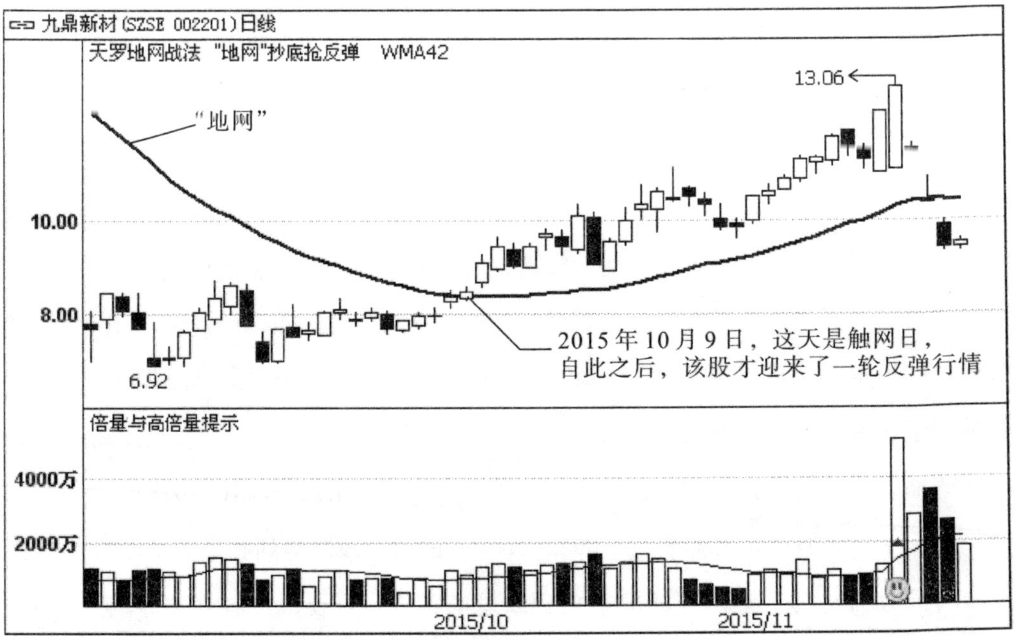

图 2－12

如图2—12所示，2015年10月9日，九鼎新材的股价收于8.48元，而这天“地网”的数值为8.38。毫无疑问，股价从10月9日开始【触网】，并且从这天开始展开了一轮强劲的反弹。

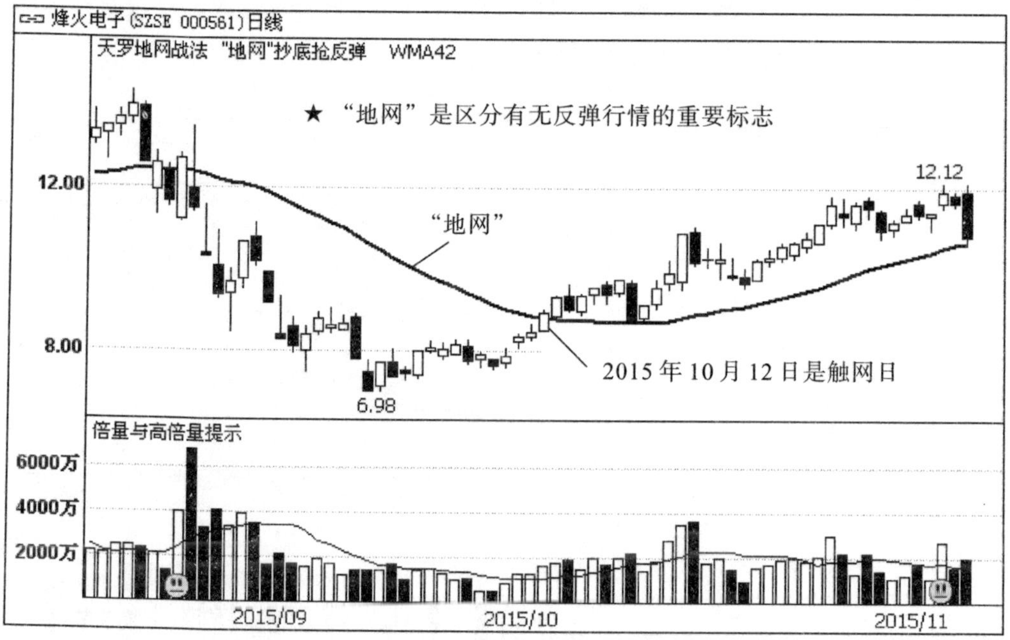

图2—13

如图2—13所示，烽火电子（000561.SZ）的股价于2015年10月12日站到了“地网”之上，这是自9月16日阶段性最低价6.98元产生以来的第14个交易日。此时，【W底】已经构筑完成，并且最近的4个交易日已走成了【红四兵】。

对于“天罗地网”战法来说，股价走势的底部形态和短期的K线组合形态无关紧要。只有当股价【触网】后，笔者才关注该只股票。因为股价【触网】与否，才是反弹行情是否有可能产生的重要标志。

当收盘价已实现【触网】，股价在今后继续上涨甚至走出反弹行情的概率则增加。涨跌概率，一定是基于股价已经走出来的既成事实。我们谈论股价在未来会涨或是会跌，只不过是在说一种统计性结论。

4. 【破网】=破位，破位莫要持股

“地网”不但是有无反弹行情的重要标志，还是多方与空方的分水岭。“顺势而

为”人人都在讲，至于怎样才能做到“顺势而为”那就是各家有各家的绝活儿了。有了“地网”这样清晰、易于识别的标志，笔者相信很多人将会慢慢告别套牢这无边苦海。

股价有涨必有跌，但是它从哪一时刻开始跌，从什么位置开始跌，持股者又该凭什么做出及时离场的决定呢？请看下面的例子。

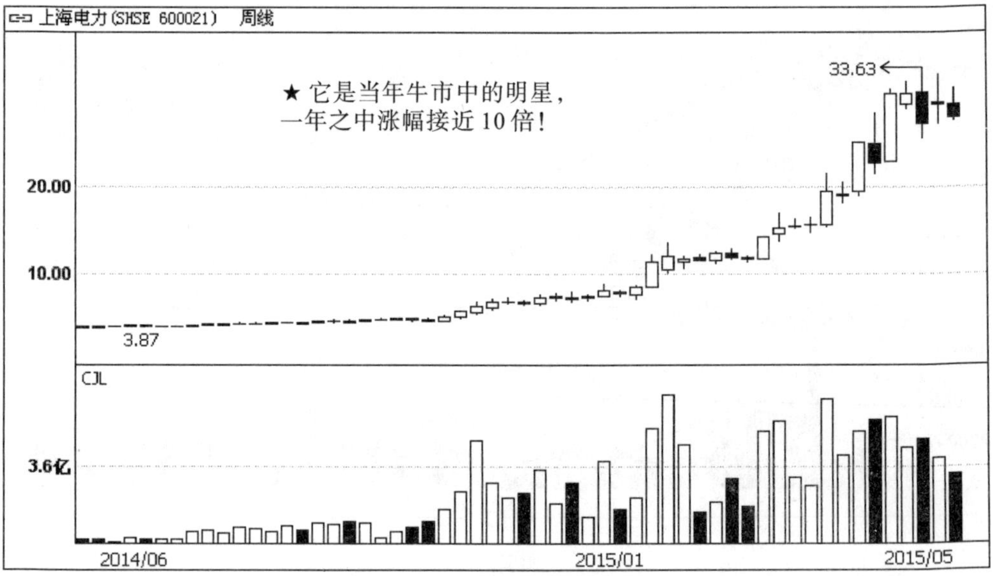

图 2—14

如图 2—14 所示，上海电力（600021.SH）是上证指数摸高至 5178 点那波牛市里的一只大牛股。从 2014 年 6 月到 2015 年 5 月短短一年时间里，该股股价涨幅接近 10 倍，是当之无愧的明星股。然而，没有只涨不跌的股票，上海电力从什么时候确认了跌势呢？答案是：从股价跌破“地网”开始。

如图 2—15 所示，2015 年 6 月 12 日，上海电力的股价报收于 27.94 元，当天的“地网”数值是 28.36。此时股价已经明显位于“地网”之下了，这天就是【破网日】。有意思的是，就在 2015 年 6 月 12 日这天，上证指数创出了 5178 点的历史第二高点，等到再开盘的周一，即 6 月 15 日，大盘的下跌之路正式开启。

上海电力在这波牛市中股价见顶早于大盘，但在当时炙热的市场氛围下，谁会察觉该股真的已经涨到头了呢？谁会相信这道“地网”一破，该股从此便踏上了漫漫熊途？

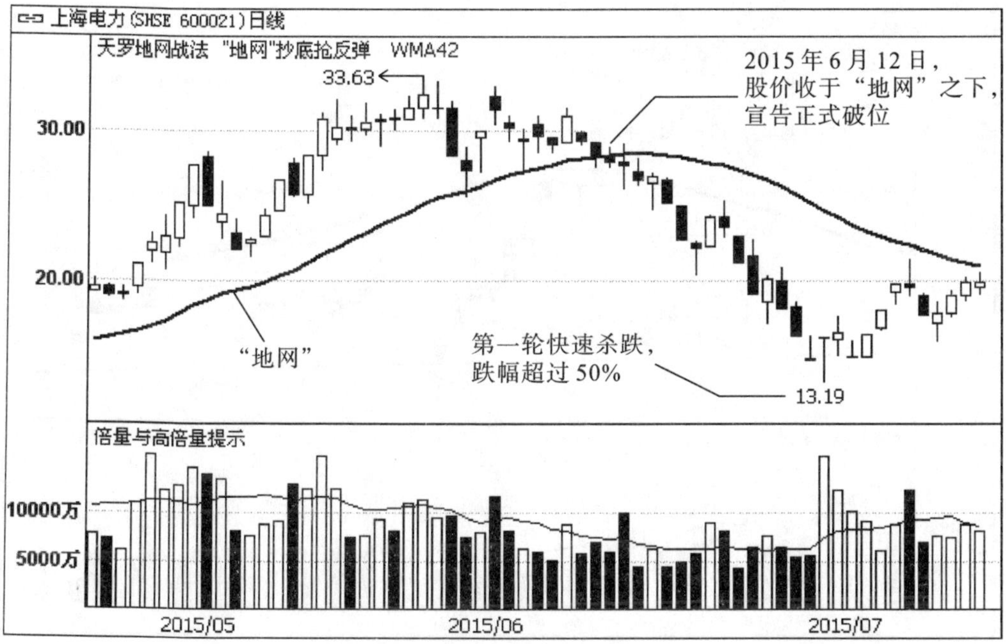

图 2—15

从 2015 年 6 月 12 日【破网】时的 27.94 元，到 2015 年 7 月 6 日砸出 13.19 元的最低价，不到一个月时间里，该股的第一轮快速杀跌跌幅竟然超过了 50%！

如果你早掌握了这套“天罗地网”战法，你就能够在股价【破网】之日及时逃顶。“地网”可以提示投资者及时避险，这种作用在 2015 年“股灾 1.0”中表现得非常出色。请看另外一个例子。

如图 2—16 所示，2015 年 6 月 19 日（周五），在“股灾 1.0”暴发的第一周周五，林州重机（002535.SZ）的股价跌停，收盘于 13.50 元。这天该股“地网”的数值是 13.56，毫无疑问股价【破网】了。如果投资者在 6 月 19 日这天没有机会卖掉股票的话，那么下一个交易日也必须清仓离场了。

6 月 23 日（周二）是端午节假期后的第一个交易日，林州重机的跌幅只有 3%，收盘于 13.09 元。6 月 23 日这天卖股票总是来得及的，等再过几天，股价便开始“跌跌不休”了。

“地网”是你的一道防线，一旦股价【破网】，请你立即清仓离场。逃大顶，“地网”功不可没！

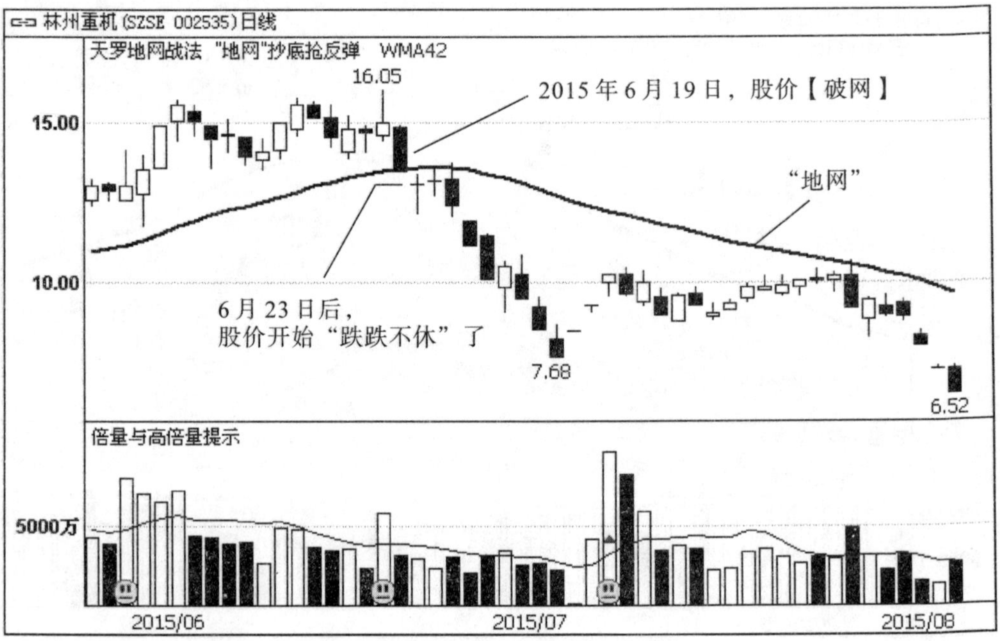

图 2－16

5. 下跌不言底，"地网"之下就看空

"下跌不言底"，没有人能告诉你哪里才是股价真正的底。股价下跌途中看似的止跌企稳，说不定转眼就成了下跌中继。该走、该留，全看股价与"地网"的位置关系。抄底后股价是否再次破位，往往无须破掉之前的最低价——请你记住：【破网】一破位，【破位】请你立即止损出局。

如图 2－17 所示，鼎汉技术（300011.SZ）从 2015 年 6 月"股灾 1.0"时的 59.55 元一路跌下来，持续跌了两年半之久。到 2017 年年底时，股价险些跌破了 10 元，累积跌幅高达 83%，实属罕见。股价下跌时间如此之长，加上中间也不曾出现过像样的反弹，跌到这个份儿上，总该反弹了吧？这不，2018 年 1 月 4 日，股价收于 11.10 元，终于【触网】了，并且还放了大量。

从【触网】到 1 月 28 日，该股股价始终运行在"地网"之上，并且低位成交量有较为明显的放大，疑似有筹码在低位开始建仓了。只是莫名其妙地，股价在 1 月 29 日缩量收在了"地网"之下，收盘于 10.81 元。这一天该不该先清仓出来看看呢？

如图 2－18 所示，股价一旦跌破"地网"，你什么都别再幻想了，先赶紧逃命吧！

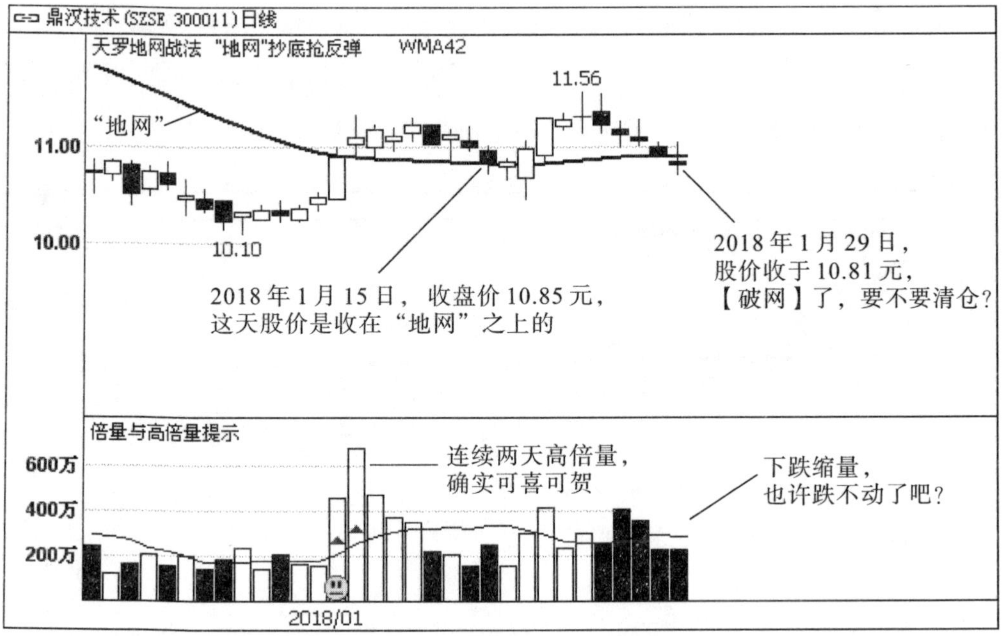
鼎汉技术(SZSE 300011)日线
天罗地网战法 "地网"抄底抢反弹 WMA42
11.56
“地网”
11.00
10.00
10.10
2018 年 1 月 15 日，收盘价 10.85 元，
这天股价是收在“地网”之上的
2018 年 1 月 29 日，
股价收于 10.81 元，
【破网】了，要不要清仓？
倍量与高倍量提示
600万
400万
200万
连续两天高倍量，
确实可喜可贺
下跌缩量，
也许跌不动了吧？
2018/01

图 2—17

1 月 29 日，鼎汉技术的收盘价 10.81 元明明高于前面那个 10.10 元的低点，但此时它【破网】了，说明新的跌势又要开始了。股价破位不一定是从创新低才开始的，真等创新低了不就太晚了吗？

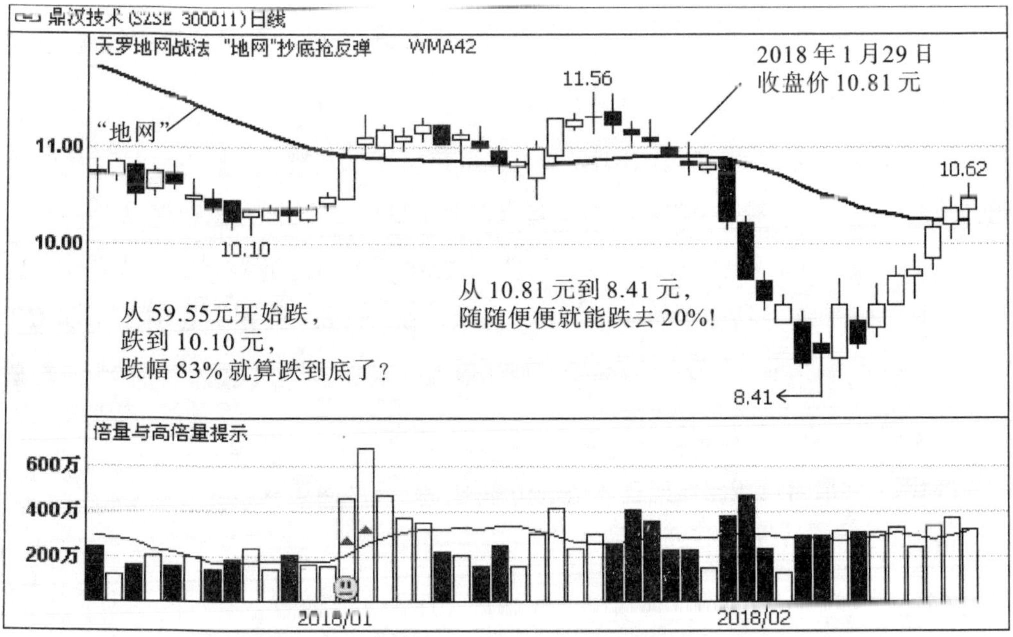
鼎汉技术(SZSE 300011)日线
天罗地网战法 "地网"抄底抢反弹 WMA42
2018 年 1 月29 日
收盘价 10.81 元
11.56
“地网”
11.00
10.62
10.00
10.10
从 10.81 元到 8.41 元，
随随便便就能跌去 20%！
从 59.55元开始跌，
跌到 10.10 元，
跌幅 83% 就算跌到底了？
8.41
倍量与高倍量提示
600万
400万
200万
2018/01
2018/02

图 2—18

从历史最高价 59.55 元跌到 8.41 元，该股的累积跌幅竟然接近 86%！

下跌中，笔者从来不浪费时间、精力去预测股价的底在哪里。笔者会设置一道预警网，一旦股价越过了它，就逃命。这道预警网，就是“地网”。

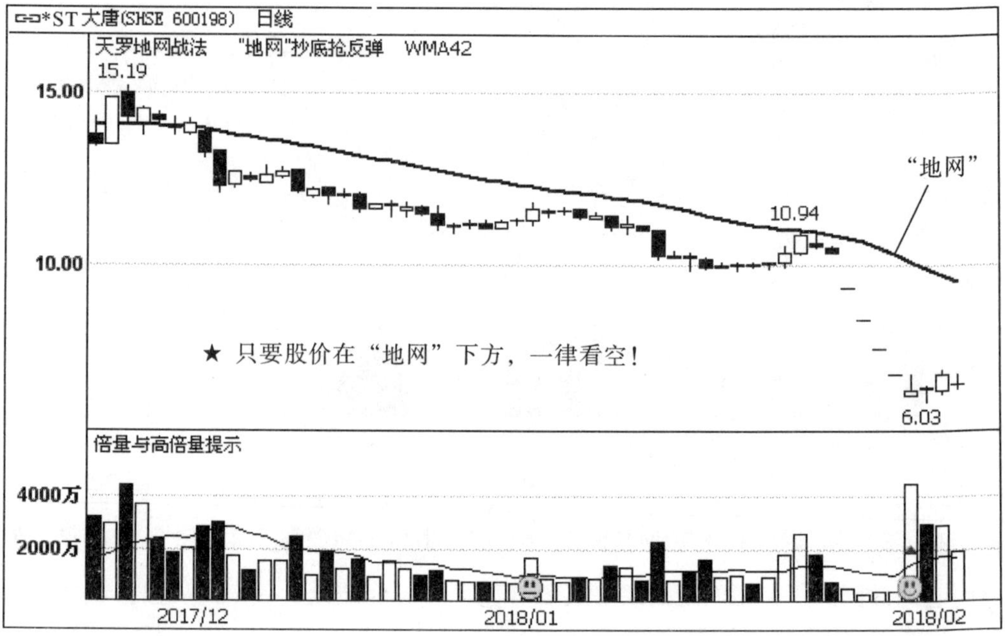

图 2—19

如图 2—19 所示，＊ST 大唐（600198.SH）的股价从 15 元附近的位置【破网】后一路下跌，到 10 元附近似乎出现了止跌迹象。

2018 年 1 月 26 日和 29 日两个交易日，股价都曾反弹到 10.94 元，已经逐渐接近“地网”了，并且成交量有稳步放大迹象。但是没用，“地网”横在那里呢。

1 月 31 日开始，股价开始连续一字跌停，直到 6.03 元才止跌，40%多又没了。

交易法则有云：“价格走势反映一切、高于一切。”甭管 2018 年 1 月下旬那阵子＊ST 大唐出了什么传言、有什么利空，那些根本就不重要。“下跌不言底”，只要股价在“地网”下方运行就说明跌势还未结束，一律看空。

“地网”对股价的压制作用在本案例中表现得真是淋漓尽致。

请继续看下面的案例。

如图 2—20 所示，安图生物（603658.SH）的首轮跌势是从 2016 年 11 月的 70 多元跌下来的，第一波反弹股价从 41 元、42 元一线爬升到 50.54 元就再也涨不动了。

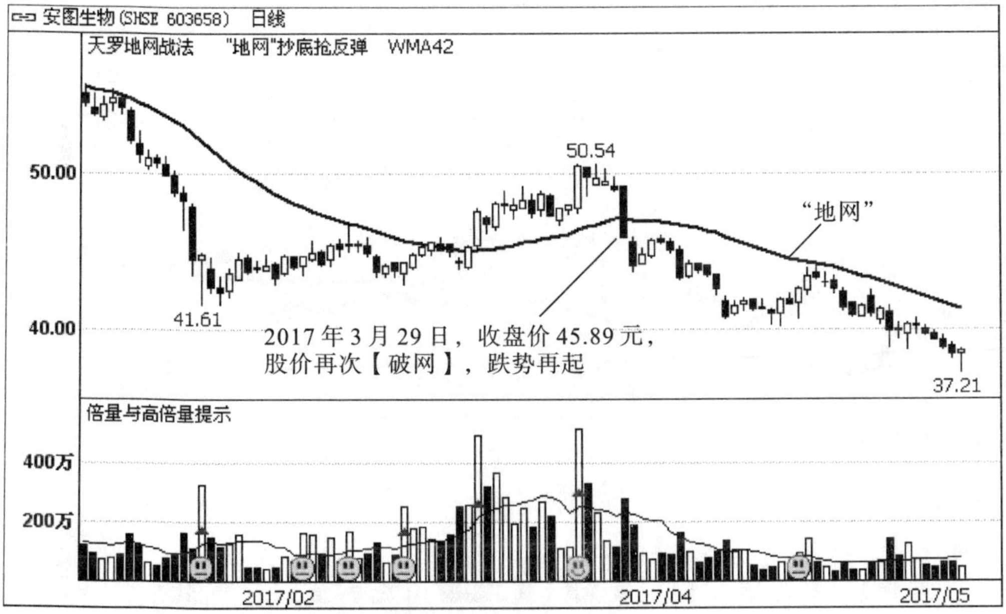

图2－20

2017年3月29日，该股收盘价为45.89元，股价再次【破网】。在“地网”的压制下，第二波下跌很快破掉了41.61元的前低点，并创出了新低。

6. 上升趋势中，【破网】就先出来

股价的上涨往往是曲折向前的，不会一蹴而就。怕踏空，这是一种普遍存在的交易心理。大家都怕，笔者自然也不例外。但光怕没用啊，得想办法解决问题。

股民怕踏空，是因为被洗盘洗出去实在很恼火。如今有了“地网”和“地网战法”你就不用发愁了——只要坚决执行“【破网】卖、【触网】买回来”的策略，一般不会踏空洗盘后的大行情。请你通过下面的案例，学习如何应对洗盘、避免踏空。

请大家从图2－21的左侧开始观察“地网”走向。我们会发现，自烽火电子（000561.SZ）的股价于2015年11月开始在“地网”之上运行以来，“地网”就一直处于向上的运行状态中了。

11月30日风云突变，股价在三连阴后跌到了“地网”之下，收于10.53元。此时投资者就不要再恋战了，先出局避险，耐心等待下次股价【触网】后的机会才是明智之举。

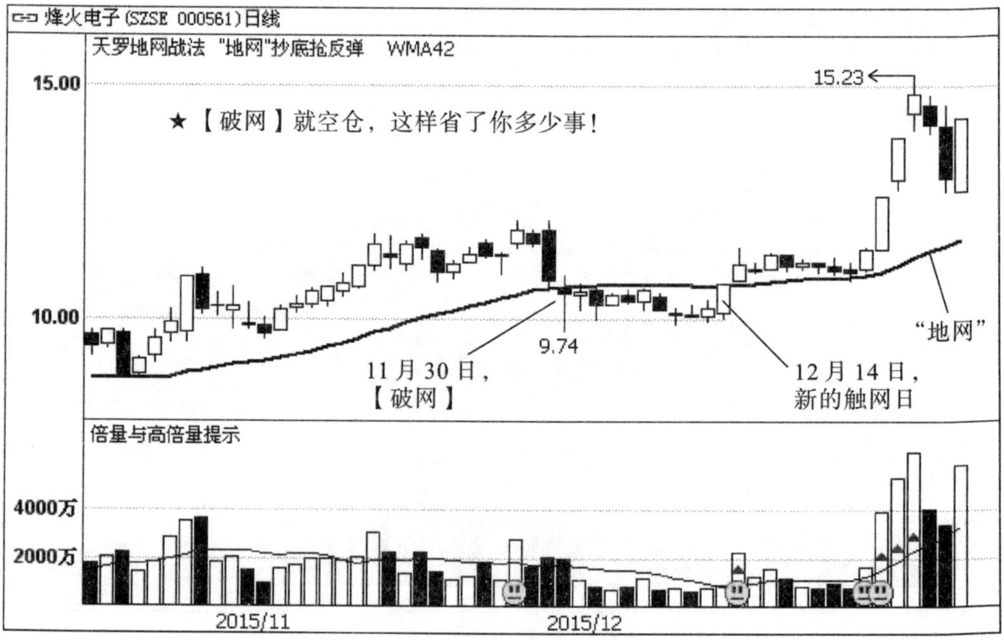

图 2—21

12 月 14 日，股价收于 10.75 元，再次【触网】。12 月 14 日这次【触网】带来的机会真不错，该股股价于 12 月 30 日一度冲高到 15.23 元。短短两周时间，投资者便能获得 40%左右的收益。

你被洗了吗？的确被洗了，损失了两角多——10.75－10.53＝0.22 元。但是，你踏空后面的行情了吗？显然没有。这就是“地网”战法带给你的好处。

再看看下面的例子。

如图 2—22 所示，北方股份（600262.SH）的股价本来是从 24 元一带开始反弹的，冲高到 30 元附近遇阻回落。2016 年 11 月 29 日，收盘价 28.97 元，股价【破网】了。

“上涨到底结束了没有？”“明天会涨、还是会跌？”任何时候，这样的问题根本不值得浪费我们宝贵的脑细胞去想。掌握“地网”战法的股民多潇洒啊，既然股价【破网】了今天就先出来，管明天的事干吗？股价自 11 月 29 日【破网】后又是三连阴，最终在 27.02 元止跌。

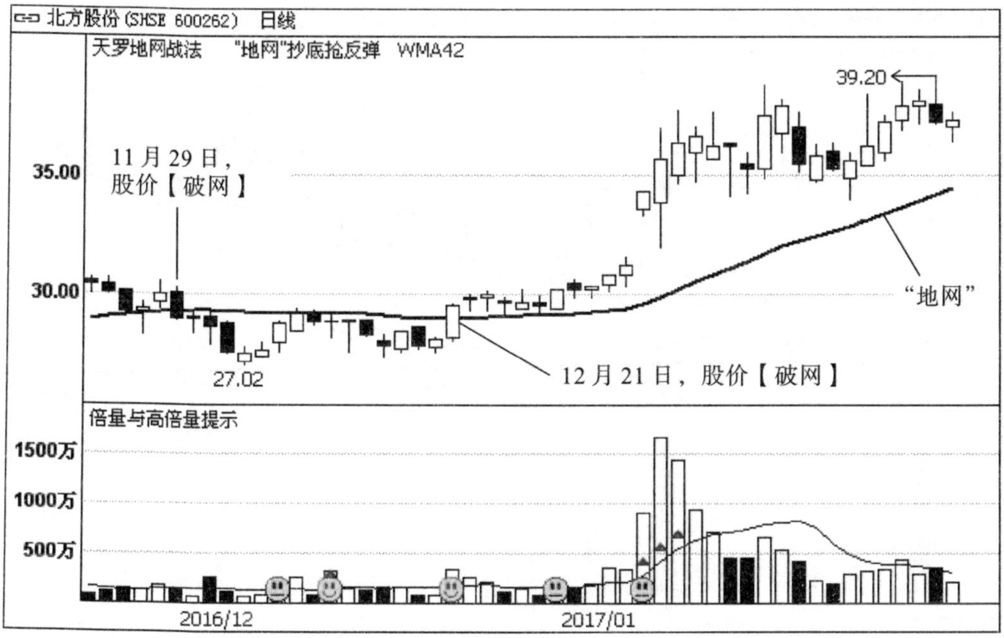

图 2—22

2016 年 12 月 21 日，北方股份收盘价 29.48 元，股价【触网】。【触网】就该进场了，不就是洗盘吗？洗吧！29.48　28.97—0.51 元，虽然损失了 5 角多，但主升浪的那一大段利润可就照单全收了！

“主力太坏了！”这是很多持有荣丰控股（000668.SZ）股民的感慨。

如图 2—23 所示，荣丰控股前几天刚刚拉出一根接近涨停的大阳线，可 7 月 27 日突然就砸盘了！股价当天收于 20.63 元，跌幅 6.3%。要命的是【破网】了，得离场。对照 7 月 7 日【触网日】20.56 元的收盘价，这次进场的股民肯定损失了手续费。

2016 年 8 月 9 日，荣丰控股股价收盘于 21.52 元，总算【触网】了。之后是一个标准的【N 形】走势，股价最高时冲到了 23.99 元。

然而，主力机构是不会让你舒服的。9 月 13 日，冲高回落的股价收盘于 21.90 元，阴线砸破了“地网”。还得卖出，好在这次没亏手续费。

9 月 14 日，股价低开高走，收盘价 22.22 元。头天刚【破网】今天就【触网】了，真是折腾人。

但赚钱的机会往往就蕴藏在股价的波动之中。洗盘就洗盘吧，现在你手里有了“地网”战法，就有了对付洗盘的超级武器。

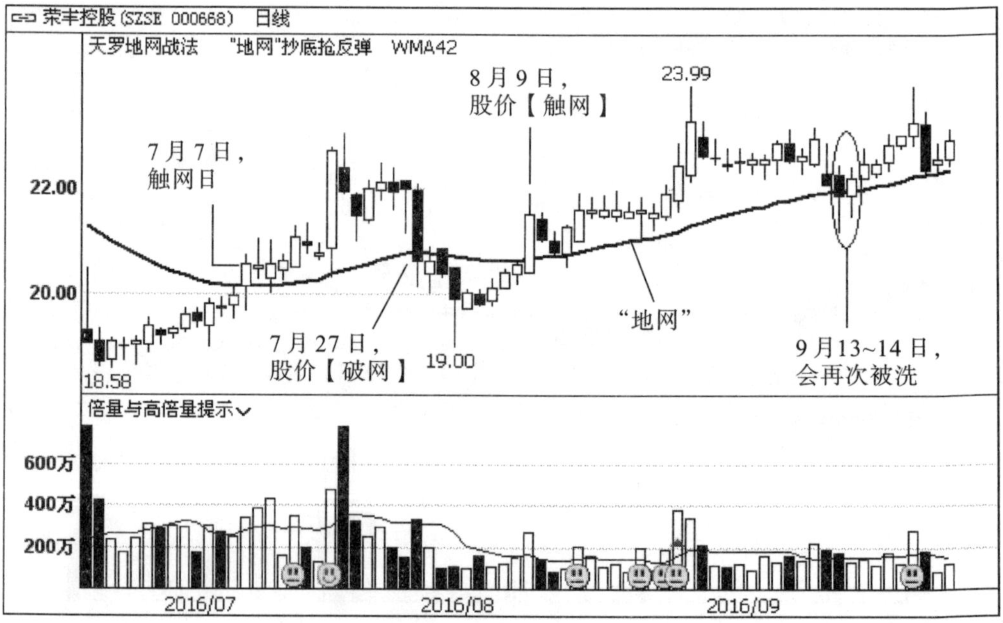

图 2—23

"胜利往往在于'再坚持一下'的努力之中!"胜利真的能来吗？请看下图。

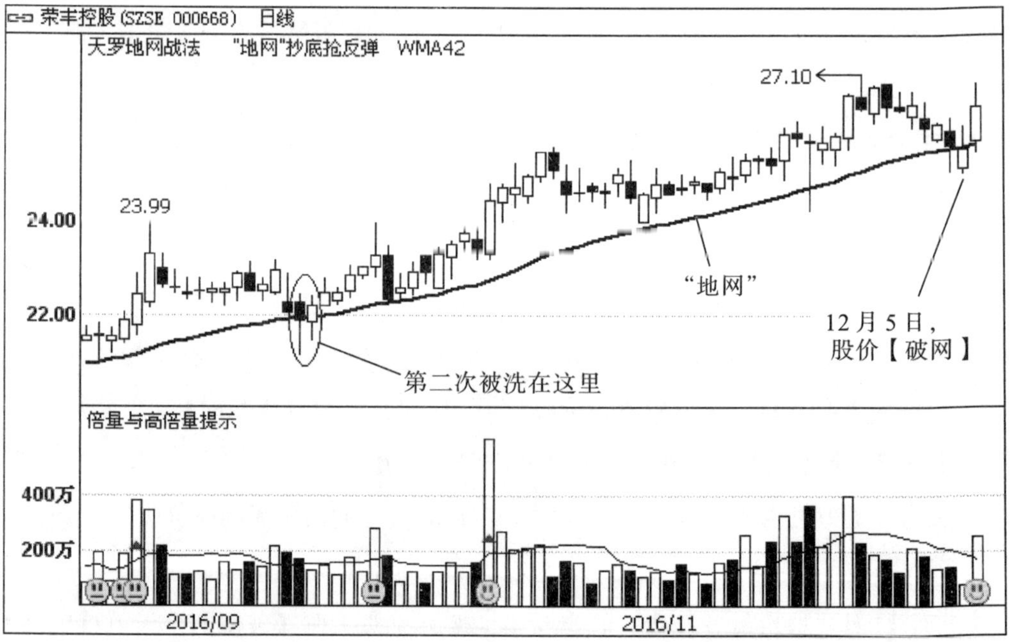

图 2—24

如图 2—24 所示，9 月 14 日至 15 日的洗盘对于能够严格执行交易纪律的投资者来说不是痛苦，而是机会。第二次被洗怎么了，执行力强的股民会在 15 日以不高于

22.22元的价格捡回筹码。而接下来的这波反弹股价最高冲到了27.10元，即便在最不济的情况下，他也能卖在25元上方。

总 结

笔者始终认为，一个人炒股水平的高低虽然跟心态有关，但方法才是最重要的。如果你有正确的方法，并且能严格执行，那炒股赚钱真不是什么难事。股民之所以会存在所谓的“心态”问题，不过是因为他们没工具、没方法。

二、“地网”战法，避险有道

★说明：本小节内容非常重要！

炒股从买进开始，正确的买进是交易获胜的第一步。通过前面的几个例子读者朋友们都看到【触网日】的作用了。在“地网”战法里，【触网日】是有无行情的最重要、也是最直观的标志。那么，“地网”战法的买进规则是什么？是要在【触网日】立刻进场吗？不是！行情走势往往反复无常，哪能【触网】就买？那样做虽然很简单，但未免太草率了！

“地网”战法对进场时机有明确和严格的规定：

1.【触网日】不宜进场

“入界宜缓”。——《围棋十诀》

一般情况下，投资者在【触网日】的当天不宜进场。【触网日】之后，你必须再耐心等上几个交易日，当时机较为成熟才能进场。请投资者一定牢记笔者在这套“伏击股市”丛书里的观点：在日级别追求“起涨点”（即最佳进场位置）无异于自讨苦吃。

【触网日】之后还要等，还等什么？为什么要等？

等，当然是在等更好的机会。之所以要再等等看，是因为单凭【触网日】这一天的股价收于“地网”之上，还不足以证明反弹即将展开。

其实炒股难就难在股价走势往往诡异多变。当一天的行情结束、日K线的形态固定了，它与“地网”的关系也就明确了。此时此刻，这根日K线能说明什么？它代表什么？很可能它什么都不能说明，什么也不能代表。

那么怎么办？没办法，我们必须保持足够的耐心，必须要多等几天看看。其实只要这么一等，我们就能轻而易举地发现很多陷阱，并且避开那些陷阱。

（1）股价在【触网日】的下一个交易日就【破网】

有时候，【触网日】之后的下一个交易日，股价收盘时又跌到“地网”下面去了。这种情况并不少见。请看下面的案例。

案例一　常山北明（000158.SZ）

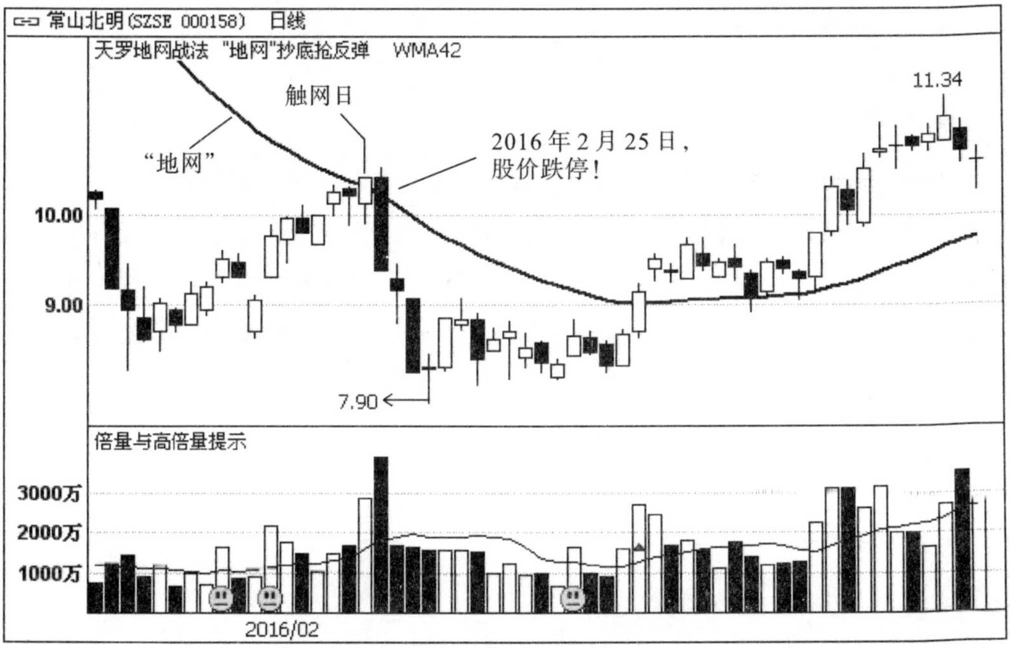

图2—25

如图2—25所示，2016年2月24日是常山北明的【触网日】。然而第二天，2016年2月25日，一根大阴线杀了下来，股价不但【破网】，而且还被砸跌停了！

如果不懂“地网”战法里关于“【触网日】不宜进场”的规定，而在2月24日就匆忙追进去的话，之后你可就要吃苦头了。

案例二　南纺股份（600250.SH）

俗话说：“心急吃不了热豆腐。”炒股更是不能心急。

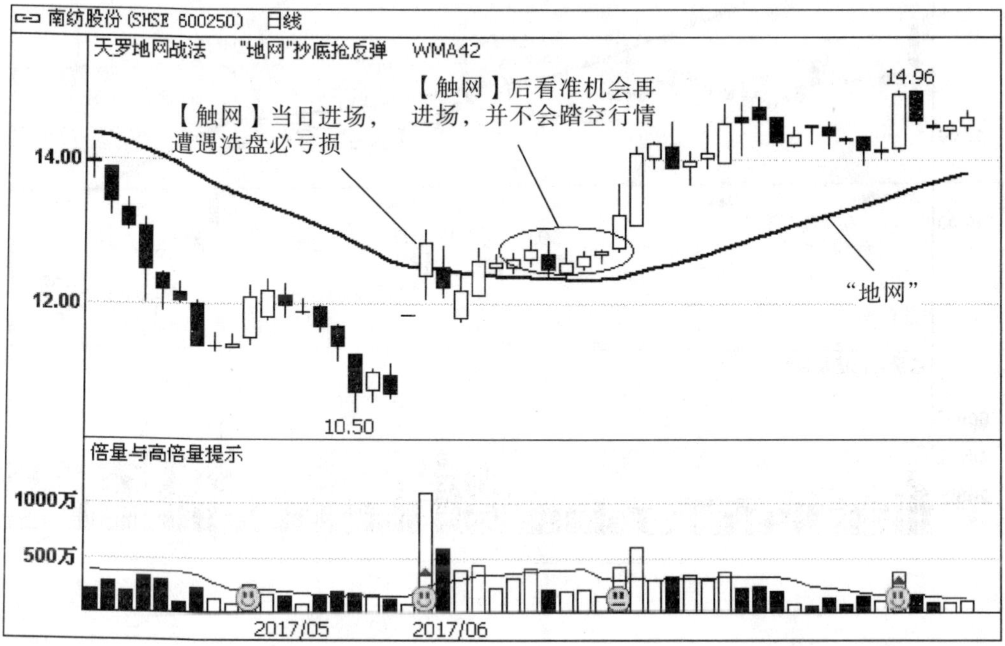

图2－26

同样是【触网】，进场不进场，差别太大了！

如图2－26所示，在南纺股份2017年6月的股价走势中我们不难发现，如果在股价第一次【触网】当天就进场，那么当遭到洗盘、股价【破网】后，按照规则投资者就得立马止损出局，这一买一卖显然会造成亏损。

后面这次【触网】的情况与之前不同，股价在“地网”之上横向运行了7个交易日，然后才发动了向上的攻击。可见抄底不差一两天的工夫，【触网】后看准时机再进场较为合理。

另外，有一种情况很能说明为什么单凭【触网日】这一天的股价收于“地网”之上，还不足以证明反弹即将展开。这种情况就是【触网日】当天的日K线带较长上影线，它说明当天追高的力量不是很强，反倒是有投资者越高越抛。如果遇到这样的K线形态，难道不值得我们怀疑吗？请看下面的案例。

案例一　云投生态（002200. SZ）

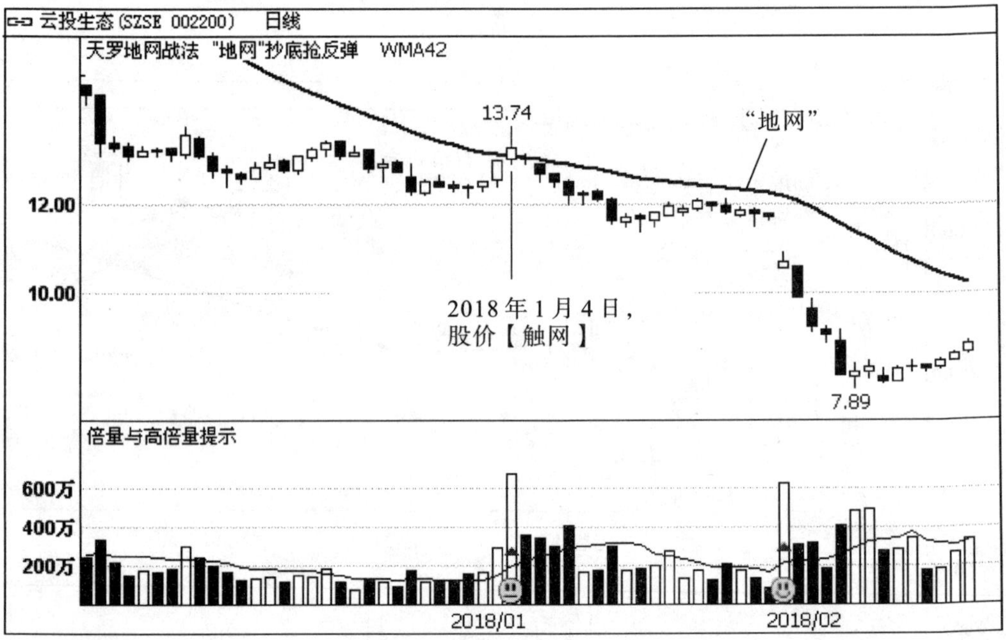

图 2—27

如图 2—27 所示，云投生态于 2018 年 1 月 4 日的这次【触网】虽然有成交量放大的配合，但却很可疑。一根醒目的上影线就足以抵消掉任何美好的幻想，既然有人在越高越抛，那我们为什么就不能等等看呢？

【触网日】后面的一个交易日，股价果然【破网】。

案例二　未名医药（002581. SZ）

如图 2—28 所示，未名医药的股价在急跌到 21.76 元时乖离很大，产生向上的反弹很正常。从 21.76 元到 25 元上方，反弹幅度已接近 20％了，而此时“地网”向下运行的趋势没有发生根本性改变。再说，此种反弹多缺乏成交量的有力配合，持续性很难保证。关键的一点您别忽略了，【触网日】当天的 K 线带有明显的上影线。综上所述，股价【触网】当日当然不要进场。

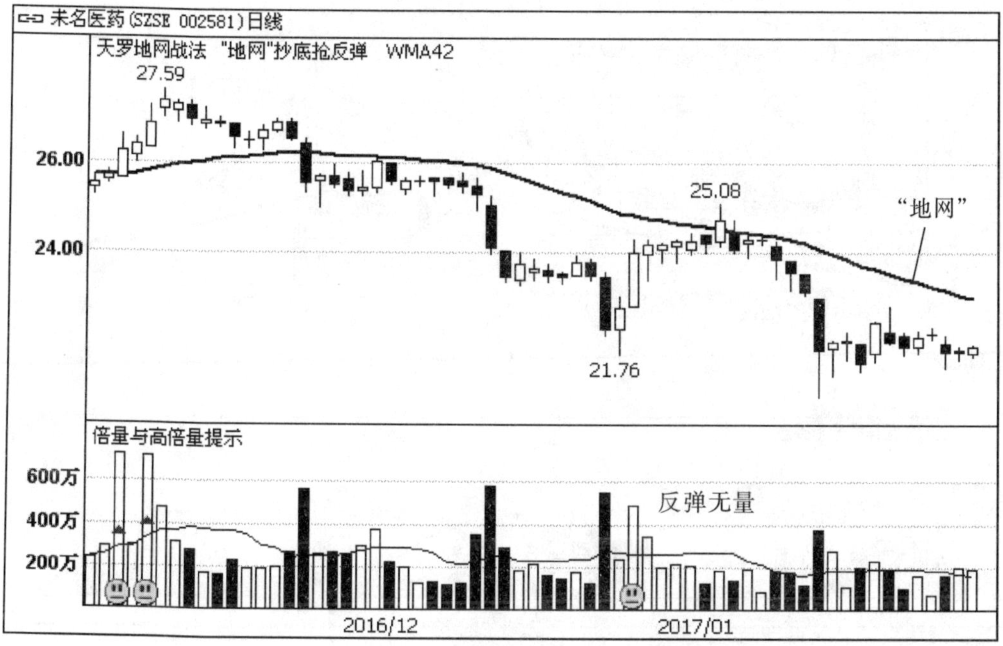

图 2－28

事实证明了上述推断，【触网日】的下一个交易日，股价【破网】。

（2）股价在首次跌破“地网”后的向上反抽时【触网】，有可能下一交易日就【破网】

股价上涨时可能会走出【N 形】，即“涨一回调一再涨”。而股价在下跌时，往往会走出【倒 N 形】，即“跌一向上反抽一再跌”。因此防止在下跌中的反抽中被主力引诱进场，就要保持足够的耐心。

股价首次跌破“地网”后的向上反抽时，【触网】当日不要进场。

案例一　理工光科（300557. SZ）

如图 2－29 所示，理工光科自 53. 23 元顶部位置的下跌，正是一个标准的【倒 N 形】走势。如果在股价【破网】后第一次向上反抽时的【触网日】进场，就会正好买在反弹的最高价。那样一来，投资者可就被套了。

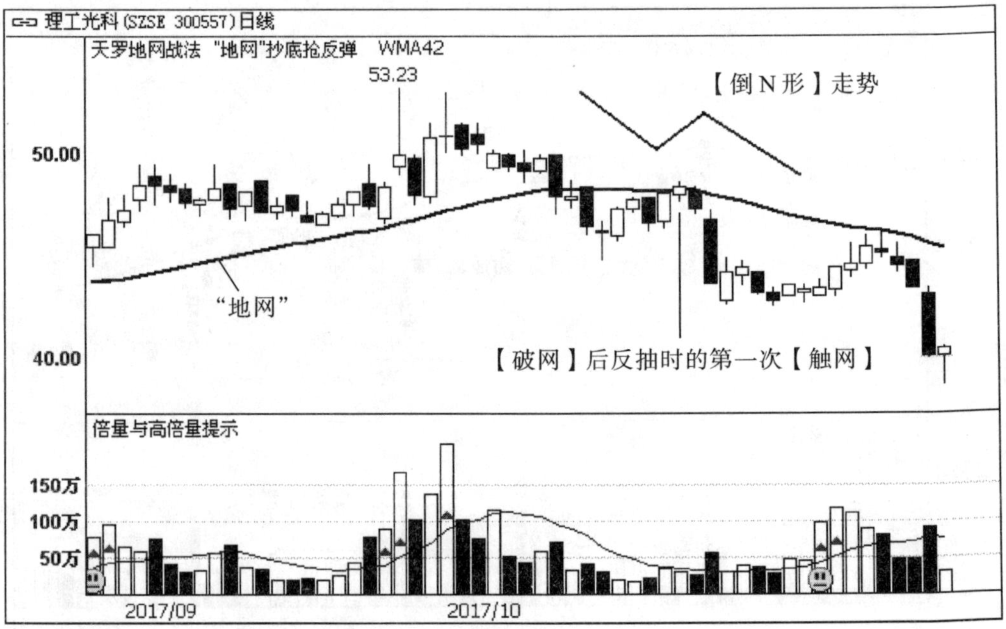

图 2—29

案例二　杭钢股份（600126.SH）

如图 2—30 所示，杭钢股份于 2016 年 5 月 4 日的【触网】就属于典型的【破网】后向上反抽时的第一次【触网】。尽管多头有些不死心，但下跌趋势一旦形成就很难改变。

5 月 4 日的【触网日】不进场就对了，股价在随后的交易日就【破网】了，跌势依旧。

案例三　全新好（000007.SZ）

如图 2—31 所示，全新好的股价于 2015 年 12 月 23 日【触网】。毫无疑问，它属于股价【破网】后向上反抽时的第一次【触网】。懂得“地网”战法的投资者肯定会打消在这一天进场的念头。同时，12 月 23 日的 K 线带有明显的上影线，说明从 12.72 元以来的反弹遇到了明显的解套盘。不在 12 月 23 日进场绝对是明智之举——这天收盘后被宣布停牌，严重的不确定性一下子就落在了所有持有该股票的投资者头上。

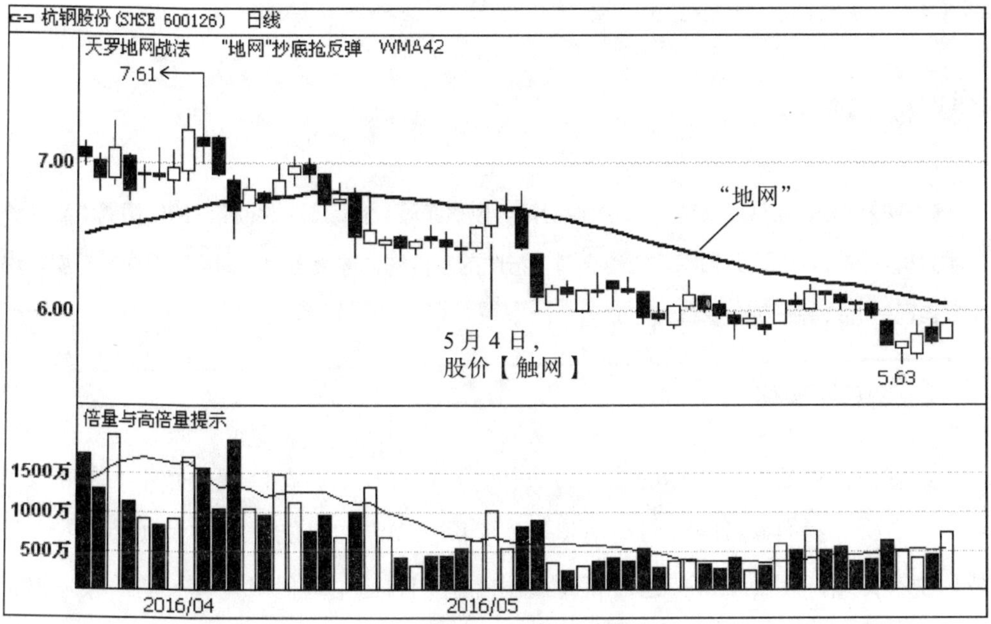

图 2－30

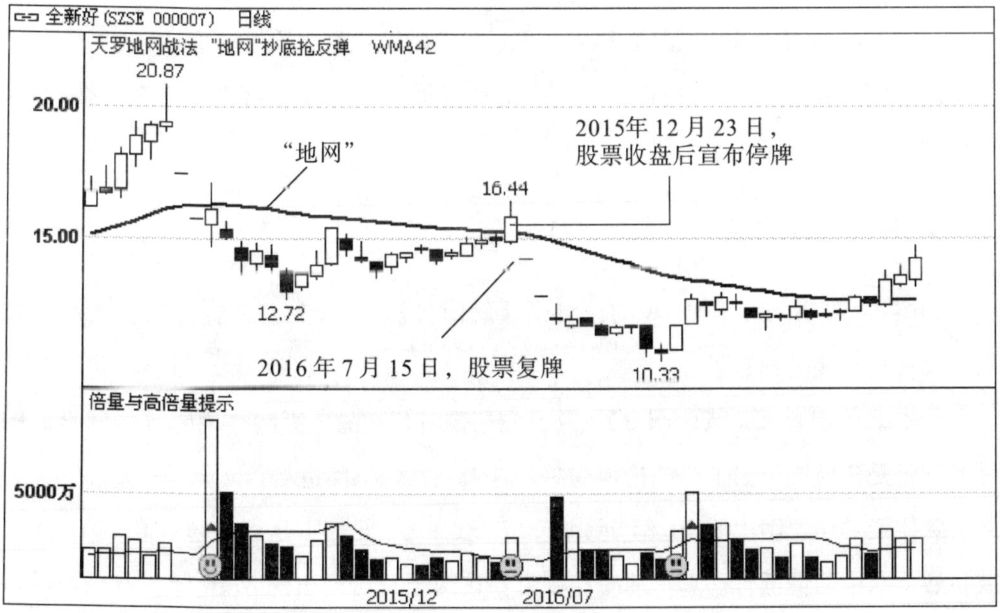

图 2－31

7个多月后的2016年7月15日，全新好迎来了复牌。然而复牌后的股价先是连续两个一字跌停，随后在7月28日创下了10.33元的历史新低。

这个例子虽然有些巧合、也有些极端，但“【触网日】不宜进场”的规矩没错！

总　结

【触网】当天不进场，这样做不但很明智，也很潇洒。实际上，“地网”的作用基本与传统技术分析里的【颈线位】相同，它也会对下行中的股价构成重大压力。请你放慢交易节奏，也平复自己的心态等一等，这样做不吃亏！

2. 逆市不操作

没有人喜欢被洗。洗你的是主力机构，它们在震仓、在试盘。另外，你应该知道一个事实，我们参考的时间周期越短，股价被操纵的可能性就越大（《庄散心理战》中有介绍，本书不再赘述）。但是，如果我们自己主动把眼光放长远一点，把交易节奏放慢一点，那主动权一下就回到我们手中了。

如何识别陷阱？如何不在下跌趋势中给洗进去？笔者教大家几招。

（1）有时只需在【触网日】后等一天，简单的洗盘就会现出原形

【触网】后的第二个交易日，只要股价高开低收，就有洗盘嫌疑。这天忍一忍、冷眼观望，就能躲开很多陷阱。

案例一　天海防务（300008. SZ）

如图 2—32 所示，图中 A 的位置是【触网日】，这天我们不宜进场。等一天之后，股价自己【破网】了。

图中 B 的位置又是【触网日】，并且它还带有长长的上影线，说明【触网日】的涨势不过是强弩之末罢了。结论很简单，这天当然也不能进场。

顺便说一句，图中的 10.84 元、10.17 元、9.97 元都不是天海防务在 2016 年那波猛烈下跌中的最低价。真正的底在哪里？在两个月后创出的 8.10 元。有兴趣的读者不妨调出该股的 K 线图看一看。

股价【触网】后第二个交易日是大阴线，或者小阴线被【触网日】的大阴线包裹住，这天坚决不能进场。

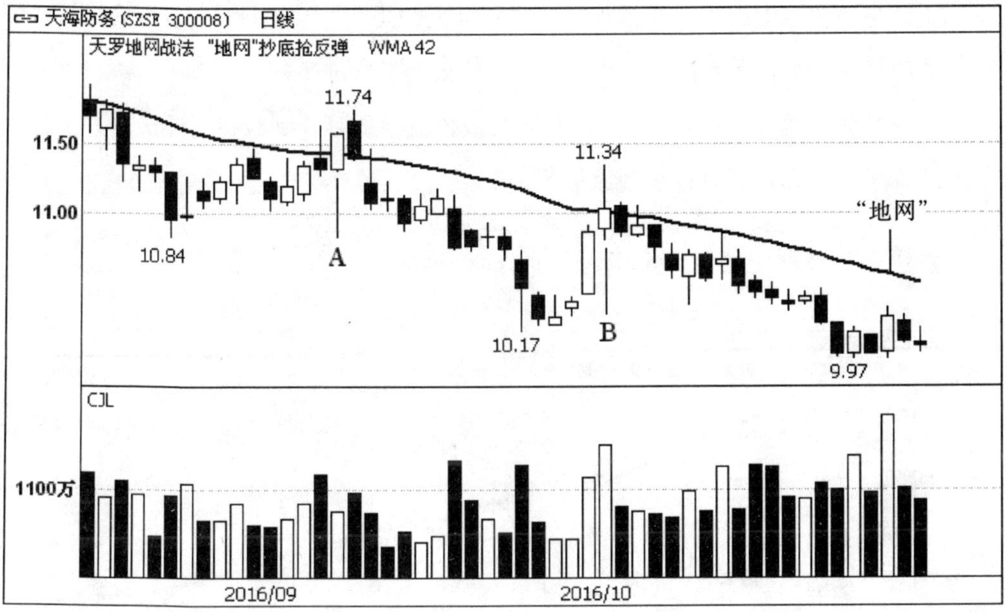

图 2－32

案例二　众泰汽车（000980. SZ）

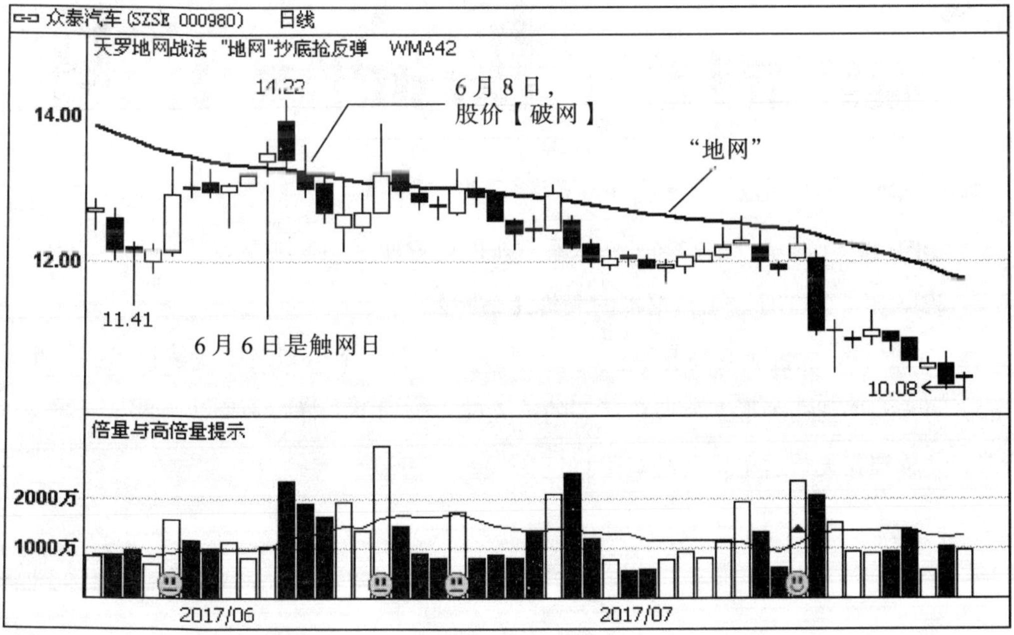

图 2－33

如图 2－33 所示，2017 年 6 月 6 日是众泰汽车的【触网日】，可 6 月 7 日股价低开高走，是一根带上影线、实体部分又非常巨大的阴线。从6月6日到6月7日，股价走势明显是冲高回落。因此，6月7日说什么也不能进场！

果不其然，熬过了6月7日，6月8日股价跳空低开，到收盘时【破网】了。

才等了一天，行情就自己现原形了。

案例三　飞科电器（603868.SH）

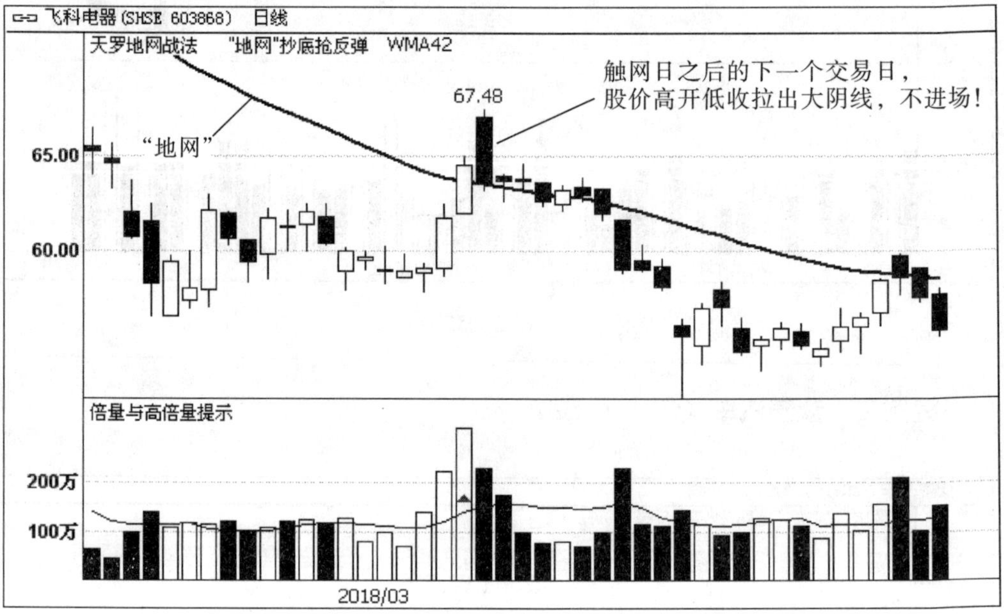

图 2－34

如图 2－34 所示，本例和上例众泰汽车的走势属于同一类型。

2018 年 3 月 8 日，飞科电器的股价【触网】。

3 月 9 日，股价跳空高开很多，然后却一路走低。到收盘时，竟然拉出实体很长的大阴线。遇到这种形态，股价回调的这天破不破网都一样——坚决不买。

继续等几天，这里果真是陷阱！

结　论

【触网】之后的下一个交易日，股价高开低走，一根大阴线砸下来，这天不进场。

如果你着急忙慌地进场，一旦股价迅速破位了，你怎么办？是立马割肉走人，一天就损失掉几个点？（说明：立马割肉出局，这是正确的操作。）还是因为事先早有对策，在【触网日】按兵不动，从而避免交这笔完全可以不交的学费？

案例四　华工科技（000988. SZ）

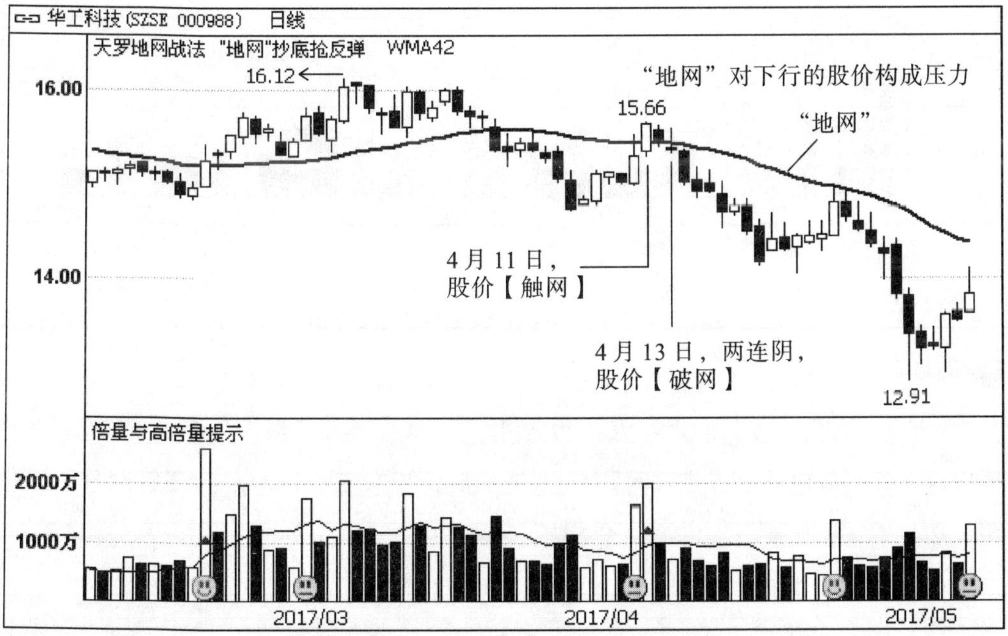

图 2—35

如图 2—35 所示，2017 年 4 月 11 日，华工科技的收盘价为 15.65 元，股价【触网】。

4 月 12 日，股价低开低走，收出阴线。尽管当天的收盘价为 15.46 元，股价依然在“地网”上方运行。但是，4 月 11 日、12 日这两天的股价走势明显在回调，因此 4 月 12 日这天必须观望。

4 月 13 日，股价【破网】。由于股价【触网】后的第二天，即 4 月 12 日采取了观望而不是冒进的做法，游资因此避免了一次被洗盘洗进去的尴尬。

同样是这只华工科技，在下面的例子中，走势比图 2—35 中的稍微复杂一些。但只要凭耐心多等上一天，陷阱不攻自破。

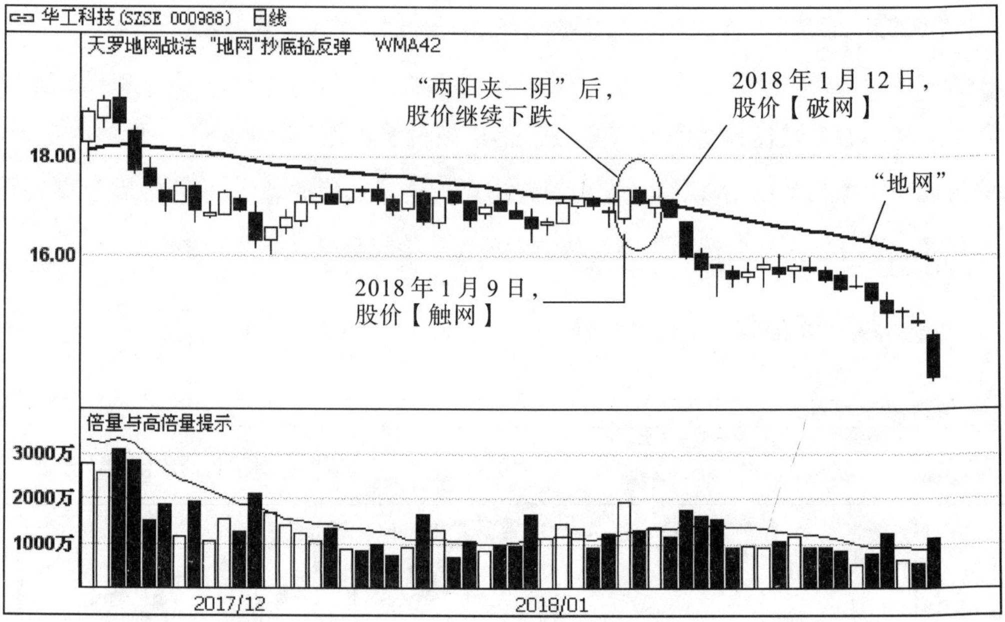

图 2—36

如图 2—36 所示，2018 年 1 月 9 日，华工科技的股价收于 17.32 元，这天就是【触网日】。

1 月 10 日股价高开低走，收盘价为 17.10 元。当天"地网"的数值为 17.07，所以这天其实股价并没有【破网】。但是既然股价相对于 1 月 9 日的【触网日】回落了，那我们有什么理由不再等一天看呢？

1 月 11 日，股价低开高走，收盘时为 17.15 元。

从 1 月 9 日到 11 日，K 线形态是【两阳夹一阴】，但收盘价却在走低，这不是好现象。再看这三天的"地网"数值，分别是 17.09、17.07、17.06，也是逐级走低的。行了，此时绝对不能进场抄底，必须再等一天看。

2018 年 1 月 12 日，股价低开高走，终于露出了真面目。这天股价【破网】，下跌继续。

1 月 9 日【触网日】的不进场，以及耐心多等的这三天，为投资者避免了一次严重被套。

(2)【触网日】之后多等几天，形形色色的洗盘陷阱不攻自破

如果股价是在“地网”向下运行的过程中【触网】，那么进场一定要慎之又慎。这时，抄底根本不存在“机不可失”或“刻不容缓”的情况。反倒是我们必须多观察几天，以避免落入形形色色的洗盘陷阱。请看下面的案例。

案例一　赢时胜（300377. SZ）

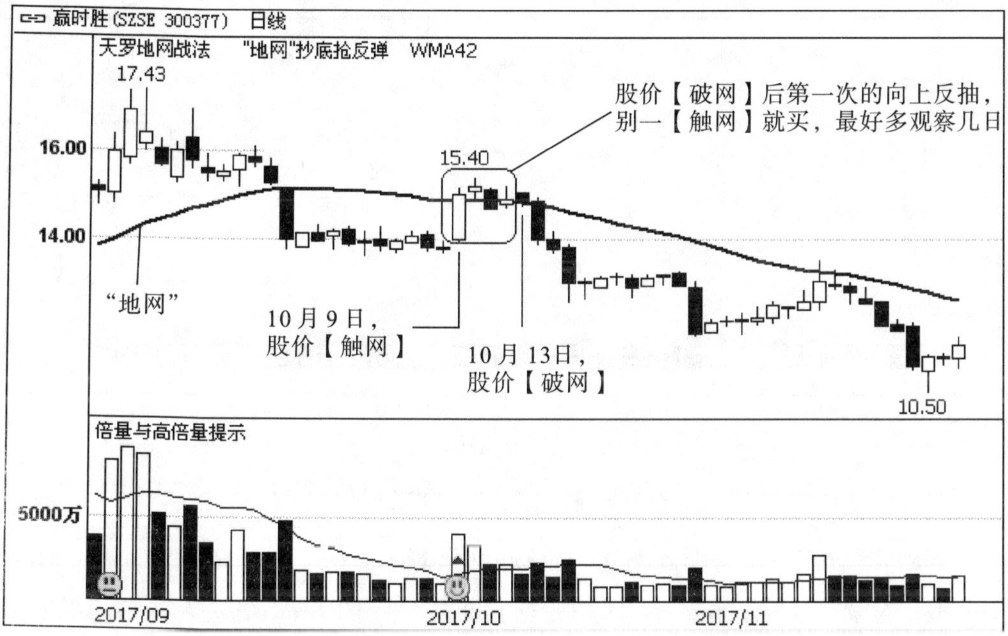

图2－37

如图2－37所示，赢时胜在2017年10月9日的【触网】本来属于【破网】后向上反抽时的首次【触网】，这天当然不宜进场。然而第二个交易日10月10日收了根小阳线，股价在推高，怎么办？观察。毕竟这两个交易日都属于【破网】后的向上反抽。之前的反弹是从9元多启动的，反弹到最高价17.43元，涨幅够大的了。看看前面高价区对应的成交量，再看看这两天的，显然不是同一个数量级的。

保持在场外观望就对了，10月11日，股价【破网】。

10月12日，股价再次【触网】——没用，股价在【触网日】之后的3个交易日内呈回落状态，这二天K线的【两阳夹一阴】什么都不代表。

10月13日，股价再次【破网】。此后跌势一发不可收拾。

案例二　信隆健康（002105. SZ）

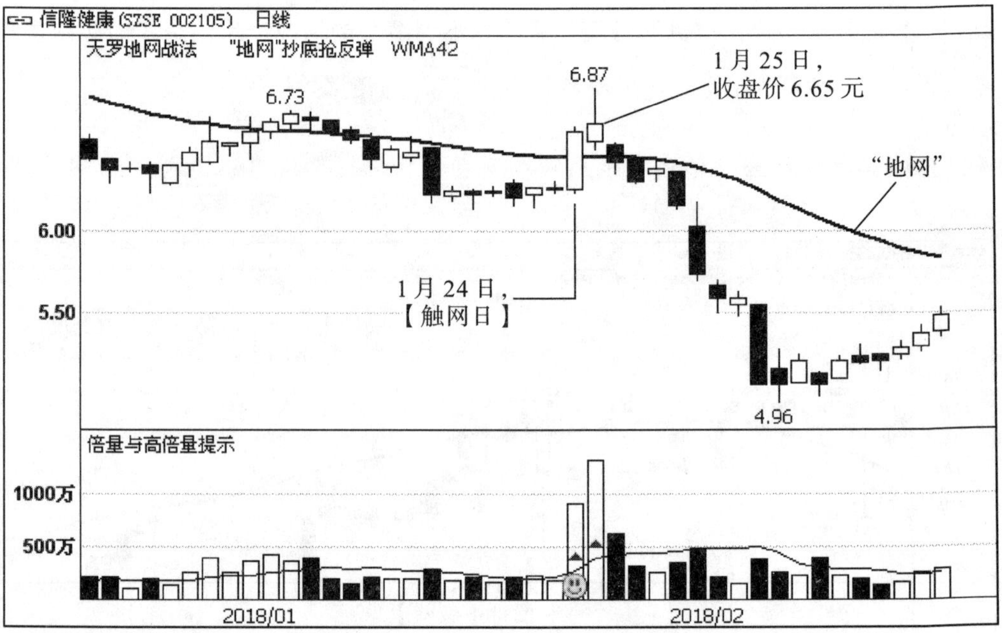

图 2－38

信隆健康这图打眼一看就知道【触网日】之后的那个交易日不能进场。

如图 2－38 所示，尽管 1 月 24 日【触网日】之后的下一个交易日（即 1 月 25 日）股价继续放量收出小阳线，貌似股价在推高，但谁能看不见这天 K 线上的长长上影线！再说了，这天收盘价为 6.65 元，超过前面的 6.73 元了吗？既然没有，那有必要在 1 月 25 日进场吗？应该再等等看。

这一等就对了——下个交易日股价直接【破网】了。这主力机构怎么搞的？【触网】后连两天都没扛住。

案例三　佛塑科技（000973. SZ）

如图 2－39 所示，佛塑科技 2018 年 1 月 23 日的放量【触网】很可疑——因为上影线掩盖不了股价在反弹中明显存在抛压的事实。

1 月 24 日、25 日、26 日这三天，股价横向窄幅运动，完全被包裹在 1 月 23 日的阳线之中。既然股价上不去、也下不来，没有明确的方向，那就再等等呗，反正进场也不急这几天。

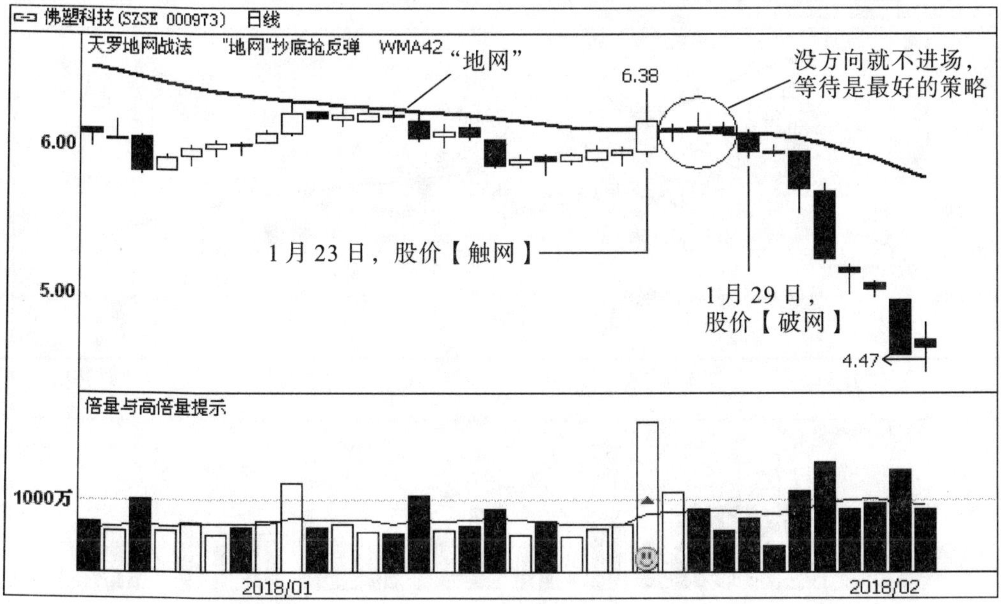

图 2－39

1 月 29 日，股价【破网】了。

看！【触网日】之后多等几天，真能躲开陷阱。

案例四 香梨股份（600506. SH）

对上影线的敏感有利于投资者及时发现陷阱。

如图 2－40 所示，2017 年 3 月 7 日和 3 月 8 日这两天，香梨股份的日 K 线都有较为明显的上影线，这真不是什么好现象。3 月 7 日是【触网日】不假，但当天不宜进场，规矩早就摆着呢。等到 3 月 8 日一看，我们会发现股价走成了阳包阴的【孕线】形态，那就必须再等几天看。

3 月 9 日、10 日，股价继续横摆、毫无方向。简单，那就再等呗。

3 月 13 日，股价【破网】。这回省心了，不用再关注该股了。

如图 2－41 所示，2017 年 3 月 13 日香梨股份再次【破网】当天，股价收于 24.22 元。在此之后跌势又持续了 3 个月，股价几乎被腰斩。

不在形势不明的情况下进场，我们就能躲过了一劫。

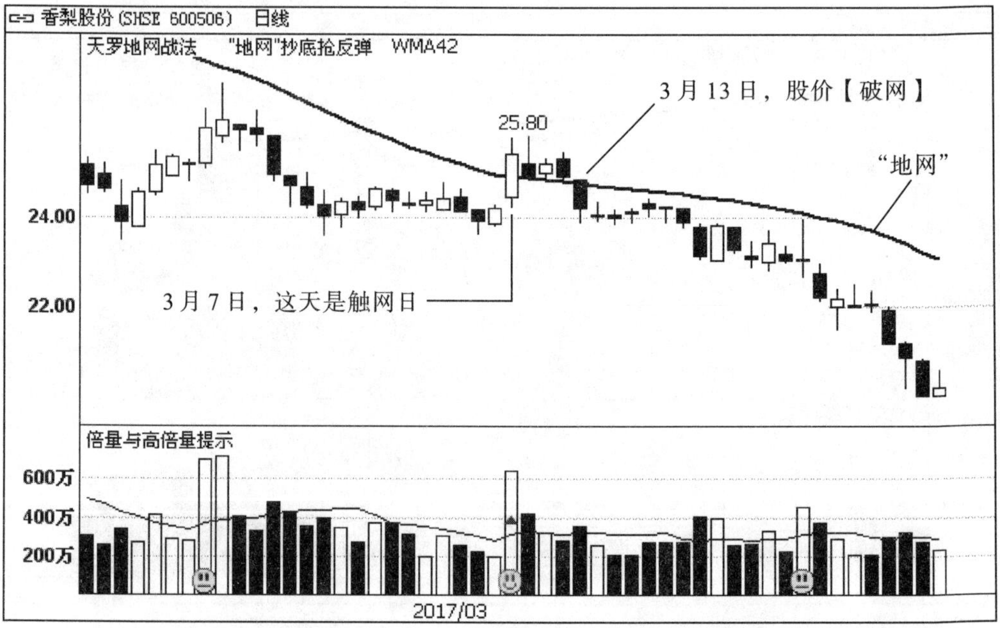
香梨股份(SHSE 600506) 日线
天罗地网战法 "地网"抄底抢反弹 WMA42
25.80
3 月 13 日，股价【破网】
"地网"
24.00
22.00
3 月 7 日，这天是触网日
倍量与高倍量提示
600万
400万
200万
2017/03

图 2－40

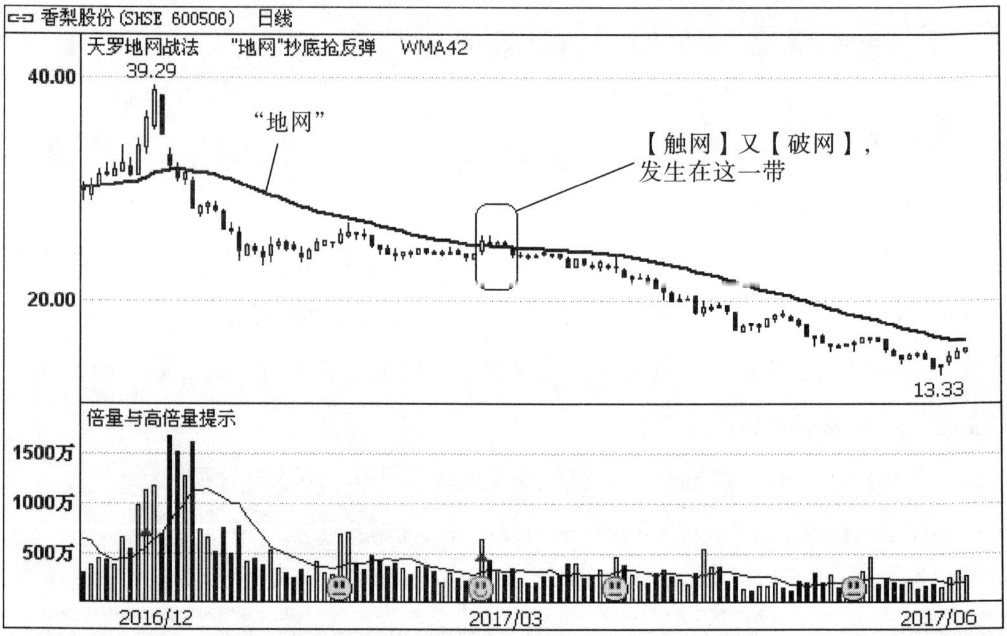
香梨股份(SHSE 600506) 日线
天罗地网战法 "地网"抄底抢反弹 WMA42
40.00
39.29
"地网"
【触网】又【破网】，
发生在这一带
20.00
13.33
倍量与高倍量提示
1500万
1000万
500万
2016/12
2017/03
2017/06

图 2－41

案例五 三特索道（002159.SZ）

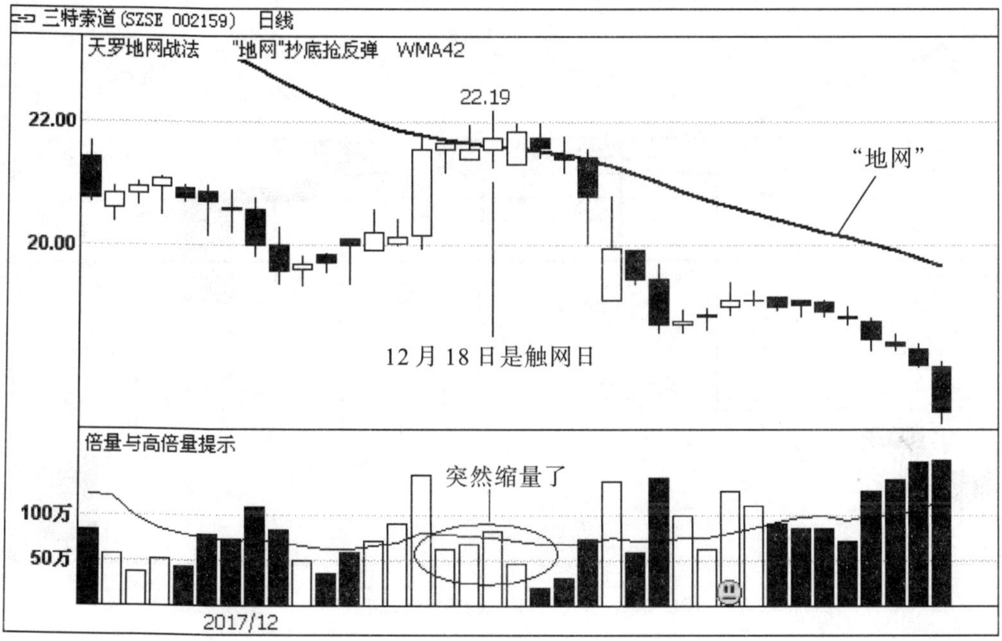

图 2—42

如图 2—42 所示，2017 年 12 月 13 日，三特索道的股价突然拉高，似有要突破的迹象。股价横向震荡了两个交易日后，于 3 月 18 日【触网】。仔细观察盘面我们就会发现，在【触网日】和它前面一个交易日的日 K 线上都留下了较长的上影线，说明这里是有抛压的。再加上【触网】前后成交量又突然萎缩了，那就等等看呗。

同时，我们只要看一看“地网”在【触网】前后这几天的数值就全明白了。见图 2—43。

“地网”的数值骗不了人，它始终在向下的运行中。怎么能接落下来的飞刀呢？坚决不买！

如图 2—44 所示，三特索道的股价于 2017 年 12 月 21 日【破网】了。

谨慎是对的，事实证明 2017 年 12 月 18 日股价的【触网】的确有陷阱。那里不但是下跌中继，而且后面两个月的跌势真是够凶猛的！

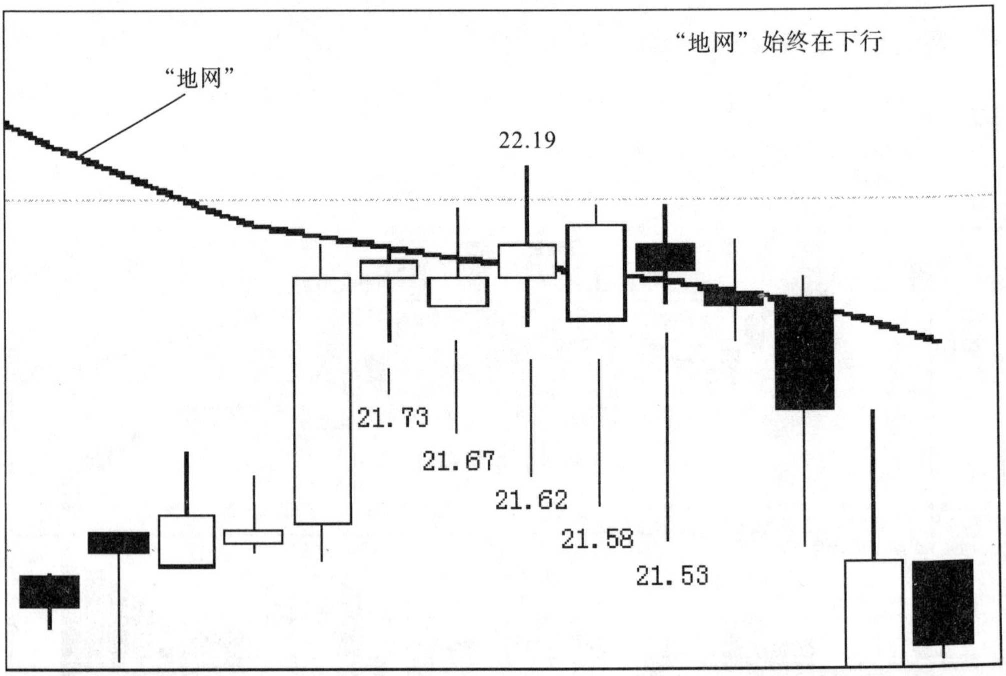
"地网"始终在下行
"地网"
22.19
21.73
21.67
21.62
21.58
21.53

图 2－43

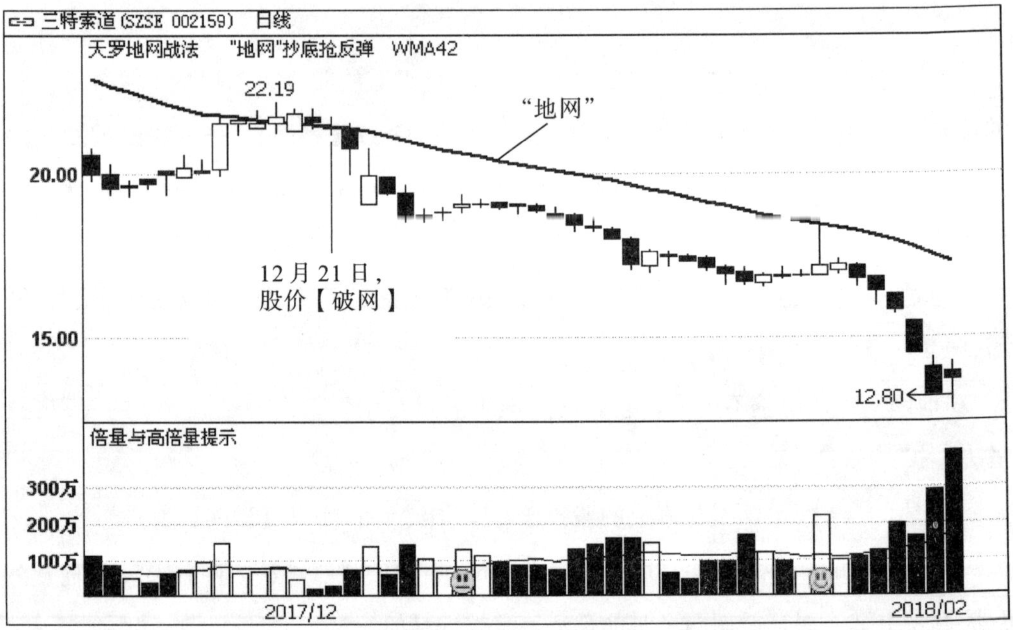
三特索道(SZSE 002159) 日线
天罗地网战法 "地网"抄底抢反弹 WMA42
22.19
"地网"
20.00
12 月 21 日，
股价【破网】
15.00
12.80
倍量与高倍量提示
300万
200万
100万
2017/12
2018/02

图 2－44

总　结

通过上面的案例我们知道，股价【触网】不代表反弹行情马上就能展开。反之，很多情况下，【触网】时股价依然处于跌势之中，因此投资者一不小心就很容易被洗盘洗进去。面对股价【触网】既可能是馅饼又可能是陷阱的局面该怎么办呢？这就要求投资者保持必要的耐心，等等看。其实如果真有反弹，尤其是大级别的反弹行情，根本不差这几天。另外，你还要不断提高对【触网】后股价走势常见形态的识别与判断能力。

“【触网日】不宜进场”，笔者不知道大家能不能真正理解这条规则的含义。行情就是如此，不是“地网”的设置不靠谱，不是【触网日】不算数，股价走势的本身就是反复无常，而如果交易者自己没有制定一整套规则对建仓加以规范和约束，那么到头来就会发现，自己随意进场会在一次次洗盘面前欲哭无泪——不靠谱的不是行情，不是指标模型，更不是某种战法，最不靠谱的其实是买卖都毫无章法的交易者本人。

总之，请大家记住“【触网日】当天不宜进场”这条规定，它是你的护身符，它能帮你避开各种各样的暗箭和陷阱。

三、进场时机的判断与把握

“【触网日】当天不宜进场”的理由既然已经讲充分了，那么接下来就是“地网”战法最重要的环节　如何建仓。

炒股的第一步当然是买进，如果进场的位置与时机合适，等于已经成功了一半。

“地网”战法里适合建仓的情景有 4 种。

1. 股价呈现【小阳慢推】走势

【小阳慢推】走势是指，股价在【触网日】之后的数个交易日内稳步向上运行，涨幅未超过 5%。【小阳慢推】走势形成之时，由于股价的带动，“地网”已经开始拐头向上了，此时投资者进场非常合适。这里笔者需要解释一下，【小阳慢推】走势如果运用在周级别上，通常情况下的买入时机是买入信号发出后的 3 周左右。因为旦起涨周确认，在 15 个交易日左右，股价开始加速上涨的概率大增。详细内容请参阅四川人民出版社“伏击股市”系列《超级大布局》一书。

在股价出现【小阳慢推】形态时进场，其原理是遵照“股价涨了，但还没有大涨”这一重要交易原则。

“股价涨了”，说明股价正处于止跌企稳、脱离底部区域的有利态势之中，此时进场属于“追涨”，是一种顺势而为的正确操作。而“没有大涨”则是要交易者赶在股价进入加速拉升之前的蓄势阶段进场，而不是追高进场。追高进场，会白白浪费掉宝贵的利润空间，还增加了赶顶的风险。毕竟“地网”战法是用来抢反弹的，对反弹行情的涨幅没有过多的奢望。

笔者承认，由于股票与股票之间千差万别，每波行情的特点又不尽相同，因此进场的时间的确很难拿捏。在日级别上依照【小阳慢推】走势进场，在【触网日】之后具体要数出多少个交易日才算“最好”很难一概而论。所以，笔者经过大量统计，决定以【触网日】的收盘价为基准，在这个价格之上计算一个较为合理的涨幅作为进场的预留空间。这样不但整齐划一，而且便于交易者迅速做出该在哪一天进场的决定。

由于“地网”战法抢反弹的收益预期在10%至30%之间，因此在遇到【小阳慢推】走势时，投资者以【触网日】的收盘价为基础，在股价涨幅未达到5%时进场是比较合理的。请看下面的案例。

案例一　美都能源（600175.SH）

如图2—45所示，2017年9月7日（周四），这天就是美都能源的【触网日】，股价收盘于4.52元。在此后的3天里（即9月8日、11日、12日），股价均稳步向上推进，每天的涨幅都不大。这样一来，便构成了典型的【小阳慢推】形态。至9月12日，收盘价为4.69元，此时的股价相对于9月7日的收盘价4.52元来说，涨幅还不到4%。

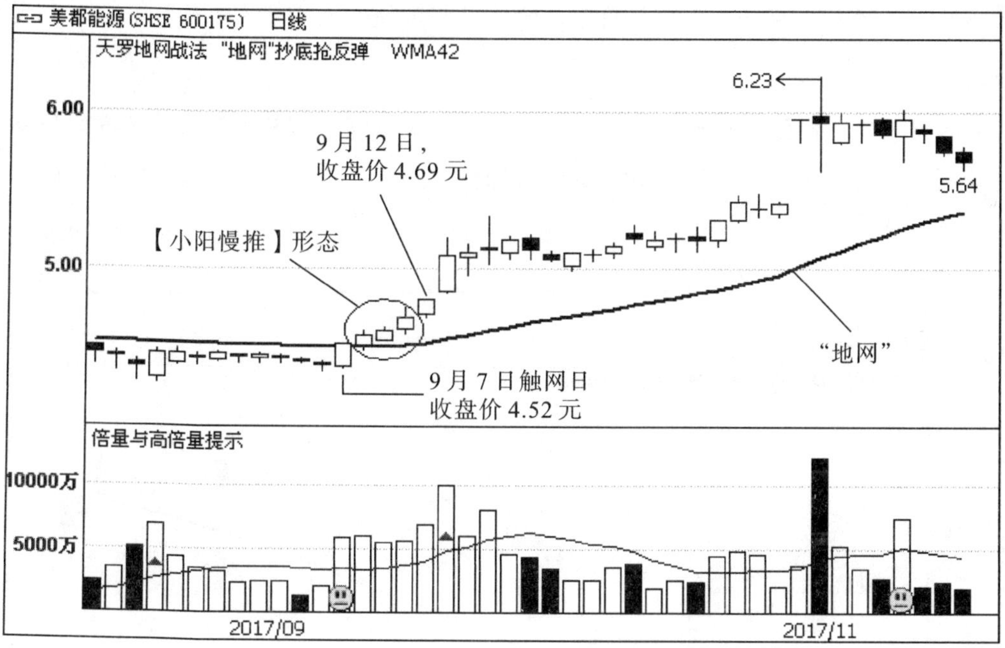

图 2－45

案例二　宁波东力（002164. SZ）

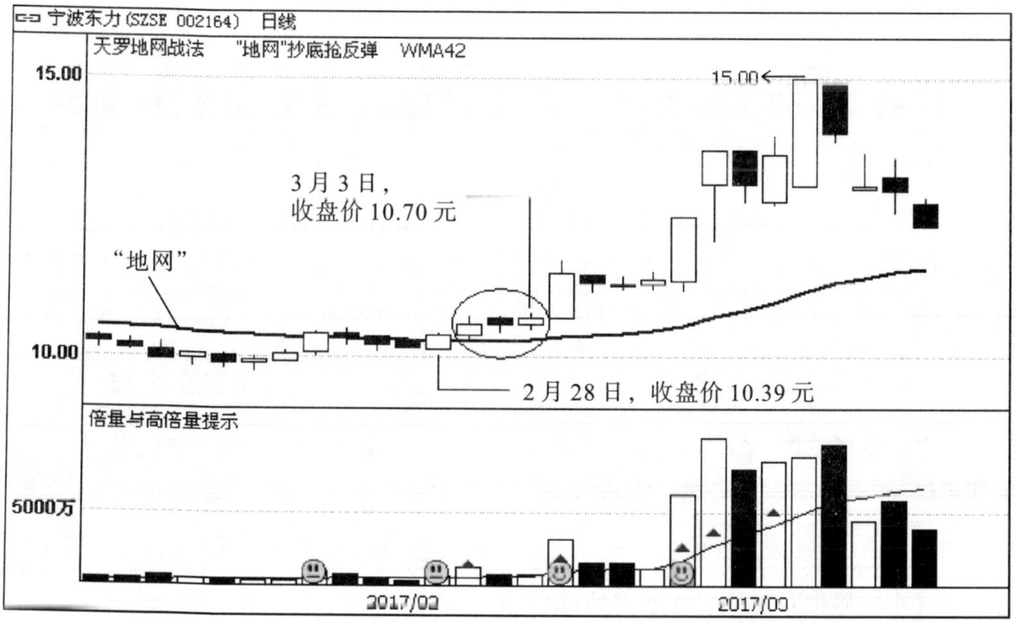

图 2－46

如图2—46所示，宁波东力的股价2017年2月28日收盘于10.39元，这天便是【触网日】。在接下来的3个交易日里，股价以两阳加一阴的【多方炮】形态向上缓慢推高。

3月3日的收盘价为10.70元，相对于2月28日【触网日】的收盘价涨幅只有3%。3月1日、2日、3日，都是进场的好时机。

案例三　华铁股份（000976.SZ）

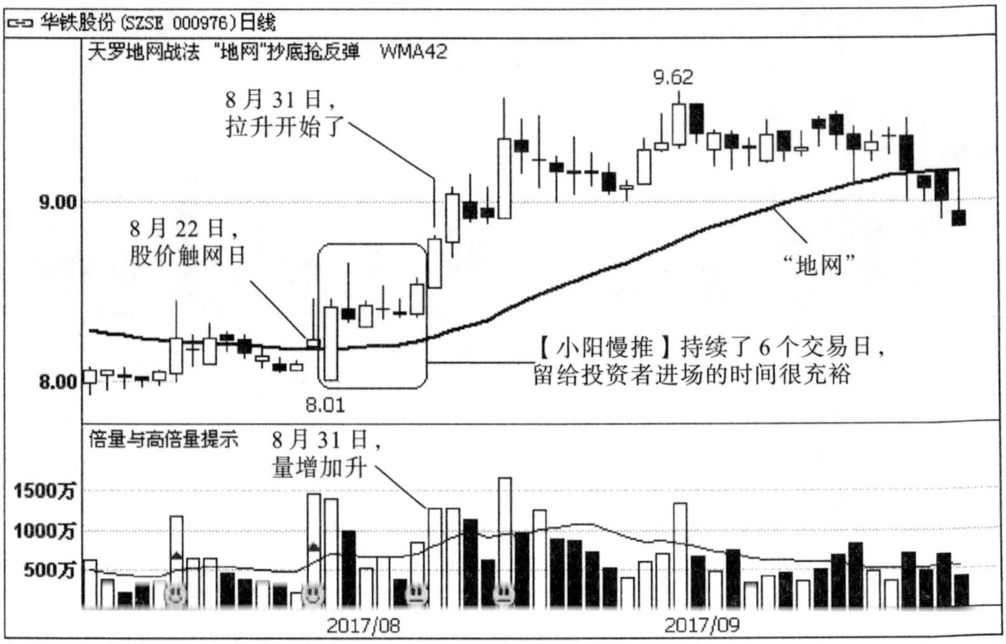

图2—47

如图2—47所示，华铁股份2017年8月22日的收盘价为8.23元，这天就是【触网日】。

8月23日，股价在"地网"下方的8.01元开盘，然后低开高走最终收在了"地网"之上，有惊无险。8月23日的收盘价为8.41元。虽然这天阳线实体部分较长，但涨幅仅为2.2%，属于小涨。

到8月30日这天，股价收于8.54元。此时较8月22日的收盘价8.23元涨幅仅3.7%，【小阳慢推】保持了6个交易日。

8月31日股价开始发力上涨，给投资者带来可观收益的拉升段到来了。

案例四 远望谷（002161.SZ）

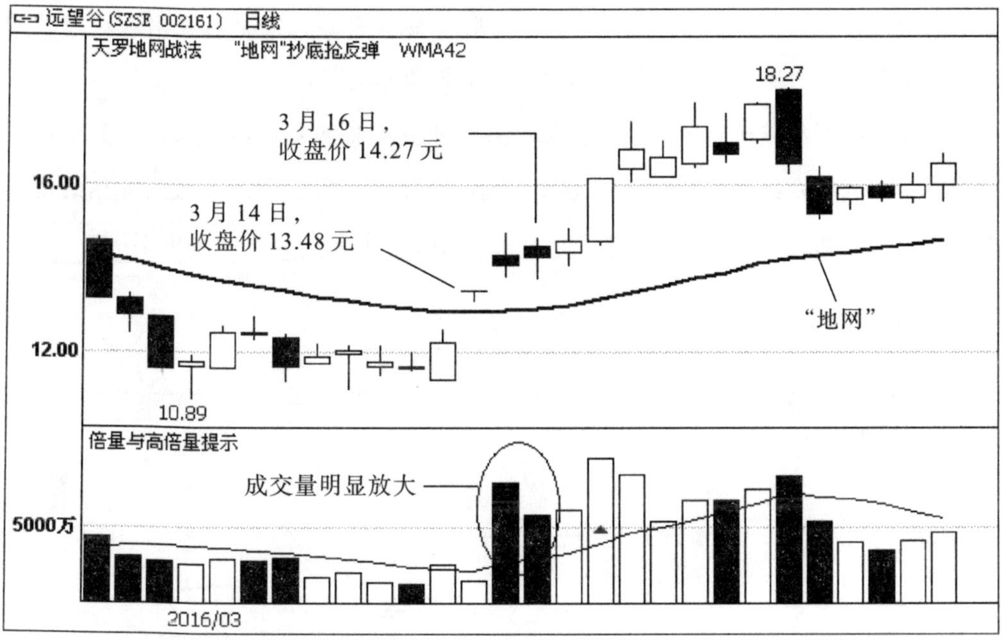

图2—48

如图2—48所示，2016年3月14日（周一），远望谷的股价不但以跳空方式一举越过“地网”，而且这天股价还是涨停的，收于13.48元。

3月16日，虽然收盘时价格为14.27元，相对【触网日】的收盘价而言涨幅已接近6%，但15日、16日连续两天K线实体部分很短，明显是在蓄势，因此没必要死守5%的界限。另外，15日、16日的成交量也已经明显在放大，因此熟悉“地网”战法的投资者在3月16日这天收盘前进场是合理的。

最为关键的是，“地网”已经在拐头向上了，这几天它的数值分别是：3月14日12.99，3月15日13.02，3月16日13.07，一天比一天高，所以无论从哪个角度看，3月16日都适合进场。

有意思的是，3月15日和16日两天股价是收阴十字星的，但是由于股价相对于3月14日的【触网日】是上涨的，且涨幅不大，因此3月15日、16日的走势依然属于【小阳慢推】。

2. 股价以【N形】冲高，回调时“地网”不破

【N形】走势，大家并不陌生。它是指股价某一天冲起来之后先出现一定的回落，或是先横向发展一段时间，然后再继续上攻的形态。

冲高后的回落或横向运动，其实都是在为再次上攻蓄势。因此【N形】走势带给投资者两大好处：首先，由于形态好识别，因此给投资者留下了较为充裕的进场时间；其次，如果能在股价回落中建仓，则价格上更划算。请看下面的案例。

案例一　银邦股份（300337.SZ）

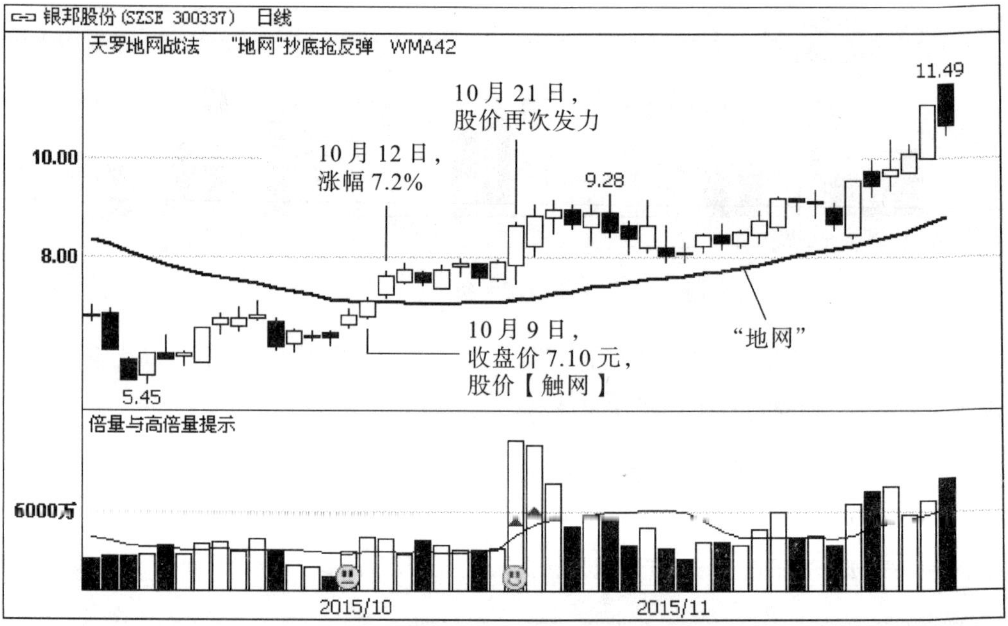

图2－49

如图2－49所示，2015年10月9日（周五），银邦股份的收盘价为7.10元，股价【触网】。

10月12日（周一），股价报收于7.61元，涨幅7.2%。把这天算成【小阳慢推】显然不合适，因为涨幅一下就“超标”了。

10月13日，股价继续上涨。连同【触网日】在内，这三个交易日写完了字母“N”的第一画。

接下来的5天横盘，小阴、小阳交替出现，这就是字母“N”的第二画。最佳的

进场时机，就是这5天。

随后，股价于10月21日开始放量拉升，字母“N”的最后一笔也完成了，【N形】走势相当标准。

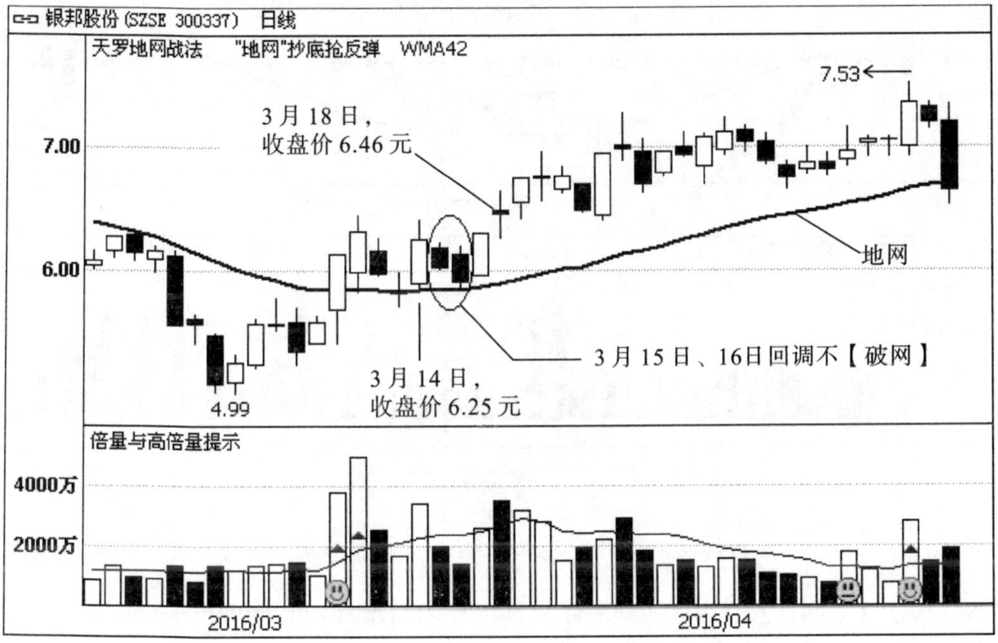

图2—50

如图2—50所示，银邦股份这次的【触网日】是2016年3月14日，当天收盘价为6.25元。3月15日、16日股价连续两天在“地网”之上回调，3月17日股价止跌后再次上涨。

3月18日，股价跳空高开，一举超过了3月14日的收盘价6.25元，随后【N形】冲高由此展开。

恰当的进场日期是3月17日。因为15日和16日的回调不破网只是暂时的，到17日这天临近收盘时，【N形】走势基本可以确认了，此时不进场更待何时?

案例二　银泰资源（000975.SZ）

如图2—51所示，2017年12月15日，银泰资源的股价涨幅4.2%，以13.55元报收。

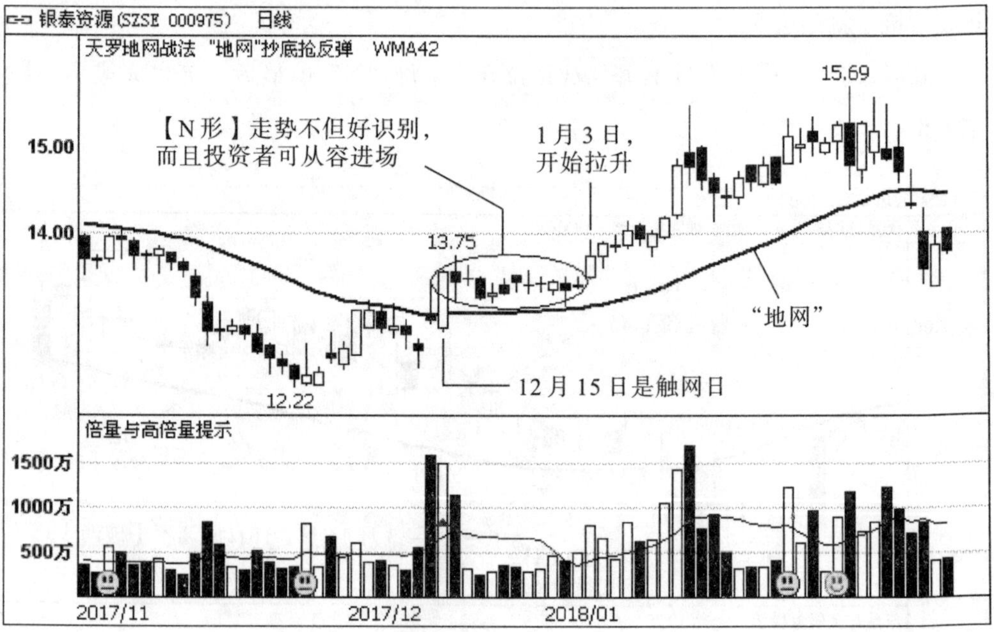

图 2-51

12 月 18 日，股价冲高到 13.75 元之后当天便有所回落。仔细看副图我们不难发现，包括【触网日】在内，短期的成交量出现明显增加，而这是很难持续的，一旦量缩必然导致价格回落。果然，连同 12 月 18 日在内，股价在长达 11 个交易日的时间里，收盘价均低于【触网日】的收盘价 13.55 元。

直到 2018 年 1 月 3 日股价收于 13.74 元才展开了拉升行情。写完了字母“N”的最后一画。

股价横盘的那 11 个交易日，投资者不但可以从容进场，而且买入的价格还很划算。

【N 形】走势的形成常有一个显著的特征，即【触网日】是一根伴随有成交量放大的中阳线或大阳线。这根【触网】的阳线就是行情启动的标志，也叫【一阳指】，它就是字母“N”的第一画。但由于当天多方发力过猛，因此在大阳线后会出现股价的回落，或横向运动，这就是字母“N”的第二画。其实这种蓄势是十分有必要的，有助于股价今后能再上一个台阶。最后，股价再次冲高，字母“N”终于收笔了。

案例三　西山煤电（000983. SZ）

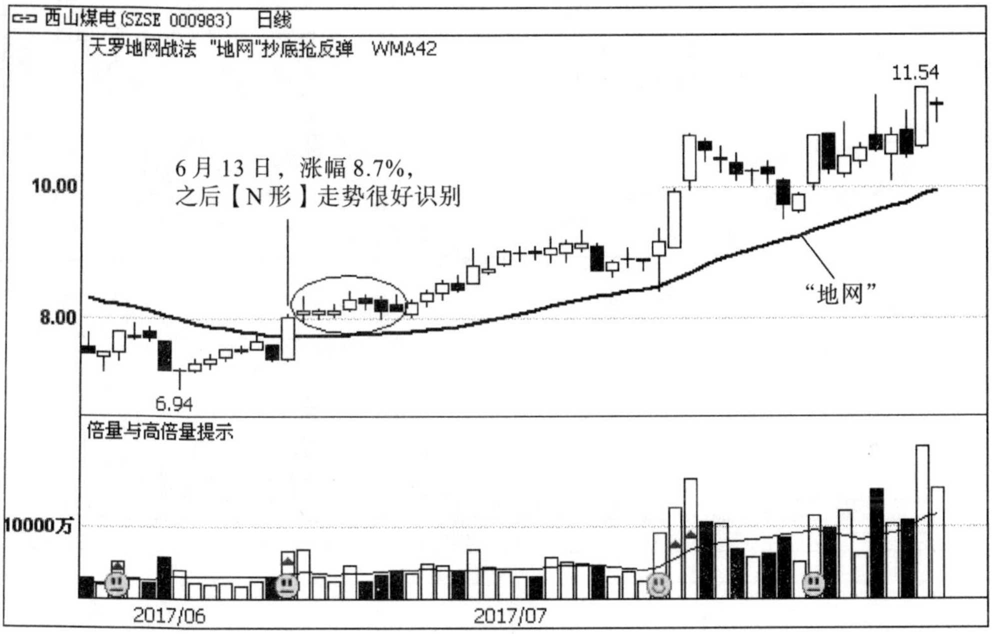

图 2－52

如图 2－52 所示，西山煤电 2017 年 6 月 13 日涨幅 8.7%的这根大阳线非常明显，而且它刚好【触网】。这天之后，【N 形】走势很好识别，留给投资者进场的时间相当充裕。

案例四　同有科技（300302. SZ）

如图 2－53 所示，2018 年 3 月 1 日，同有科技的股价【触网】。并且当天股价还是涨停的，K 线拉出了一根【一阳指】。

3 月 13 日在创出 12.26 元的反弹高价后股价出现回调。

3 月 23 日（周五），股价虽然跳空低开并最后收出阴十字星，但还是获得了“地网”强有力的支撑。

3 月 26 日（周一）股价再次涨停，反弹得以延续。从图上我们可以看出，该股【触网】后的反弹走势，实际上是以两次【N 形】走势完成了蓄势和继续冲高。

股价【触网】后如果走的是【N 形】，那么投资人只要不在字母“N”的第一画位置进场，一般来说价格都是很划算的。

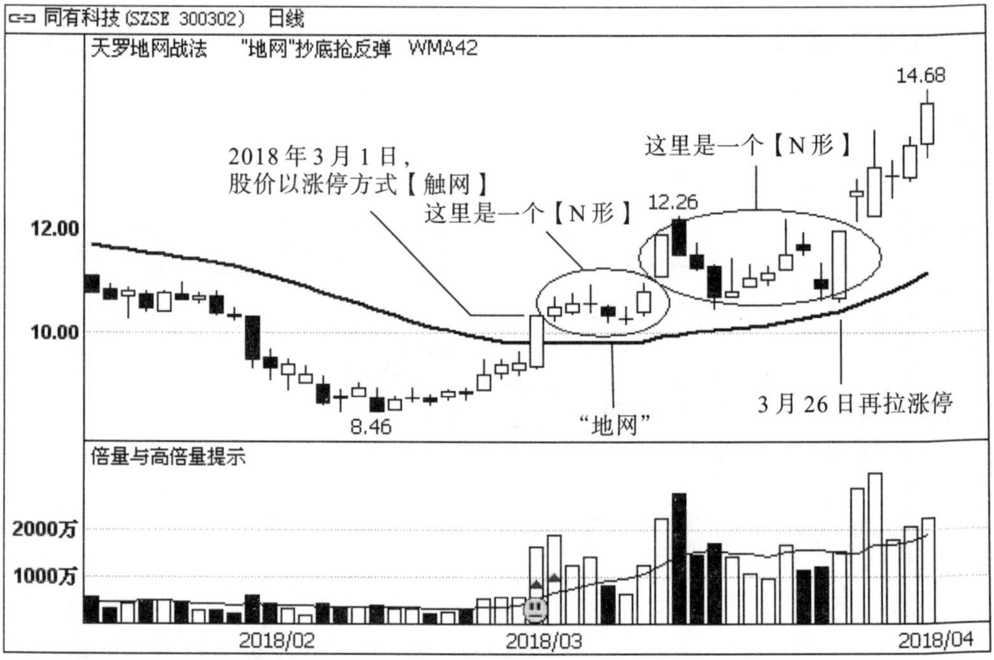

图 2－53

案例五 天源迪科（300047. SZ）

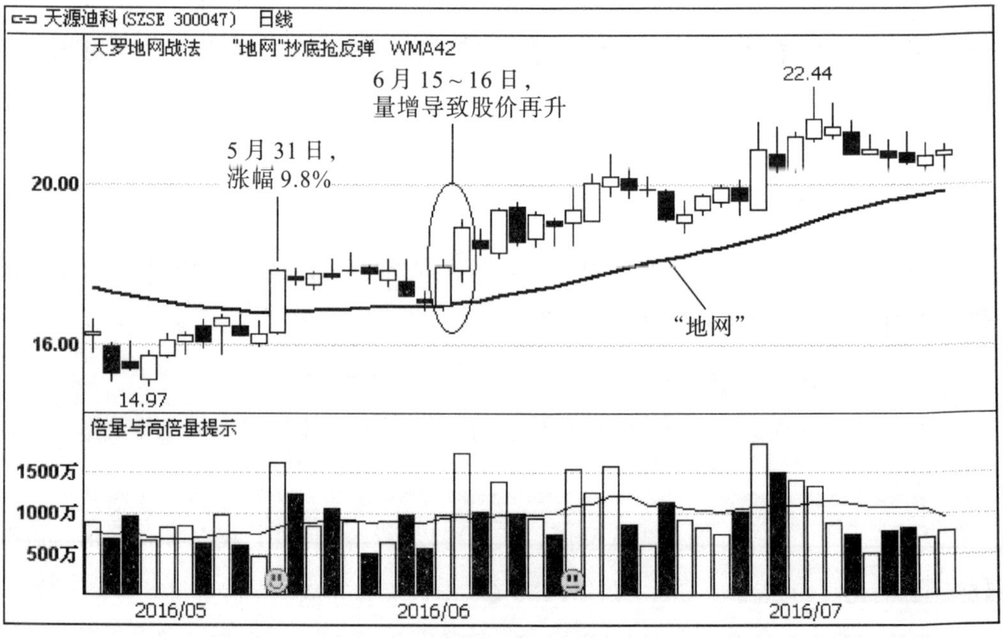

图 2－54

如图 2—54 所示，2016 年 5 月 31 日，天源迪科的股价收于 17.85 元，涨幅 9.8%，几乎涨停。这根大阳线是有成交量的完美配合的，当天的成交量达到了前一交易日的 1 倍以上。5 月 31 日之后，随着量能的快速衰减，股价在【触网日】之后出现了横向震荡与回调。

6 月 15 日、16 日量能再次增加，终于把股价推上了更高的位置。

在个股的上涨行情中，【N 形】走势可以出现在股价刚刚【触网】之后，也可以出现在第二波拉升前。总之，作为后续涨势的蓄势，它是比较容易被识别出来的。

案例六 漫步者（002351. SZ）

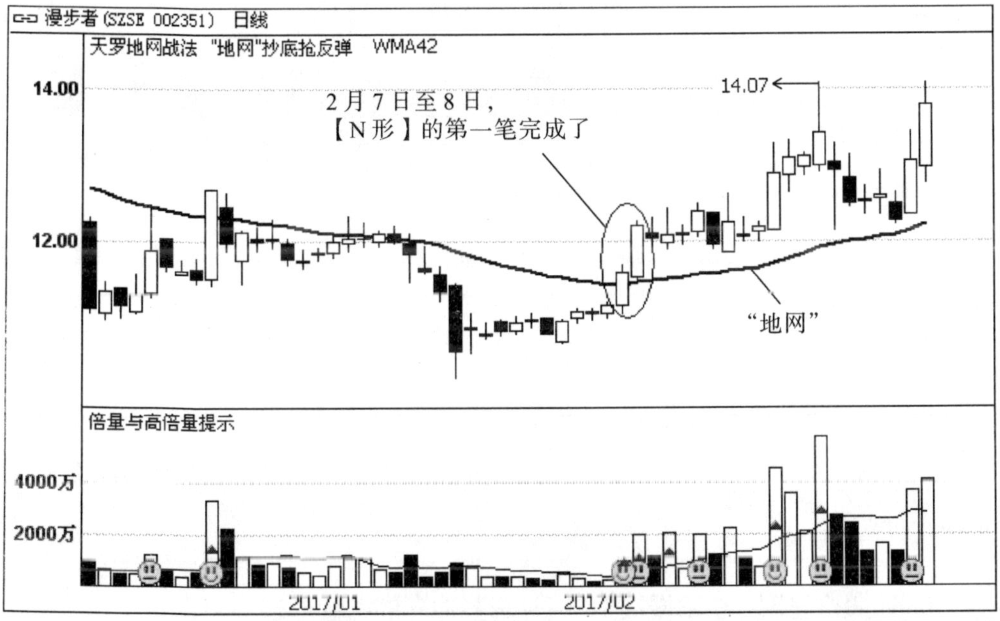

图 2—55

如图 2—55 所示，漫步者的股价于 2017 年 2 月 7 日【触网】。紧接着，2 月 8 日，股价上涨 5.2%，收于 12.20 元。在此之后，股价横向震荡达 8 个交易日。图中我们看得非常清楚，实际上 2 月 7 日、8 日这两天合在一起，共同完成了字母“N”的第一笔。

股价横向运动的 8 个交易日里，“地网”明显拐头向上运行，对股价构成了强有力的支撑。

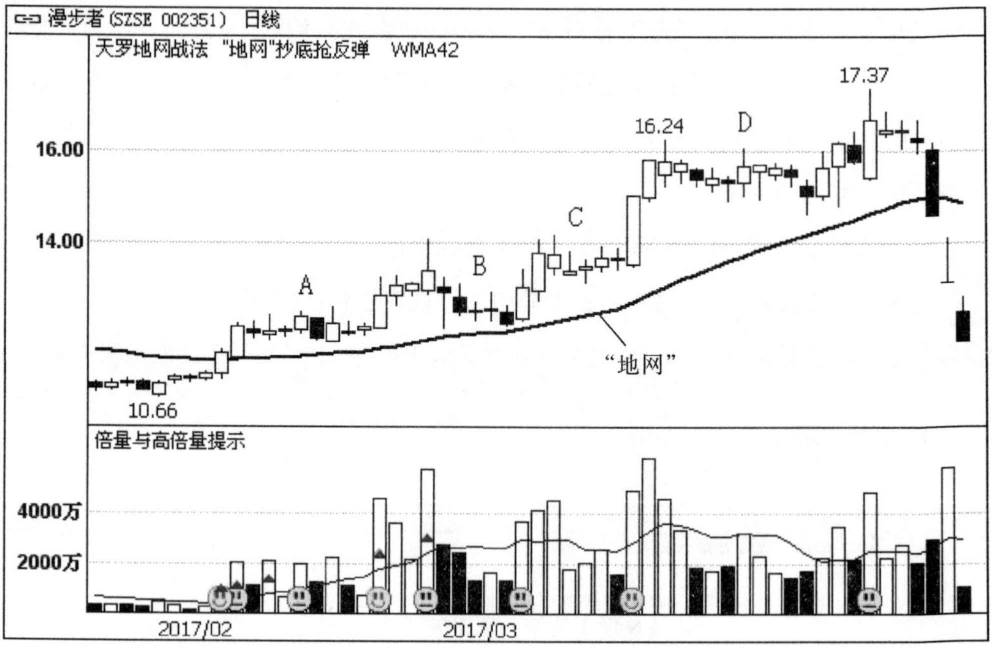

图 2—56

在本例中，漫步者的走势颇值得我们仔细回味——股价的上涨酷似 4 个【N 形】的叠加组合。

【N 形】走势的特点是股价"先横摆、再拉升"，或"先回调、再拉升"。因此，只要我们数一下股价总共有几次"横摆"或"回调"，就清楚一共有几个【N 形】。图 2—56 中的 A、B、C、D 四处，正好说明漫步者的这段行情里总共有四段【N 形】走势。

3. 如股价呈现【小阳慢推】与【N 形】冲高的组合形态

股价【触网】后走出的反弹，除了明显的【小阳慢推】走势或【N 形】冲高走势之外，常有【小阳慢推】与【N 形】走势组合的形态。这种走势对投资者选择进场时机也是相当有利的。请看下面的案例。

案例一　路通视信（300555. SZ）

如图 2—57 所示，2 月 23 日是路通视信的【触网日】。

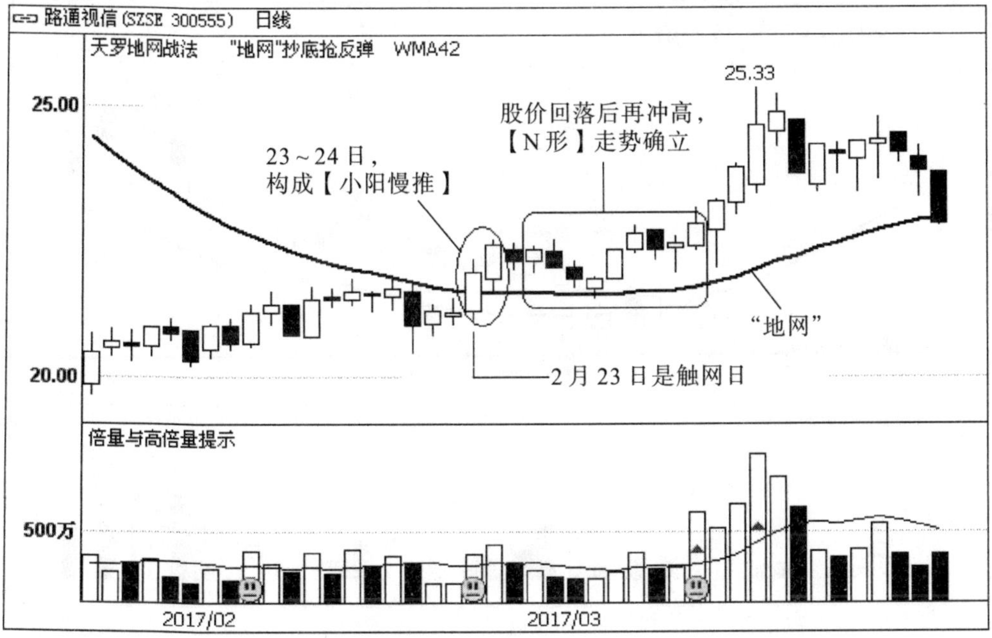

图2－57

2月24日（周五），股价涨幅2.2%，收于22.43元。当日的股价相对于2月23日只是小幅攀升，因此2月23日至2月24日，典型的【小阳慢推】走势形成了。

2月27日（周一）开始，股价连续5个交易日回调，最终在“地网”的支撑下止跌。2月27日至3月3日的这5个交易日，股价回调但未破“地网”，这是字母“N”的第二笔。

在此之后股价返身向上，并最终超过了2月24日收盘价的位置，这时字母“N”的最后一笔便完成了。回过头来我们发现，由于24日之后股价没有继续上涨而是回落了，因此2月23日、24日这两天无形之中早早地就把字母“N”的第一笔写成了。

纵观从2月23日以来的股价走势，这就是典型的【小阳慢推】＋【N形】。

如图2—58所示，路通视信的股价于2017年8月25日【触网】。

2017年8月28日，股价平开高走，涨幅3.9%，这两天的走势当然是【小阳慢推】。如果8月28日的涨幅超过了5%，那么算成是“小阳”就不合适了。图中股价在A处一带横摆，冲高后在B处一带股价回调。很显然，这回的走势是【小阳慢推】＋两次【N形】。A、B两个位置都适合进场。

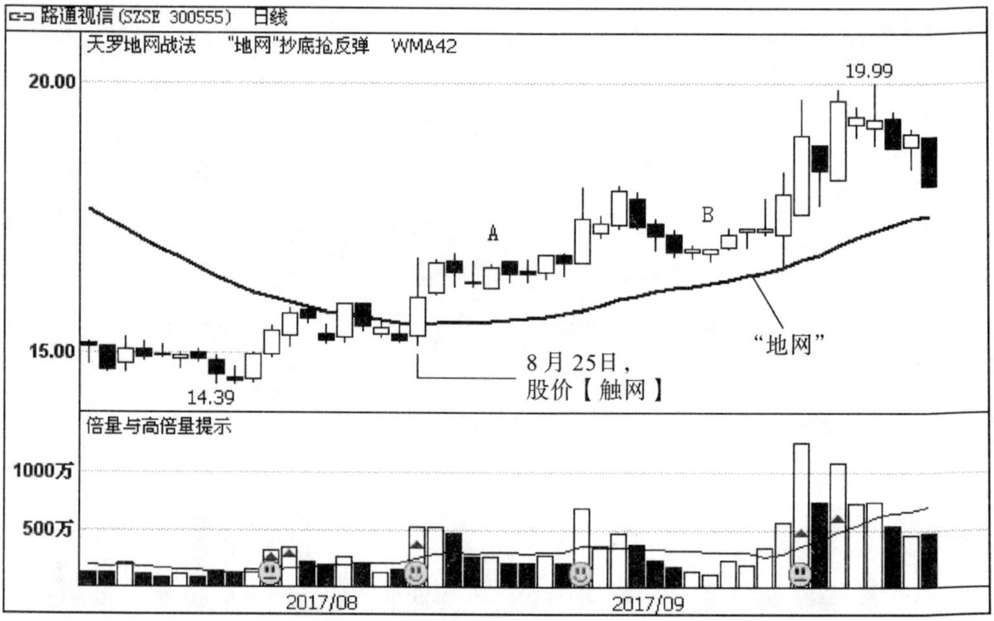

图 2－58

相同的走势在同一只股票上重复出现并不是稀罕事，当我们把这些走势特点归纳总结出来后，当它们今后出现在其他股票上时，我们已是心中有数了。

案例二　兴民智通（002355. SZ）

如图 2－59 所示，2015 年 10 月 8 日（周四），兴民智通的股价【触网】了，当天收盘价为 7.70 元。10 月 12 日（周一），股价涨到了 8.05 元。

在一般情况下，【小阳慢推】走势的价格上限是【触网日】收盘价往上 5％，按说到 10 月 12 日（周一），就可以确认这一形态了，见图 2－60。然而在本例中，伴随着温和放量，股价【触网】后从 10 月 9 日（周五）开始直到 10 月 29 日，将【小阳慢推】走势维持了长达 12 个交易日之久。10 月 29 日的收盘价为 9.72 元，相较 10 月 8 日【触网日】的收盘价，涨幅已达 26％。

10 月 27 日开始，股价回调蓄势，随后完成了【N 形】。

该股【触网】后的如此走势尽管不多见，但并不妨碍投资者凭借“地网”战法的买进常识捕捉到这么好的赚钱机会。

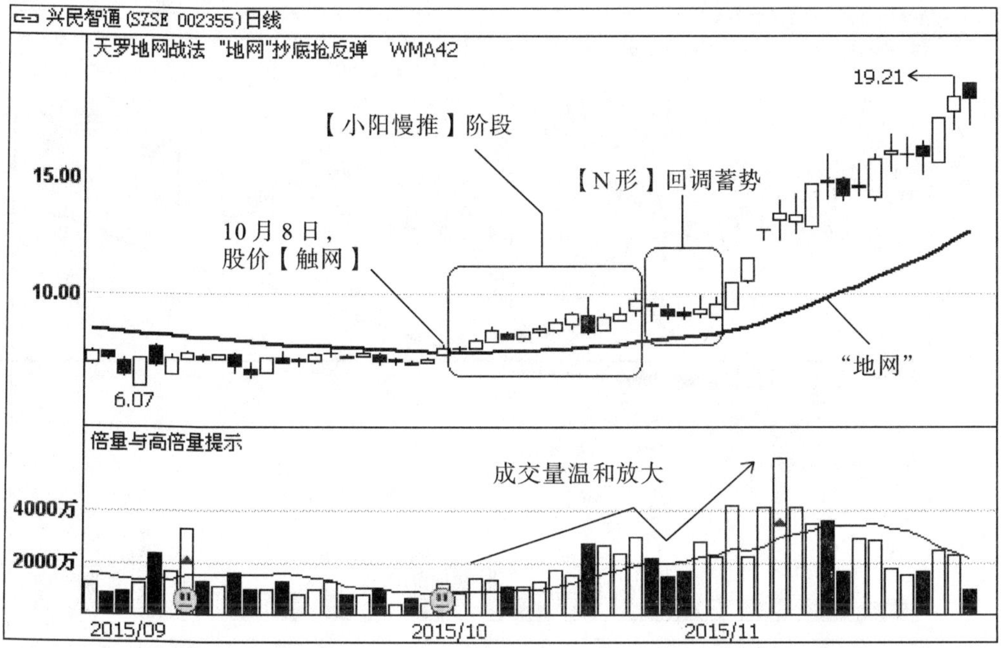

图 2－59

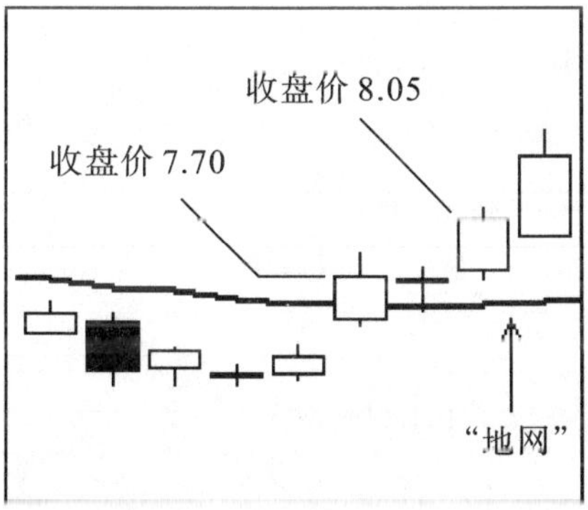

图 2－60

案例三　三友化工（600409. SH）

如图 2－61 所示，三友化工的股价于 2016 年 6 月 22 日【触网】。6 月 22 日、23 日、24 日，股价【触网】并完成了【小阳慢推】。

6 月 27 日，股价涨幅 3.9%。这四天的第一轮发力上攻后，股价略带回调，横向震荡了 4 天。

最后，凭借 7 月 4 日涨幅 8.5%的大阳线完成了【N 形】。

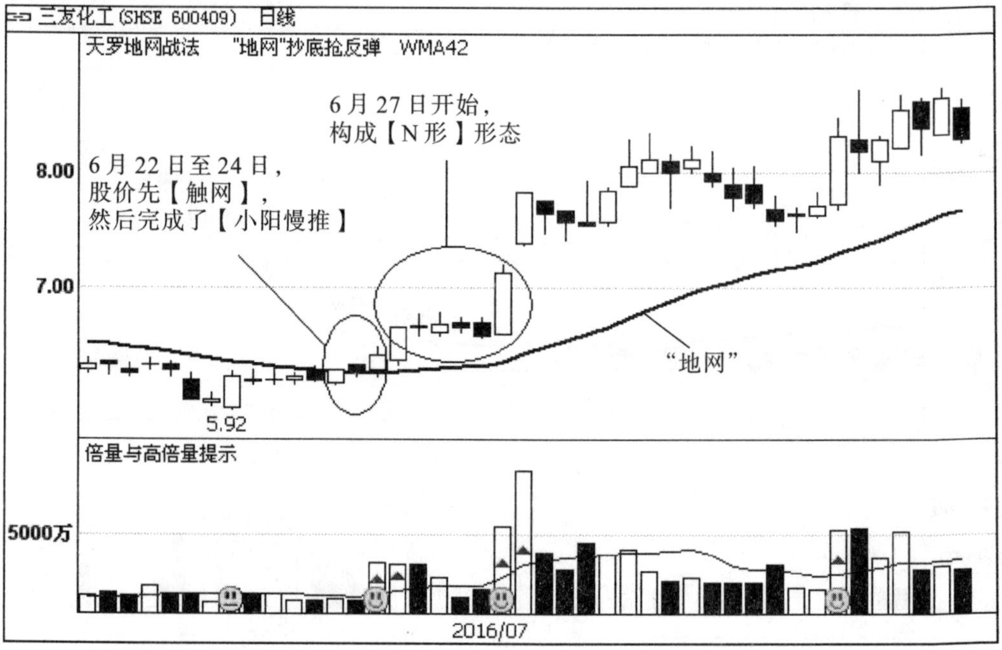

图 2－61

案例四 汉钟精机（002158. SZ）

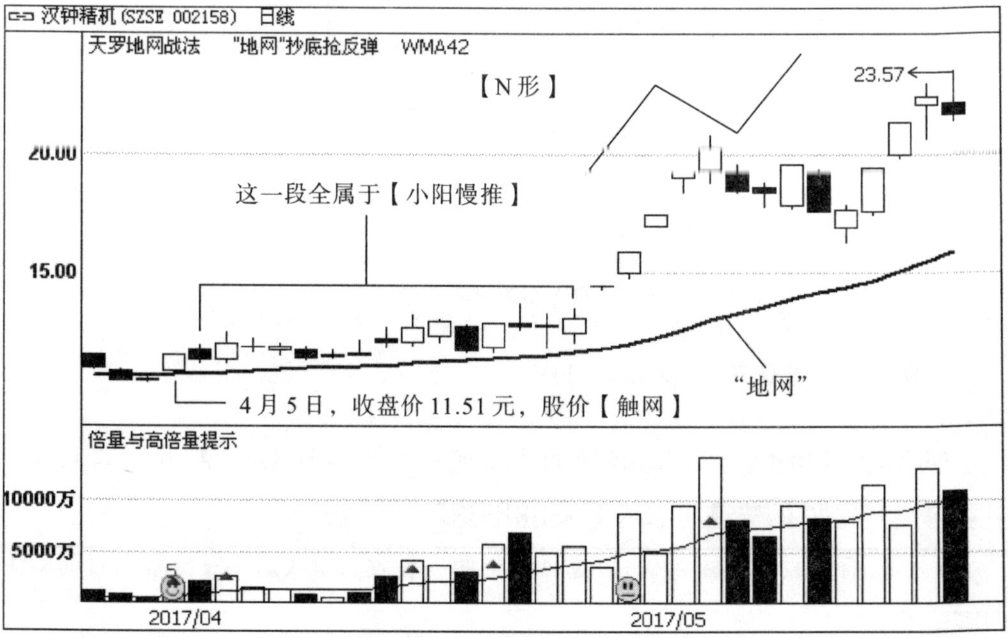

图 2－62

如图2—62所示，2017年4月5日，汉钟精机的收盘价为11.51元，股价【触网】。谁也想不到，【触网日】之后一直到4月26日，股价一路缓慢爬升，当天收盘价仅13.13元。这一段【小阳慢推】很考验投资者的心理承受力。

4月27日，股价涨停，字母“N”的第一笔这才刚开始写。

4.【触网日】后，股价经历【破网】后再次【触网】

“地网”战法的基本原则大家一定要铭记在心：“地网”是多方与空方的一道重要分水岭。因此，有没有行情别瞎猜、别预测，只要看一眼股价在“地网”之上，还是“地网”之下就全清楚了。

【破网】就是破位，宁可信其有，不可信其无！股价【破网】一定要先离场。

【破网】不卖，万一真是新一轮跌势的开始你就惨了。有人会担心，如果【破网】是洗盘呢？不用怕，我们顶多损失一小段利润而已，毕竟洗盘是主力机构的权力，相关内容请参考《庄散心理战》一书。

还有一条经验你一定要牢记：只要股价【破网】后再【触网】，你要继续坚定看多、做多，以免踏空后面的大行情。请看下面的个股案例。

案例一 华工科技（000988.SZ）

如图2—63所示，华工科技【触网】后的走势本来好好的，谁承想2017年7月17日，股价在盘中突然跳水，收盘时大跌6.3%，大阴线杀出，股价【破网】了。7月17日，面对如此凶险的盘面，清仓离场是“地网”战法的规定动作。这是“避险第一、盈利第二”这条交易大原则的具体体现。

7月18日，股价低开并创出了13.99元的最低价。尽管7月18日当天股价止跌回升收出了阳线，但明显还没有回到“地网”之上。这天你不要花费精力去猜想和预测下一个交易日股价会怎么走，你心里有对策就够了。

7月19日，暴跌之后反弹的【两连阳】形成了，股价收于14.59元，股价再次【触网】。毫无疑问，只要“地网”还在向上运行，那么在【破网】后的再次【触网】这天进场，同样是“地网”战法的规定动作。

战法的好处之一，就是让你不再靠预测做交易，不用在恐惧和不安之中煎熬。

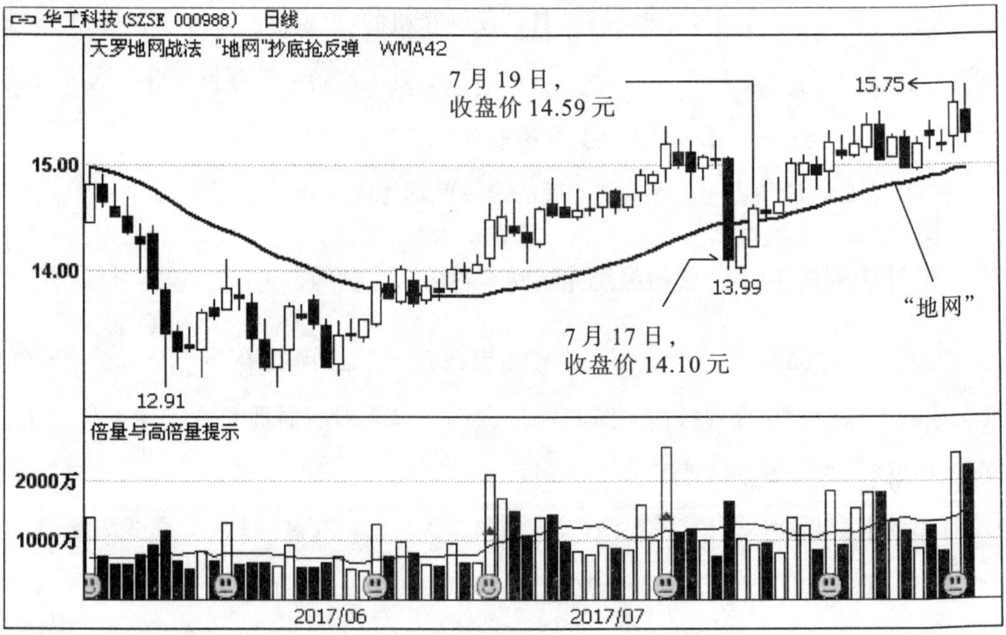

图2－63

7月17日的暴跌之后，你甭再浪费脑细胞去琢磨为什么会突然大跌，也不用担心“股价未来会怎么走”“何时会反弹”之类的问题。既然都【破网】了，你做规定动作就行了。同样，7月18日股价反弹了，但19日会怎么走？“是继续下跌形成【空方炮】，还是继续反弹走成【两连阳】?”“我会不会踏空?”这些问题你也都不用再考虑，既然昨天已经空仓了，既然今天股价没【触网】，你就继续空仓好了。

7月19日，请你做规定动作　　因为股价再次【触网】了。

如图2－64所示，从事后看，7月17日的暴跌就是一次主力机构发动的挖坑式洗盘，如此猛烈的下跌一定会让一些不懂“地网”战法的人交出筹码。而掌握了“地网”战法这件强大武器的投资者仅仅付出了一点点的价差损失而已，交易法则有云：“正确的交易，就算结果错了，错了也是对的!”更何况这样的交易何错之有?捡回筹码，没被主力机构洗出去，没有踏空后面的行情，这是多么了不起的胜利!

战的好处之二，就在于它让你知道该在哪里买、该在哪里卖!

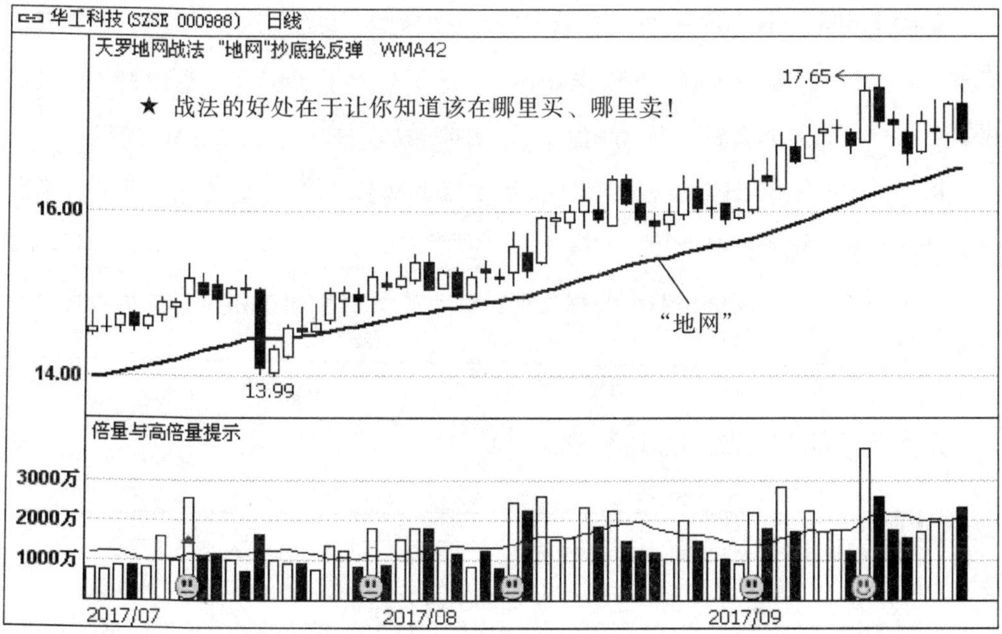

图 2－64

案例二 九鼎新材（002201. SZ）

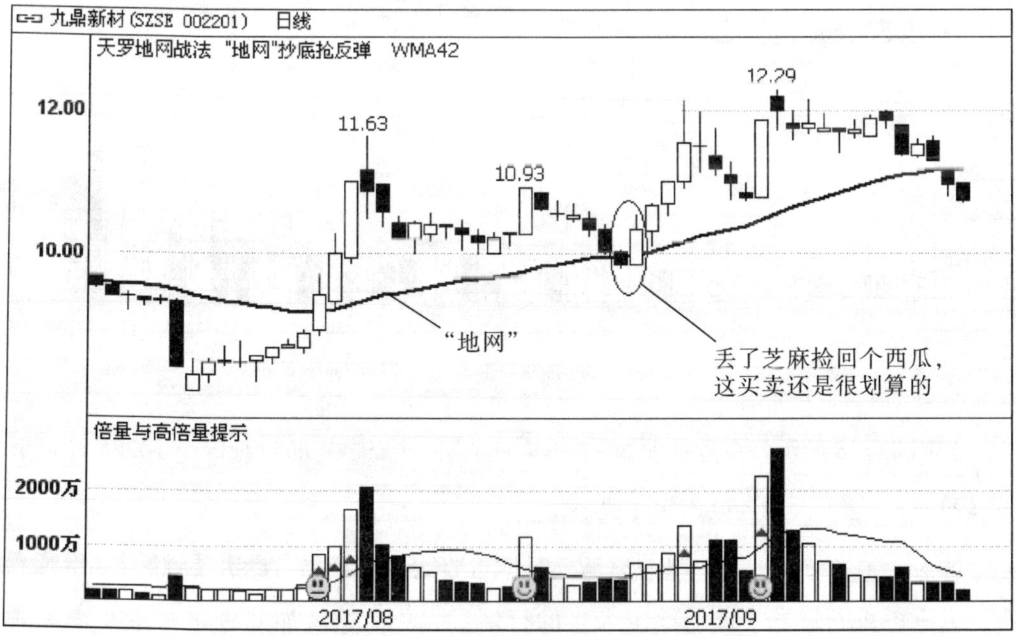

图 2－65

如图2—65所示，2017年8月24日，尽管“地网”依然上行，但终究没能扛住九鼎新材股价从11.63元开始的连续回调。当天股价收于9.85元，【破网】了。【破网】就清仓，甭想那么多，也甭问为什么。在股市里，知道怎么做比什么都强。

第二天，8月25日，反弹了，股价再次【触网】，收于10.34元。那还犹豫什么？赶紧把筹码捡回来吧。

一卖一买之间，仅仅几毛钱的损失而已，丢了芝麻捡回个西瓜，这买卖还是很划算的。

案例三　东方锆业（002167.SZ）

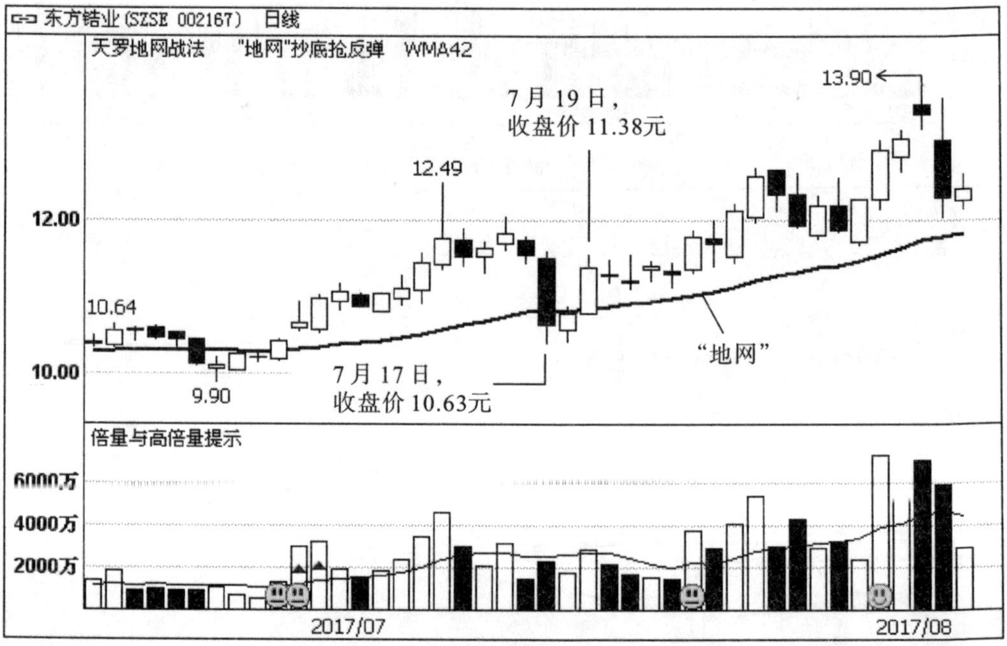

图2—66

如图2—66所示，东方锆业2017年7月17日（周一）的收盘价为10.63元，股价【破网】，这天投资者应该卖掉股票。

隔了一个交易日，7月19日（周三）股价收于11.38元，再次【触网】。投资者在这天应该重新进场，以免踏空未来的行情。为什么笔者如此肯定？主要理由是“地网”还在向上运行呢。

这里必须指明的是，【破网】后的下一个交易日，即7月18日（周二），股价的收盘价为10.78元，而当天“地网”数值为10.81，尽管股价低开高走，但这天股价并没有【触网】，投资者不能急着在这天进场。如果投资者在7月18日进场，那就是无视交易规则，是赌博。为什么说是赌博？因为那就是赌下一个交易日股价能不能反抽上去。如果股价真反抽上去就是捡便宜了，主力机构的挖坑没达到震仓洗盘的效果。但是，万一下一个交易日股价下跌那不就构成【空方炮】形态了吗？抄底不就是刚好抄在了下跌途中的半山腰上了吗？

案例四 广博股份（002103.SZ）

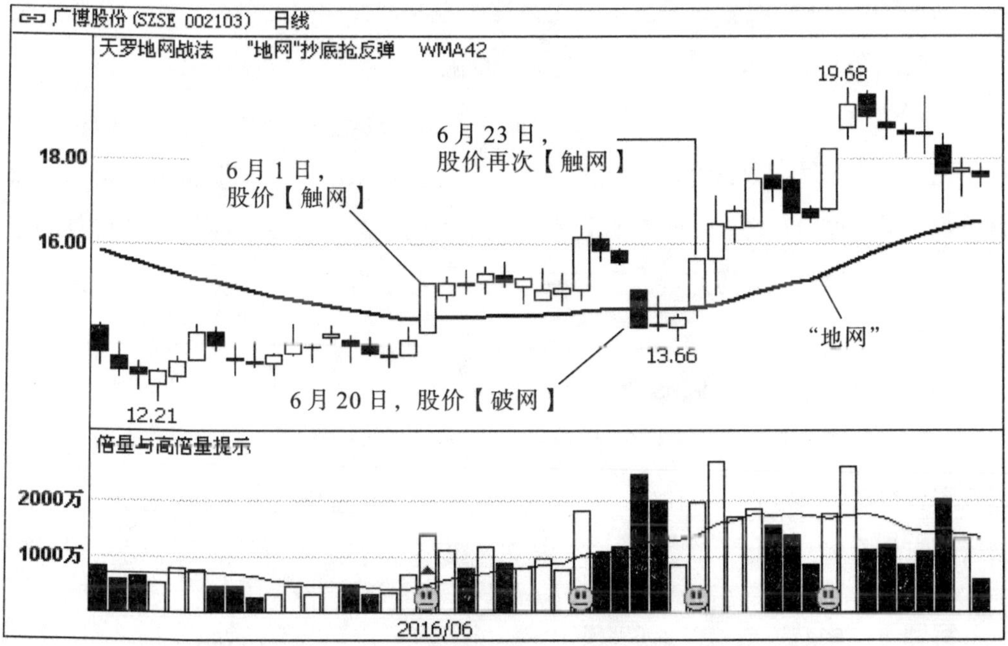

图2—67

如图2—67所示，2016年6月20日，广博股份跳空低开，并且在收盘时放量把股价砸到了跌停。同时，这天还【破网】了。认赔出局吧，之前6月1日的【触网】算是白干了，没辙。

你还想再做这只股票吗？想的话，6月23日就赶紧进场吧，因为这天股价再次【触网】了。

6月1日，股价【触网】——买进；

6月20日，股价【破网】——卖出；

6 月 23 日，股价再【触网】——买进。

挖坑式洗盘是主力机构的行为，它这么干谁也没办法。但是，当股价回到“地网”之上，把筹码再捡回来可就是咱们的权力了，谁也拦不住。

有了“地网”战法就等于有了行动指南、有了导航。该在哪里卖、该在什么时候买，投资人总能做到心中有数、一清二楚。

5. 学会运用“地网”对股价的两种作用力

均线在很大程度上能反映一个时期内交易者的持仓成本，“地网”当然也不例外。“股价领着均线走”，这是事实，无论涨跌都是如此。但反过来看，一旦股价站到“地网”之上了，那可就是“均线托着股价涨”了。

“地网”的参数是 42，不算小了。所以在下跌趋势中，“地网”对股价的压制作用很强。跌势未尽，则股价休想轻易翻身。但是反过来看，一旦股价跌不动了、收盘价收在了“地网”之上，即实现了【触网】，“地网”则会在一瞬间转换自身的角色，并迸发出两股惊人的力量。这两种力量，一种是对股价的支撑力，一种是对股价向上的牵引力。

（1）“地网”对股价的支撑力。

股价一旦【触网】，轻易不会【破网】，因为有“地网”的支撑力在那里呢。所以投资者在盘中一定要沉得住气，遇到洗盘别慌，看收盘价是否还在“地网”之上。请看下面的案例。

案例一　中航三鑫（002163. SZ）

如图 2－68 所示，中航三鑫 10 月 9 日的收盘价为 8.72 元，股价以上涨方式【触网】后，经历了两次大跌的考验。

第一次是 10 月 21 日股价跌停，但这天股价并没有【破网】，离“地网”还远着呢。

第二次是 11 月 27 日，股价跌幅达到 6%，收盘于 9.95 元，而这天的“地网”数值是 9.93，因此也没有【破网】。

使用“地网”战法，投资者一定不要被盘中的回调吓倒，一切以收盘价为准，尤其在进场后股价涨幅并不是很大的情况下。“地网”的支撑力足以承受空方的试探

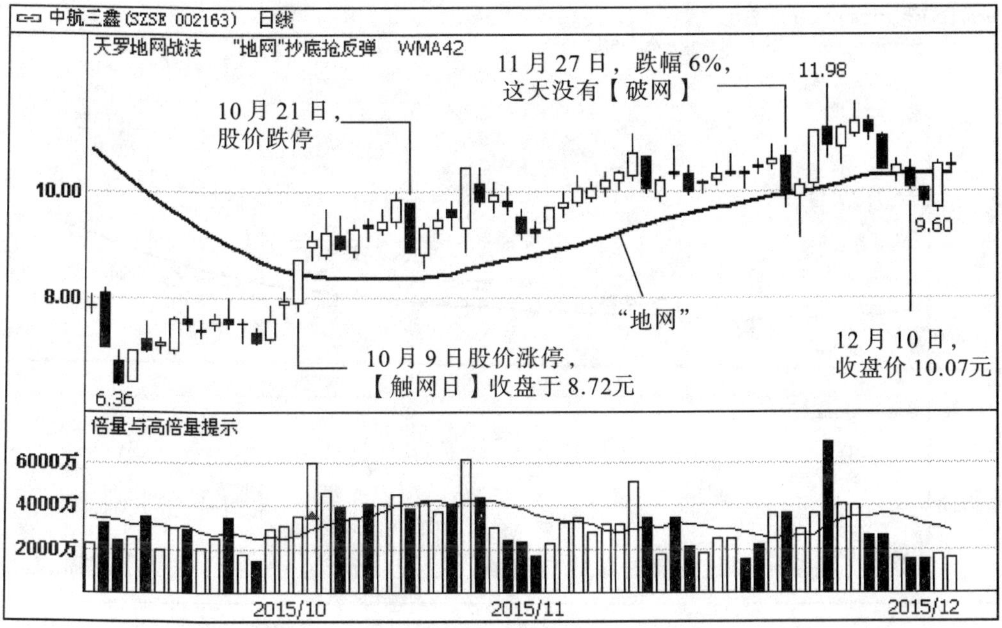

图2—68

和一定范围内的反击，11月27日、30日两天，空方见没折腾出什么结果，只得作罢。这样一来，在12月10日股价真正【破网】之前，便留给了投资人足够的盈亏空间和离场时间。

案例二 桃李面包（603866.SH）

如图2—69所示，2018年2月26日，桃李面包的股价【触网】。然而空头不死心，先后两次试探"地网"是否足够结实。

2月28日（图中K线A处）和3月23日（图中K线B处），股价两次在盘中下跌，击穿了"地网"。但那又能怎样？"地网"代表的是42个交易日内的平均持仓成本，而在股价【触网】后并没有大幅拉升的情况下，根本就没有多少获利盘，因此怎么会有大的抛压？所以这种日内砸盘往往是徒劳的，"地网"的支撑力足以对付。只是投资者自己要心中有数，不要临阵乱了自己的阵脚。

案例三 冠福股份（002102.SZ）

如图2—70所示，2016年6月24日和25日，应该算是冠福股份空方最后的两次顽抗。

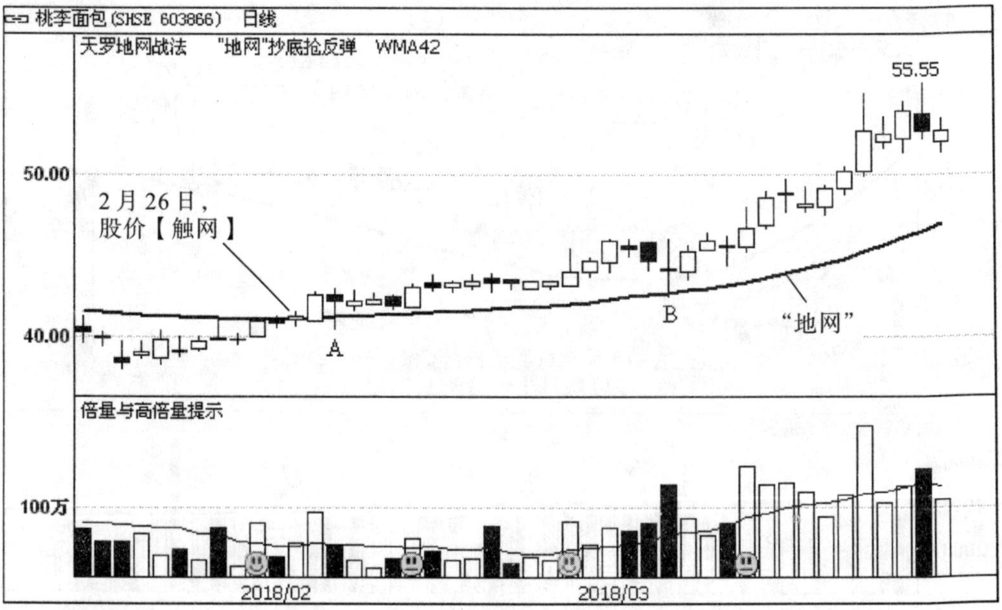

图 2-69

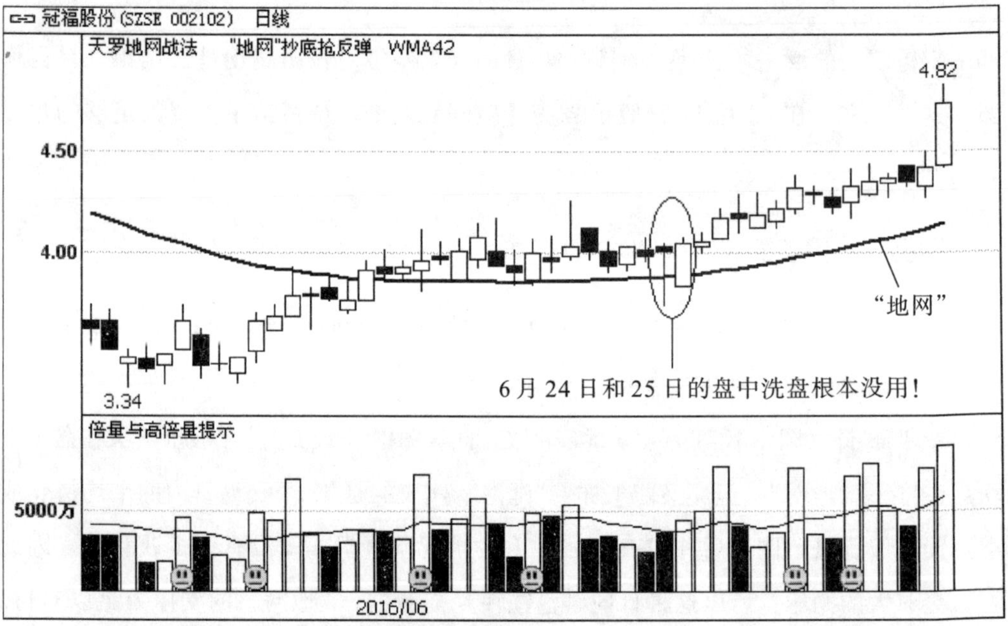

图 2-70

6月24日，盘中的单针下探尽管击穿了“地网”，但收盘价最终收了上去。

6月25日的开盘价开于“地网”之下也只是吓唬人，股价最终也收了上去。

“地网”战法判断是否【破网】看的是收盘价，6月24日和25日空方没有能力在收盘时候把股价砸下去，这恰恰说明了“地网”支撑力的强大！

案例四 中化国际（600500. SH）

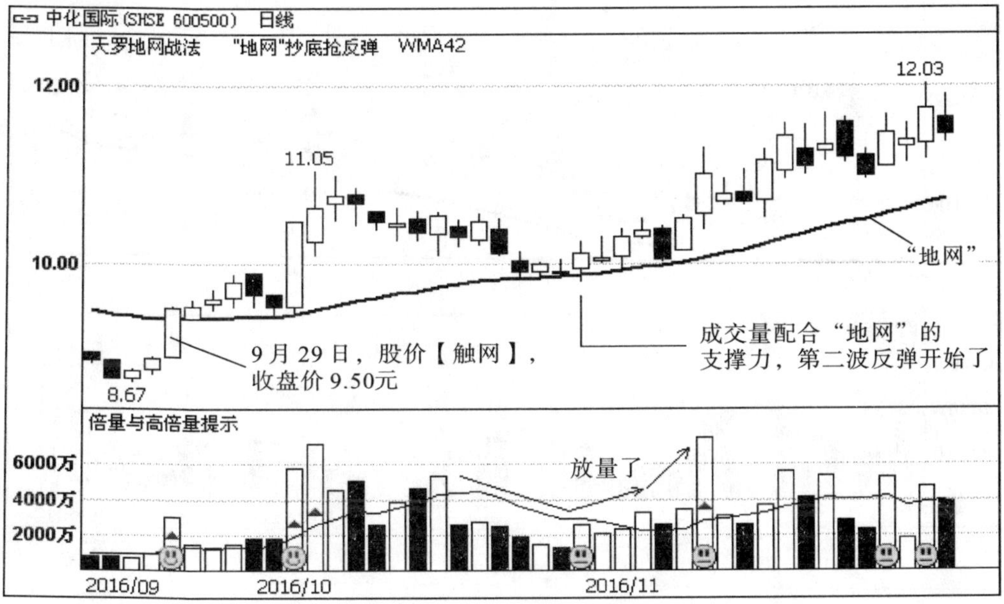

图 2—71

如图 2—71 所示，中化国际的股价于 2016 年 9 月 29 日【触网】，当天收盘价为 9. 50 元。【触网】后股价第一波发力上攻冲到了 11. 05 元，在此后的回调中，股价在 11 月初的那几天与“地网”接触上了，其中 11 月 3 日的最低价还一度跌破了“地网”。但是在图中我们看得非常清楚，此时的“地网”正意气风发地一路向上运行，而持续缩量的回调已是强弩之末了。受到“地网”的有力支撑，股价恰恰就在 11 月 3 日这天结束了回调，然后便开启了反弹的第二波。

案例五 宁波东力（002164. SZ）

如图 2—72 所示，宁波东力的股价自 10 月 12 日【触网】后，先后经历了 3 次回调，但均获得了“地网”的有力支撑。

第一次是在 10 月 21 日，股价跌停，但股价依然保持在“地网”上运行。

第二次是 11 月 27 日和 30 日，图中左边被圈住的 2 个交易日。11 月 27 日股价回调时在盘中触及“地网”，11 月 30 日股价在盘中跌破“地网”，创最低价 8. 33 元，但收盘时收了上去。这天的收盘价为 9 元，当天“地网”的数值是 8. 67，“地网”的稳定性可见一斑。

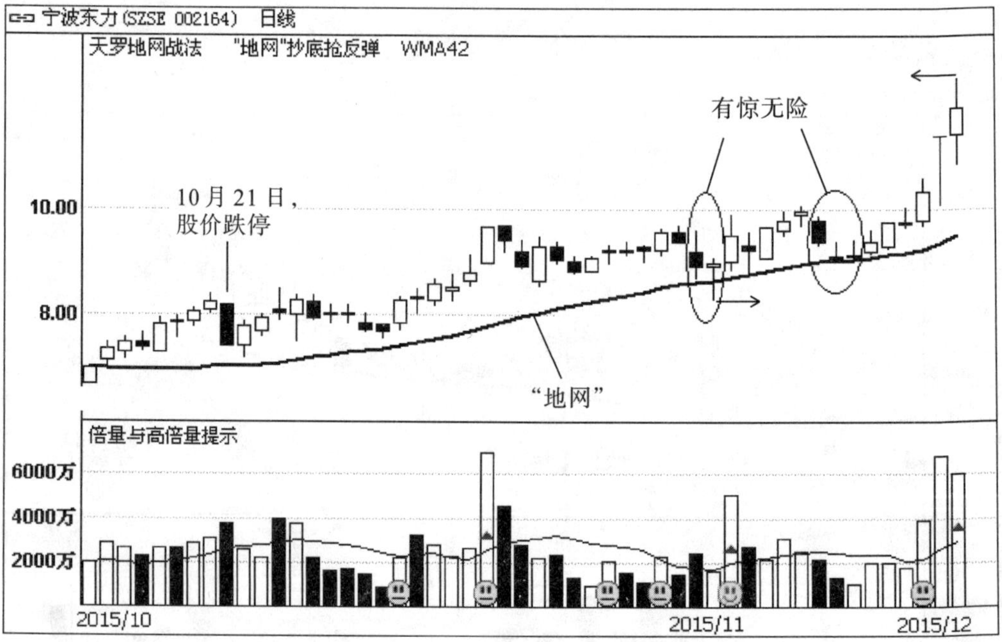

图 2－72

第三次是 12 月 8 日、9 日、10 日，图中右边被圈住的 3 个交易日。K 线图不会说谎，我们看到，股价在这 3 天的回调又十分接近“地网”了，尤其是 9 日、10 日两天（收盘价分别是 9.12 元和 9.14 元）。由于下跌无量，回调最终有惊无险。既然收盘价并没有【破网】，因此投资者应该一路坚定持股。这样就不至于在挖坑中被洗盘洗出去，从而错过冲顶过程中的一大段利润。

（2）“地网”对股价向上的牵引力

股价和均线的相对位置，始终遵循着如下规律：股价领着均线走。因此，当 WMA42 这道“地网”由跌势中的向下运行转为走平、最后终于拐头向上之后，我们会发现此时的股价是位于“地网”上方的。在这种情景下，“地网”无疑就是多方的坚强防线。既然多方苦尽甘来，已经走在了减亏、回本、盈利的这条路上，它只需静静等待后知后觉者抬轿子就好了，有什么道理打压股价、阻止股价继续上涨的脚步呢？理论上讲，的确没有。所谓的“趋势会延续”就是这个道理。

究竟是何种力量可以中断（包括暂时中断）股价上涨的进程呢？大致有三种力量。

第一种力量，来自当初高位进场、被套时间长的投资者。这些人一见股价反弹起来了、自己的股票回本了，于是便急于抛售股票以实现解套。毫不客气地讲，这类投资者根本不懂交易，他们永远在“被套、解套，再被套、再解套，又被套了”的死胡同里打转转。当然，这些人手里的筹码并不是很多，由于他们解套而造成股价整体走势由涨转跌可能性不大。

第二种力量，来自到期解禁的限售股。一旦上市公司的限售股到期了，参与配售的机构投资者以及终于熬到解禁的公司高管等持股者便会急于兑现既得利益。限售股的解禁，其可怕之处在于持股者手里筹码的成本太低了，低到你无法想象的地步！原始股都是1元钱1股，解禁前的历次分红原始股东次次不落，所以人家手里股票的成本可能只有几毛钱。股价本来走得好好的，怎么突然跌了？《超级大布局》一书讲得很透彻——那是因为有人不惜以挂低价插队的方式抛售手里股票造成的。谁会这么干？谁手里有足够的筹码能把股价砸下来？谁在股价下跌中依然能无动于衷、照样赚得盆满钵满？对此大家心里都清楚。股权分置问题至今没有得到彻底解决，这是中国股市最致命的利空因素。

第三种力量，来自志在高远的主力机构。这些以游资为代表的主力机构往往喜欢用对倒筹码的方式挖坑震仓。一来通过观察恐慌盘有多少，来决定自己下一步操盘的方向；二来是想在低位再捡一些筹码。在很多情况下，无论是股价自然的回调，还是主力机构的砸盘，其实从事后看，留给投资者的是一个个的“黄金坑”。举个极端的例子，尽管股票每天早上的开盘价完全可以被主力机构控制，它们有本事让股价以跌停价开盘。但在跌停价位置上，主力机构自己手中筹码的市值也在缩水。搞得不好，他们手里几万股甚至几十万股的廉价筹码就会在跌停价被其他投资者割韭菜般割走——你300股、他500股，所以，只要股价的走势已经不再是明显的下跌趋势，即当“地网”已经处于拐头向上的状态中，那么当收盘价【破网】后的再次【触网】发生时，通常情况下，投资者是可以及时进场的。

只要“地网”依然在向上运行，不但是“地网托着股价涨”，而且每每在砸盘后会“地网拽着股价冲”，“地网”具有强大的向上牵引力。

案例一　海顺新材（300501.SZ）

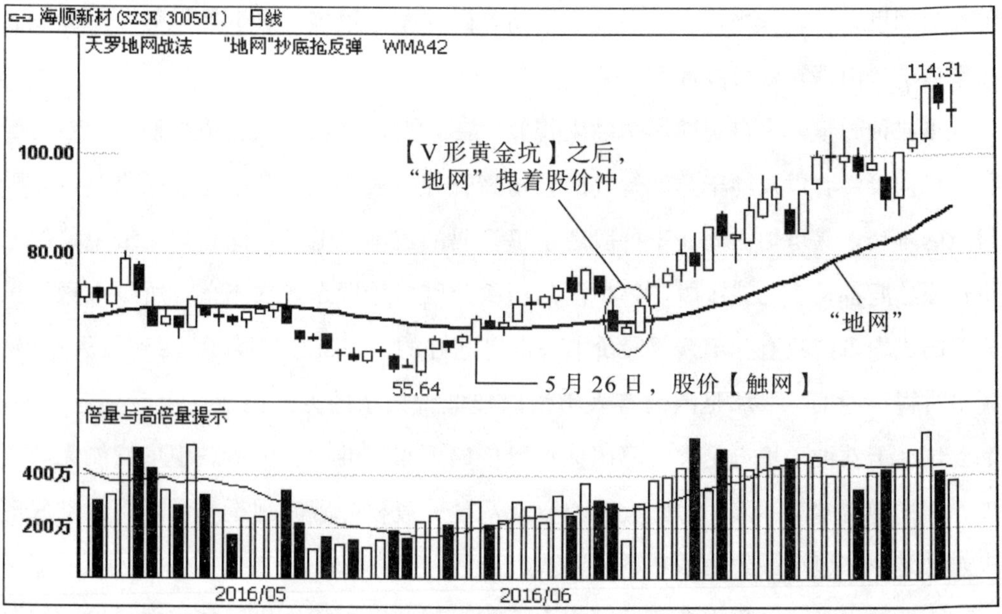

图2－73

如图2－73所示，2016年5月26日，海顺新材股价【触网】，收盘价为67.02元。

6月13日，股价以跌停的方式【破网】，样子看上去挺吓人的。当日收盘价为65元。如果之前投资者没有主动止盈，那这回算是给市场交了点学费。

6月14日，股价刚跌了一天就跌不动了，成交量也萎缩得十分厉害。

6月15日，股价放量大涨6.5%，收于69.78元。股价再次【触网】，发生什么情况了？这天能进场吗？当然能。只要看一看这三天以来“地网”的数值，我们就能发现其中的奥秘和必须及时捡回筹码的理由。

这三天“地网”的数值分别是：66.58、66.51、66.64——短暂下跌后它又涨起来了。“地网”就是一条均线，而均线反映的是一段时期内持仓者的平均成本。“地网”数值在小小的回调后便又开始向上涨了，因为【触网】以来的量升价增是算数的！股价好不容易【触网】了，回调可以，洗盘也可以，但主力机构已经花出去的银子不能白费。“地网”数值开始上涨，它向上的牵引力开始发威了，股价想不往上涨都不行。

遇到股价短期【破网】投资者要及时离场，但如果股价再次【触网】，且“地网”数值也再次涨起来了，那你一定要在第一时间再次进场。只有这样，【V 形黄金坑】才不会把你洗出去。

【触网】后正常的股价走势是“地网托着股价走”，而【V 形黄金坑】之后，可就是“地网拽着股价冲”了。

案例二 安图生物（603658. SH）

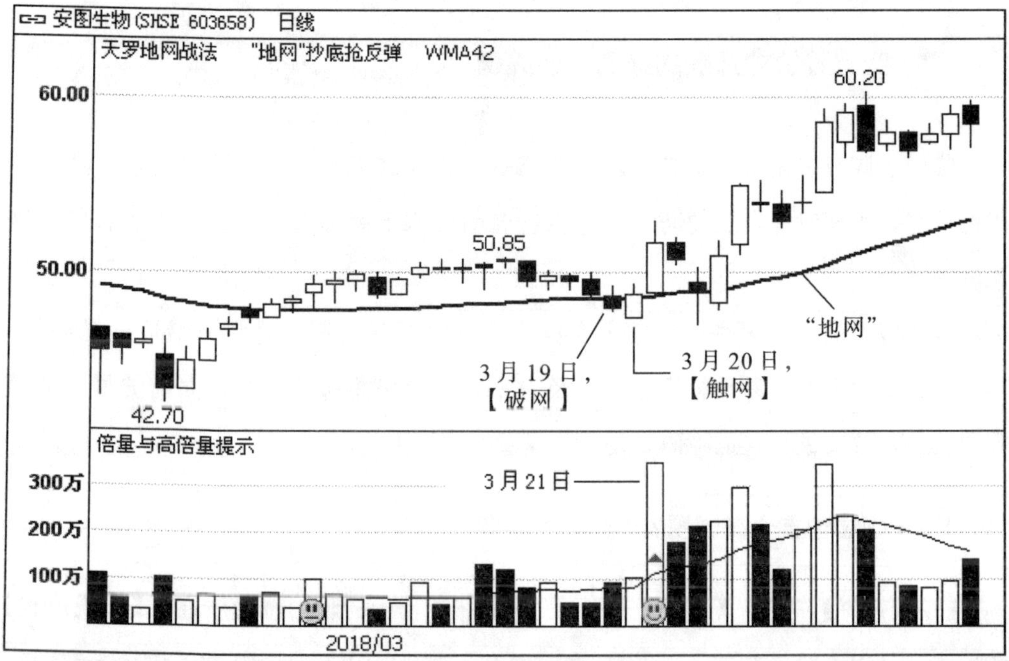

图 2－74

如图 2－74 所示，从直观上看，安图生物 2018 年 3 月 19 日（周一）股价【破网】，3 月 20 日（周二）立刻【触网】。

3 月 21 日突然放出的这根大量是要干吗？它当然是多方发动总攻的信号！笔者不知道主力为什么偏偏要在这天发动攻势，但有一点笔者可以肯定——掌握“地网”战法的投资者会在 3 月 20 日捡回筹码！为什么？读读“地网”的数值吧：3 月 16 日（【破网】前一天，周五）48.56，3 月 19 日 48.55，3 月 20 日 48.57——【触网】当天“地网”数值又涨回来了，它能不拽着股价往上涨吗？

总　结

股价【触网】，止跌反涨；“地网”拐头，盈利不愁！

“地网”战法中买入股票的规则和原理笔者已经跟各位解释清楚了，大家今后可以多多体验，以达到熟能生巧的程度。

四、突破股价拉升前的最后一道障碍

临门一脚有多重要？想必球迷最有感触。队友好不容易把球传递给埋伏在禁区里的前锋，可面对守门员的防守，球在这名前锋脚下就是射不进球门里去。你说这比赛能赢吗？

对于股票的走势来说，空方也安排了一个守门员，把守着空方最后一道防线，尽力不让股价那么轻易地就涨起来。反过来看，股民想赚钱，横在面前的最后那道障碍就一定要突破！这道障碍就是——【颈线位置】。

1. 【颈线位置】在哪里？

【颈线位置】，也称【颈线位】，是股价上涨过程中的阻力位置所在。【颈线位置】的形成，是因为股价在前一阶段上攻中失利了。那次上攻所创下的阶段性最高价，就是后面行情的【颈线位置】。

请大家通过下面的案例了解【颈线位置】究竟藏身何处。

案例一　广汇能源（600256.SH）

如图 2—75 所示，2017 年 11 月 7 日是广汇能源的上一次【触网日】，股价当天冲高到 4.06 元，并且这个价格被记录下来、永久地保留在了 K 线图上。因为在 11 月 7 日之后的一段时间里，股价始终都没有再超过 4.06 元。然而这次的【触网】并没有带来反弹行情，股价反倒是很快就【破网】了。11 月 7 日股价所创下的 4.06 元，就是【颈线位置】。

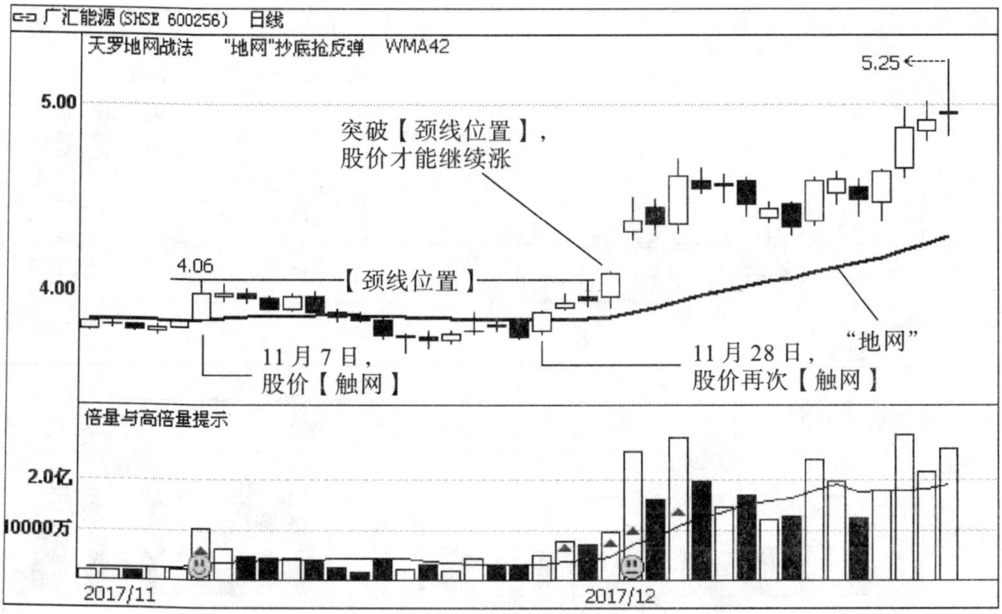

图 2－75

11 月 28 日，广汇能源的股价再次【触网】，这一次反弹行情在成交量温和放大的支持下相当给力。不过，反弹若想上新台阶，11 月 7 日 4.06 元的【颈线位置】就必须被突破，它正是 11 月 28 日这次股价再次【触网】后必须要突破的最后那道障碍。

12 月 1 日，收盘价 4.09 元，突破了【颈线位置】。别看 4.09 元比 4.06 元才高出 3 分钱，这 3 分钱的分量“重如泰山”。只有有效突破【颈线位置】，股价才能继续涨！

还有另外一种形式的【颈线位置】，请看下图。

案例二　三江购物（601116. SH）

如图 2－76 所示，2017 年 8 月 29 日，三江购物的股价【触网】，当天收盘价为 23. 60 元。股价在【触网】后的向上运动中，于 9 月 7 日到达 25. 09 元的位置，随后便涨不动了。这个 25. 09 元也是【颈线位置】。它是股价在最近这次【触网】后产生的新的【颈线位置】。

值得我们仔细辨别的是，在 8 月 29 日的股价【触网】前，该股于 8 月 17 日曾到达过 24. 94 元的位置，这个价格也是【颈线位置】。因此在本例中，行情存在前后两个【颈线位置】。

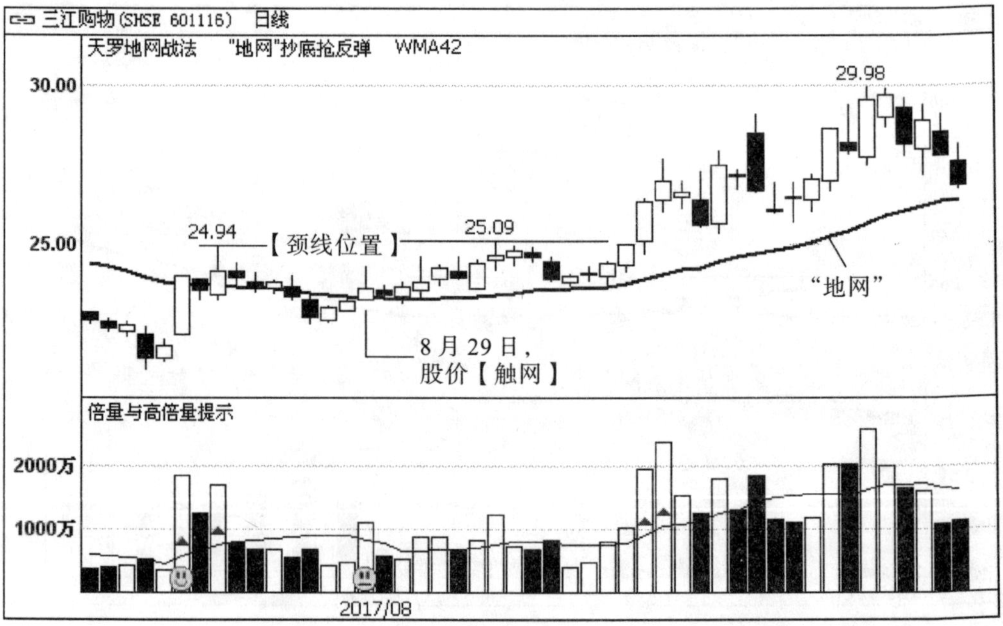

图 2－76

这两个【颈线位置】被突破自然万事大吉，股价开始一路向上，再无任何阻碍。

通过图 2－75 和图 2－76，我们就能归纳出股价【触网】后的第一种上涨走势类型，如下图所示。

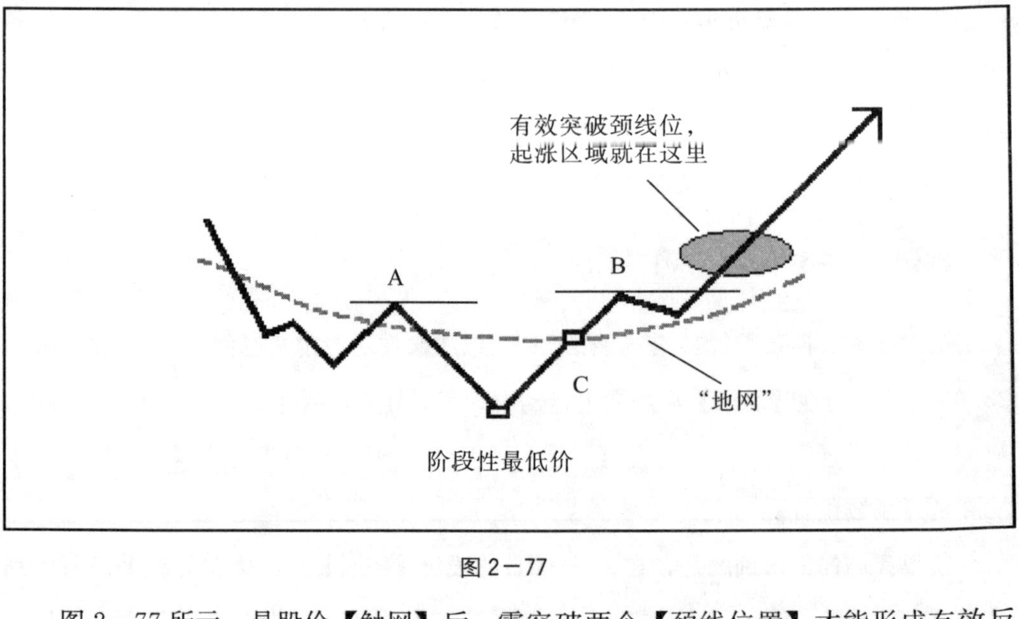

图 2－77

图 2－77 所示，是股价【触网】后，需突破两个【颈线位置】才能形成有效反弹的走势模型。

由于股价在位置C【触网】之前，有过一次【触网】并留下了【颈线位置】A的前高点，因此价格A一带有巨大压力。

股价越过C之后，如果冲高到【颈线位置】B做回调，则A、B都是【颈线位置】。A和B，哪个位置高些、哪个位置低些无所谓，反正压力区就在这一带。只有当股价有效突破A和B之后，股价才到达“起涨区域”，才算是为反弹铺平了道路。之前看过《上涨伏击战》的读者已经学习过很多有关“起涨区域”的案例，只是书中并没有那道“地网”罢了。

起涨区域如此设定是没有办法的事，毕竟A、B这两个位置的压力客观存在。但是请大家注意，由于压力与突破只隔着这一道障碍，因此投资者对不同进场时机的选择反而更加灵活了。在“地网”之上、【颈线位置】之下进场，是典型的“伏击战”。而在高于【颈线位置】A和B的起涨区域进场就属于“追涨”了。这种战法貌似是“追歼战”，可实际上它的本质还是一种伏击战，因为这场“追歼战”必须以股价先【触网】为基础。

您可千万不要嫌麻烦，股价冲高后回调留下【颈线位置】待突破，这不见得只是坏事。凡事有弊有利，它涉及交易中非常重要的一个环节——资金管理，也叫仓位控制，在下一节中笔者将做详细介绍。

2. 量价配合，突破【颈线位置】的封锁

“地网”战法所能归纳总结的股价反弹模式，最复杂的就是上面各位看到的类型。【颈线位置】形成的机理是什么呢？答案是成交量的变化。

“量价配合”这四个字在股票的技术分析里被广泛用到，但并非所有的“量价配合”都值得研究，都有参考价值。只有在【颈线位置】形成前后和【颈线位置】被突破前后的“量价配合”才值得投资者关注。

我们还是以前面的两只股票为例。请看下面两幅图。

如图2—78所示，2017年11月7日【触网日】前，广汇能源的成交量很小。11月7日不但股价创出4.06元的阶段性最高价，而且这天的成交量相对于前一交易日放大了一倍，而且当天的10日均量也比前一交易日时的10日均量放大了一倍。这就叫“量价齐升”。

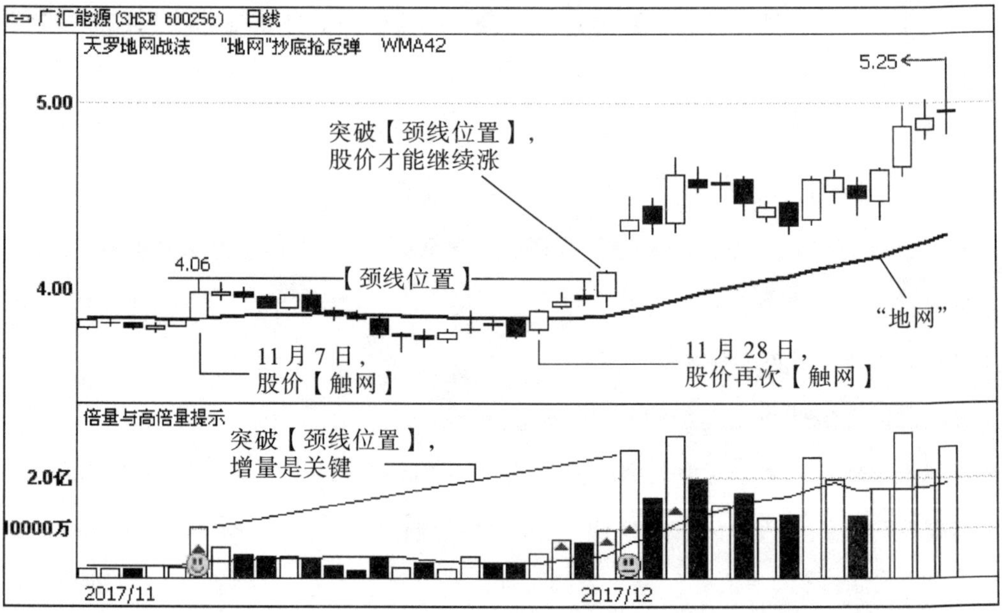

图 2—78

11 月 7 日之后成交量明显减少、持续萎缩，股价当然要下跌——股价是靠场外资金追着买才涨起来的，这是量价关系的基本原理。股价什么时候能再次上涨？等哪天再次放量吧，着急没用，预测更是荒唐。

广汇能源 11 月 28 日再次【触网】之后，股价何以能突破 4.06 元的【颈线位置】呢？看看当天成交量放大的程度就什么都明白了。

如图 2—79 所示，三江购物的反弹行情在两个【颈线位置】被突破后才算顺利展开，进场的投资者才真正有钱可赚。

请大家注意，8 月 29 日是该股的【触网日】，而实际上它早几天、晚几天到来都无所谓，因为我们要的不仅仅是【触网】，最重要的是在未来股价能够拉升。而股价能否拉升跟什么有关系？就是跟【颈线位置】形成前后和【颈线位置】被突破前后的量价关系有关。可以这么说，如果股价【触网】后，成交量较之前【颈线位置】一带的成交量有明显放大，则【颈线位置】被突破将是大概率事件；反之，【触网】后成交量萎缩，股价想拉升基本没有可能，搞不好股价还要【破网】呢！

明白了【颈线位置】的定义及其形成机理，有助于投资者更好地把握进场时机。请看下面的案例。

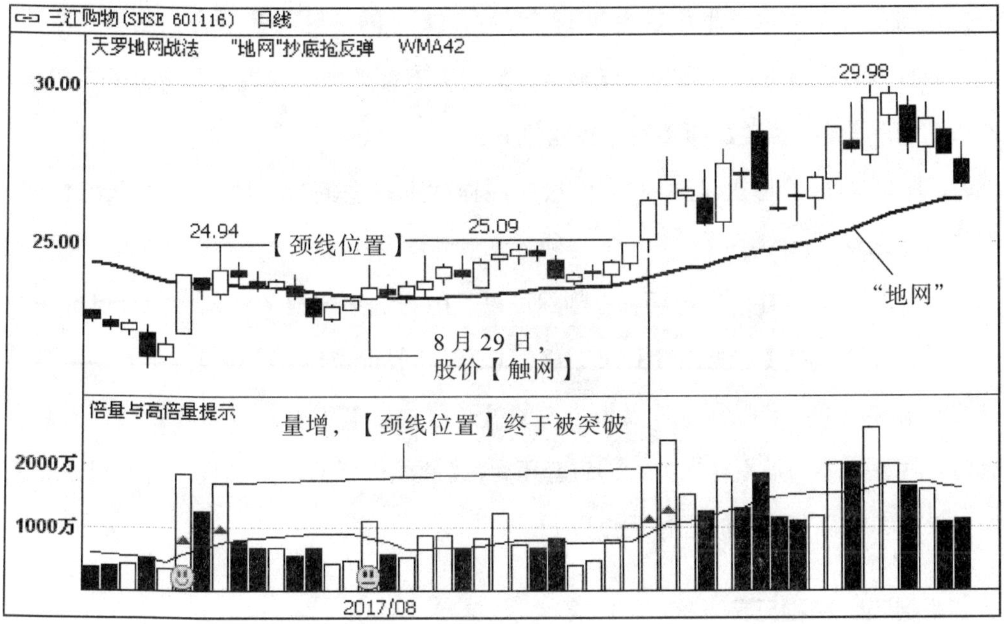

图 2－79

案例一　北斗星通（002151. SZ）

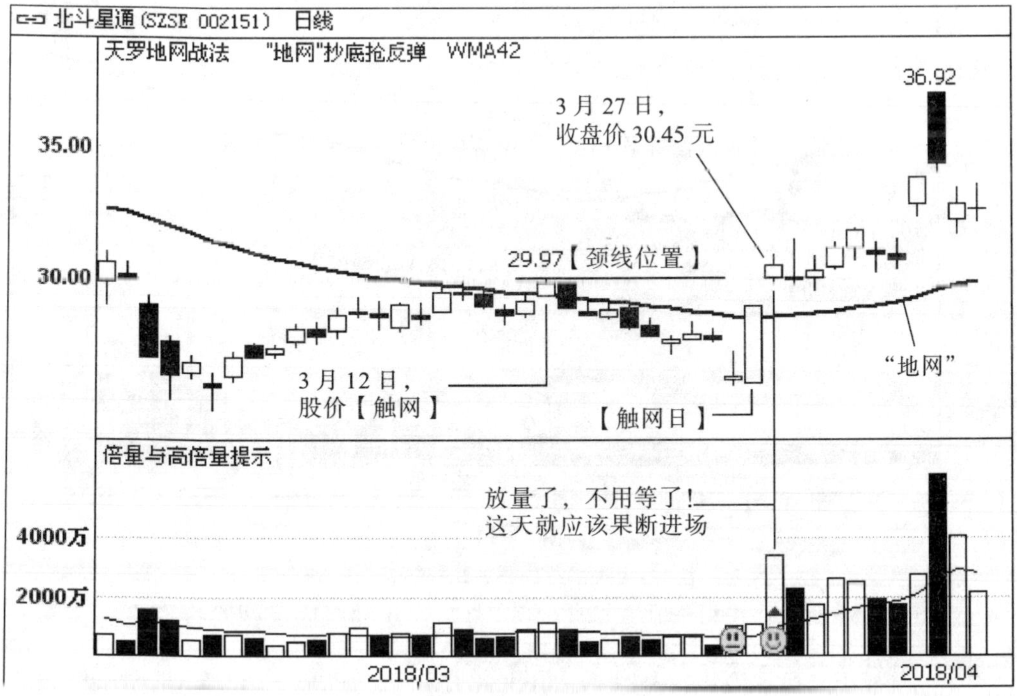

图 2－80

如图 2—80 所示，北斗星通 2018 年 3 月 12 日的【触网】不会让熟悉“地网”战法的投资者盲目进场。因为“【触网日】当天不宜进场”的规矩必须遵守。但是，29.97 元的【颈线位置】却实实在在地留下了。

3 月 26 日股价再次【触网】，但这天同样“不宜进场”，尽管股价当天涨停了，形势一片大好。

3 月 27 日怎么样？能进场吗？当然可以。因为这天明显放量了，而且股价一举突破了 29.97 元的【颈线位置】。3 月 27 日之后，股价为什么会将【N 形】走势维持住并很快实现了拉升呢？就是因为当初的【颈线位置】没量。只要【颈线位置】没有量，就说明那一带不存在太大的解套压力，【颈线位置】形同虚设。这可以说是最值得投资者期待和参与的一种反弹！

案例二　中科三环（000970. SZ）

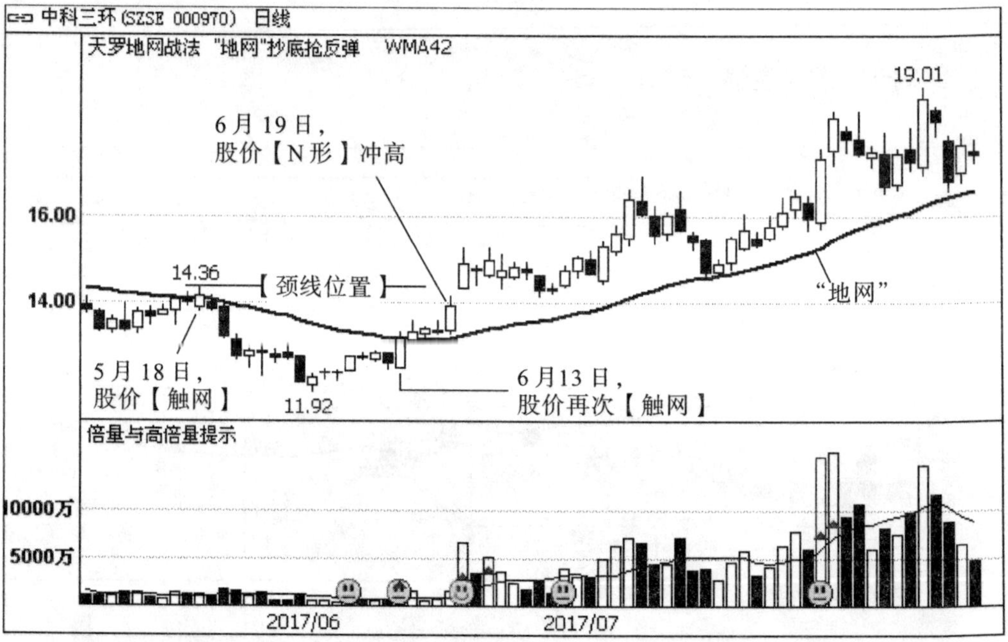

图 2—81

如图 2—81 所示，中科三环在 2017 年 6 月份这次的触底反弹对投资者来说是一次明显的赚钱机会。本例和上个例子的相同之处在于，股价在 5 月 18 日的这次【触网】没有成交量的配合，因此 14.36 元的【颈线位置】是只纸老虎。

6 月 13 日，股价再次【触网】，收盘价 13.20 元，之后赚钱的机会果然很快就来了。

6 月 19 日，成交量稍一放大【N 形】冲高便形成了，当天收盘价 13.92 元。此后股价在反弹中的涨幅令人十分满意。

案例三　信隆健康（002105.SZ）

前面股价【触网】后的【颈线位置】没量，后面股价的再次【触网】带量，这种走势实在太典型了，很好识别。各位一定要记住一个规律：没量的【颈线位置】往往会被轻松突破。

如图 2—82 所示，由于信隆健康 2016 年 3 月 9 日的【触网日】放量了，因此后面几日的【小阳慢推】，投资者尽可以放心进场。

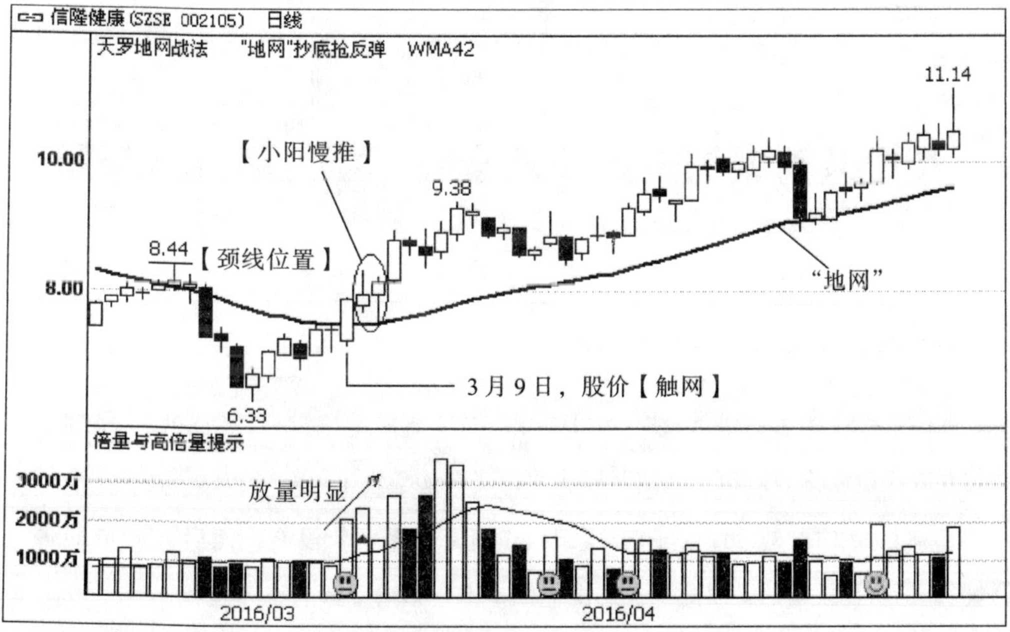

图 2—82

案例四　金证股份（600446.SH）

如图 2—83 所示，2017 年 8 月 10 日，伴随着明显的放量，金证股份【触网】了，当天股价收于 16.85 元。在此之后的几个交易日里，该股的股价走势是【N 形】+【小阳慢推】，同时较高的成交量得以保持。对比上次【触网】前后的成交量，我们能发现两者之间的差距实在是太大了。因此可以大胆推断，18.10 元的【颈线位置】被突破将是必然的，而且股价还将继续看高一线。股价后来的走势恰恰印证了这种推断。

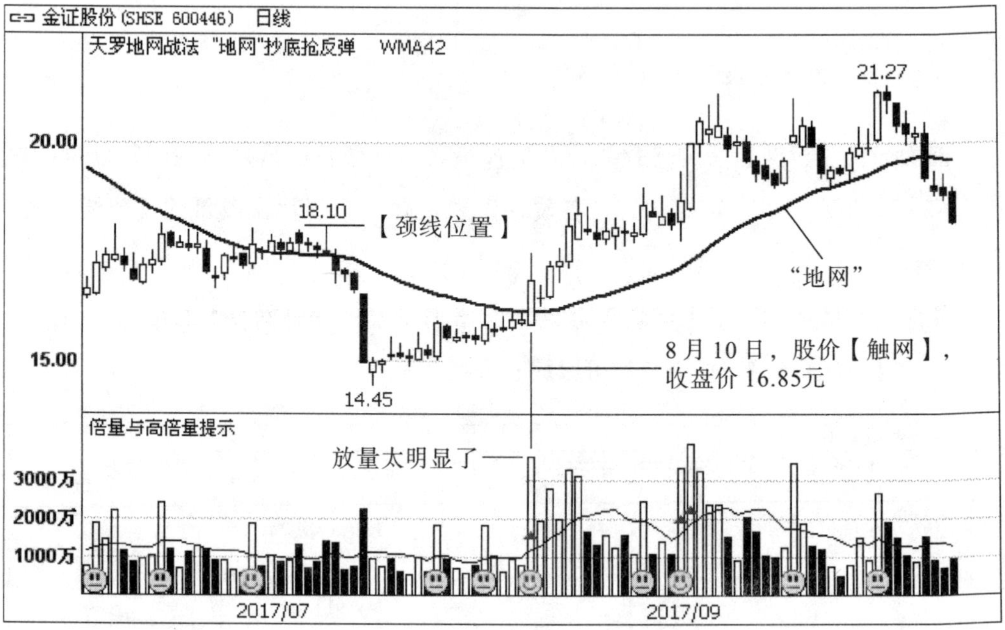

图 2－83

案例四　越秀金控（000987. SZ）

如图 2－84 所示，越秀金控在 2016 年 8 月 1 日的砸盘没有任何意义！掌握了关键位置成交量变化规律和“地网”战法的投资者能给洗出去吗？根本不可能。

13. 39 元和 13. 51 元，这两个【颈线位置】有量吗？没有。而后面股价的多次【触网】是明显放量的，因此一天的洗盘根本不会影响反弹的整体走势。

如图 2－85 所示，2018 年 3 月 2 日，越秀金控的股价以涨停的方式【触网】，这天的成交量已经基本与上次【触网】前后的最大成交量持平了。下一个交易日，股价跳空高开，而且全天的成交量再次明显放大。这时我们基本可以确认，之前 10. 78 元的【颈线位置】是只纸老虎，它被突破只是早晚的事。

3 月 2 日【触网】之后，成交量持续放大，因此事实证明，这次【触网】后的反弹在短期内即为投资者带来了不错的收益。

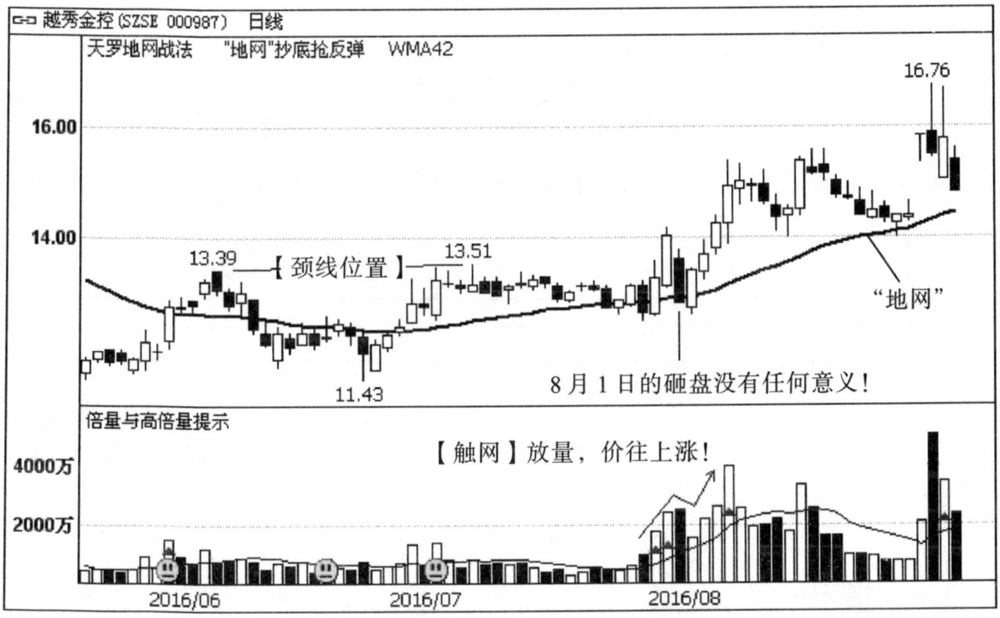
越秀金控(SZSE 000987) 日线
天罗地网战法 "地网"抄底抢反弹 WMA42
16.76
16.00
14.00
13.39
【颈线位置】
13.51
11.43
“地网”
8月1日的砸盘没有任何意义！
倍量与高倍量提示
【触网】放量，价往上涨！
4000万
2000万
2016/06
2016/07
2016/08

图 2－84

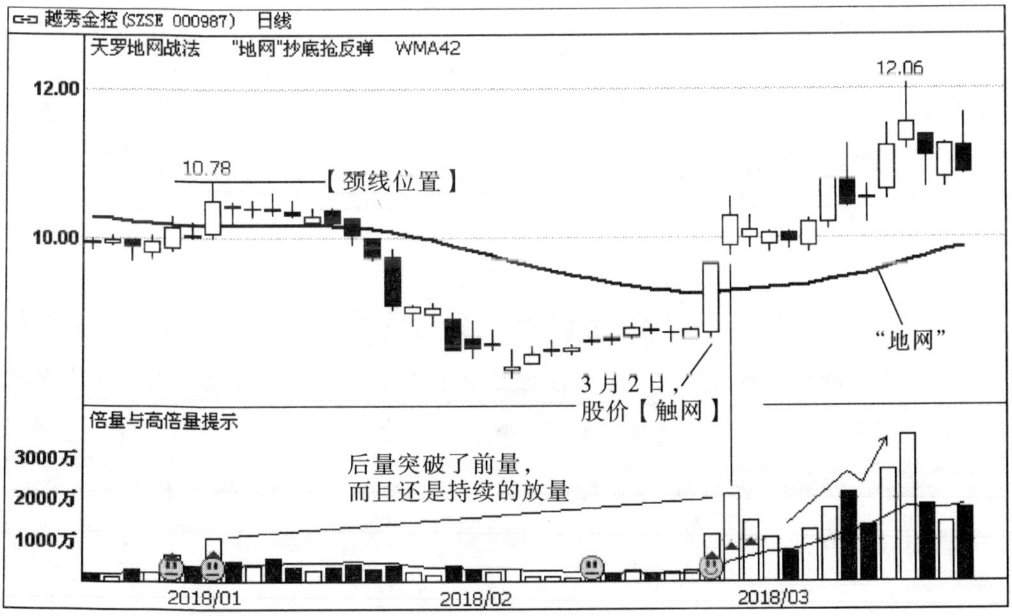
越秀金控(SZSE 000987) 日线
天罗地网战法 "地网"抄底抢反弹 WMA42
12.06
12.00
10.78
【颈线位置】
10.00
“地网”
3月2日，
股价【触网】
倍量与高倍量提示
3000万
2000万
1000万
后量突破了前量，
而且还是持续的放量
2018/01
2018/02
2018/03

图 2－85

案例五　兴民智通（002355. SZ）

如图 2－86 所示，兴民智通在 2017 年 6 月的那次【触网】是有成交量放大相伴的，只可惜后来量能萎缩了，因此股价必然【破网】，而且还留下了 11.16 元的【颈线位置】。

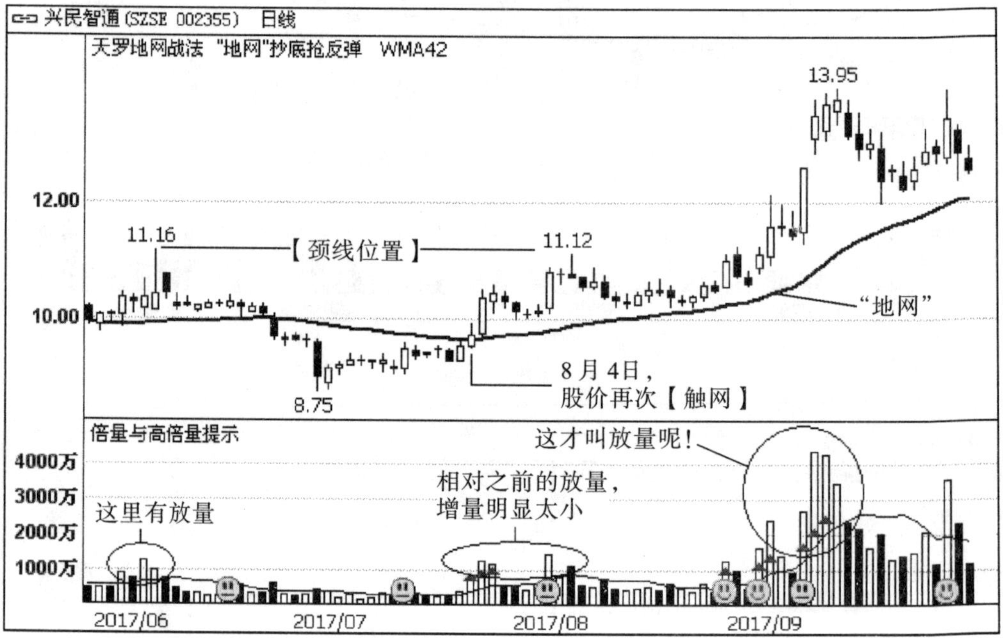

图 2－86

8 月 4 日，该股股价再次【触网】。此次【触网】前后的成交量虽然较 6 月的那次有所放大，持续时间也较长，但增量还是明显不足。所以股价仅仅冲到 11.12 元就再也上不去了。这次股价【触网】后，给人的感觉是多方底气略显不足。其实 6 月份的放量，就是在告诉我们这一带存在解套盘的抛压。不把炮弹、子弹都打出去，怎么可能攻下山头？

11.12 元之后的股价回调是必然的，这种回调算是一种蓄势，是多方在用时间换空间。但无论怎样运筹，股价的拉升必须靠增量资金进场才能实现。因此我们看到，进入 9 月之后成交量的再次放大，才是真正的放量。由此股价才一举突破了 11.16 元和 11.12 元的【颈线位置】，让投资者享受到了股价拉升带来的快乐。

仔细观察成交量放大的程度后，我们不得不承认这回多方确实是下足了本钱——在突破两个【颈线位置】前，成交量已经达到了2000万，与前两次【触网】成交量相当。在股价拉升阶段多方更是不遗余力，成交量竟然放大到3000万甚至4000万的水平。

如果没有成交量如此完美的配合，股价哪能拉升到13.95元的位置？

案例六 云意电气（300304.SZ）

【触网】靠价，突破靠量！

如图2—87所示，2017年8月25日，云意电气的股价【触网】，收盘价8.42元。由于成交量在阶段性高点8.76元和8.81元被创出时都有所放大，因此这两个【颈线位置】一带的压力其实蛮大的。股价【触网】不等于万事大吉，想突破【颈线位置】的封锁，就必须用量堆！什么时候股价开始放量了，说明多方的攻势才正式发动。进入9月份，多方终于动手了。凭借不断地加大投入力度，最终多方赢得了“金钱换空间”的这场较量。

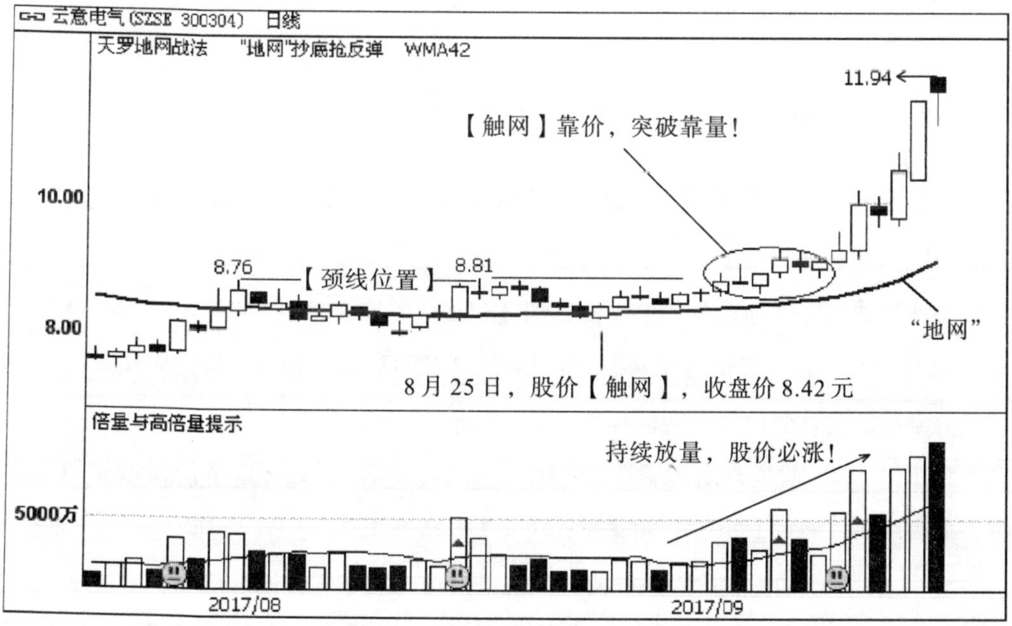

图2—87

3. 简单的【颈线位置】模式

股价【触网】后，还有一种简单的反弹走势模型。请见下图。

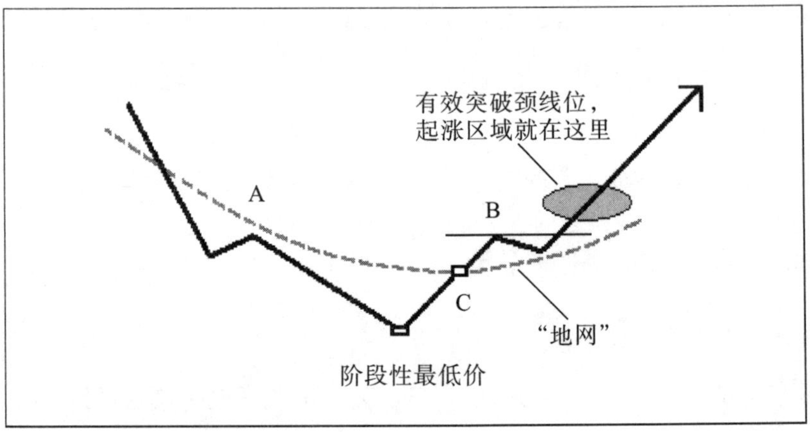

图 2－88

如图 2－88 所示，如果股价在【触底】前，即在创出阶段性最低价之前很长一段时间内并没有发生过【破网】，那图中位置 A 一带的【颈线位置】自然就根本不存在。于是，股价在【触网】后顶多在位置 B 一带遭遇一个【颈线位置】的阻击。在通常情况下，位置 B 一带的压力不是很大，只需稍微放些量，反弹行情就能形成。

请看下面的案例。

案例一　佛塑科技（000973. SZ）

如图 2－89 所示，2015 年 9 月 2 日，佛塑科技创下了 5.58 元的阶段性最低价，之后一个标准的【W 底】形态构筑完成。由于这次下跌较急，造成乖离很大，因此股价距离“地网”很远，我们根本找不到【颈线位置】在哪里。

10 月 9 日，该股股价【触网】。由于股价【触网】前没有颈线位的阻碍，随着成交量的温和放大，股价便被缓慢推高。

10 月 19 日，股价创出了反弹后的第一个最高价 8.55 元，这个价格被保留了下来，成为股价【触网】后唯一的【颈线位置】。

10 月 21 日，尽管股价以跌停的方式洗盘，但却根本无法阻止股价【触网】后的反弹脚步。这次回调完成了字母“N”的第二画，在此之后【小阳慢推】＋【N 形】冲高的走势终于形成。反弹给投资者带来了满意的回报。

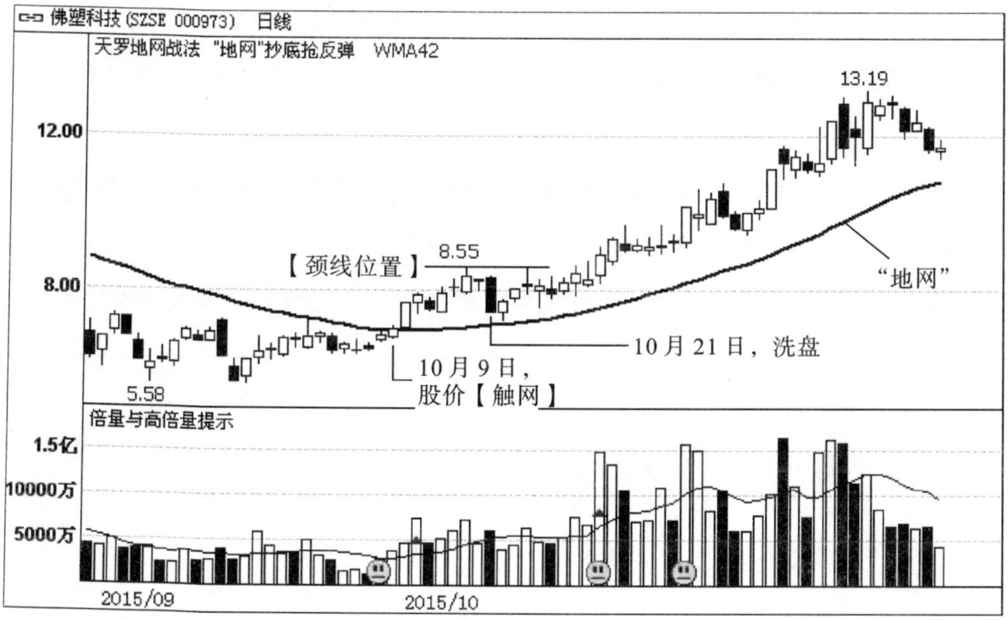

图 2－89

案例二　雅戈尔（600177. SH）

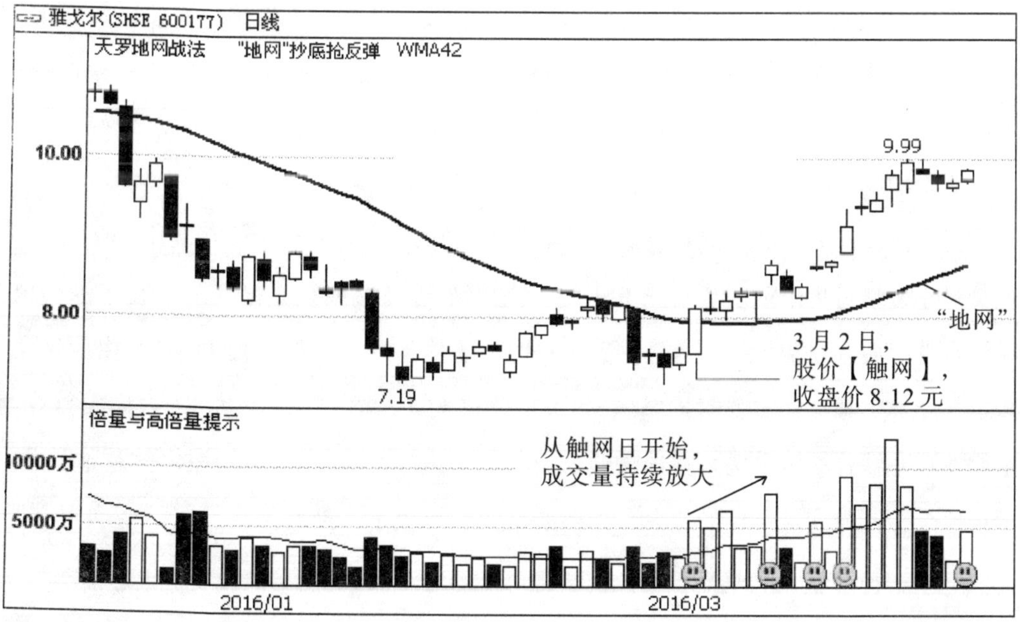

图 2－90

如图 2—90 所示，雅戈尔于 2016 年 1 月 28 日创下了 7.19 元的阶段性最低价。在之后的反弹中，股价虽然触碰到了“地网”，但收盘价并没有站上去。直到 2016 年 3 月 2 日，股价收于 8.12 元，股价这天才真正【触网】。

由于股价之前的下跌角度太陡，因此在股价【触网】前没有留下【颈线位置】。从 3 月 2 日【触网日】当天开始，成交量明显放大，结果我们看得很清楚，股价【触网】后的反弹之路较为顺畅。“好钢要用在刀刃上！”所谓的“量价关系”，其实只要看关键位置就够了。

五、“地网”战法的资金管理

1. 小亏大赚，全靠仓位控制

“地网”战法是干吗用的？当然是用来抢反弹的。抢反弹要做仓位控制吗？不但必须要做，而且要做得非常精细。在日级别上使用“地网”战法抢反弹时，仓位上限是全部资金的三分之二。

我们抢反弹，是因为反弹创造的赚钱机会真实地存在，不做绝对可惜。更何况，抄底抢反弹有 5%左右的概率可以让你捕捉到收益率超过 30%的中级别上涨行情，尤其是在下跌行情的末期。但有一点我们千万别忘了，“地网”战法再怎么说也是在大趋势依旧向下时的一种逆市操作。

逆势操作建底仓时不能重仓，这是资金管理中的一条基本大法。其中的道理是，逆势操作遭遇行情出现反复是家常便饭。【触网】和【破网】是循环的，在上涨行情还没有真正展开之前，每次【破网】出局时，当然是“仓位低、损失小”，相信这笔账谁都会算。如果你非要问：“轻仓？万一股价上涨、踏空了怎么办?”请你先打住，咱们在这儿谈什么呢？不是在谈赚钱，而是在谈风险控制。如果连风险控制都不懂，不把风险控制放在最重要的位置，你不赔谁赔？再说了，谁敢保证自己抄底次次准?

我们还是通过下面的案例把这个问题讲得透彻一些。

如图 2—91 所示，西山煤电（000983.SZ）的股价在 2017 年 11 月 28 日【触网】之后，分别在图中 K 线 A、B 两处【破网】。遇到这样的情况，投资者必须及时止损出局，以规避股价继续下跌的潜在风险。这样做是非常有必要的，毕竟“下跌不言底”。

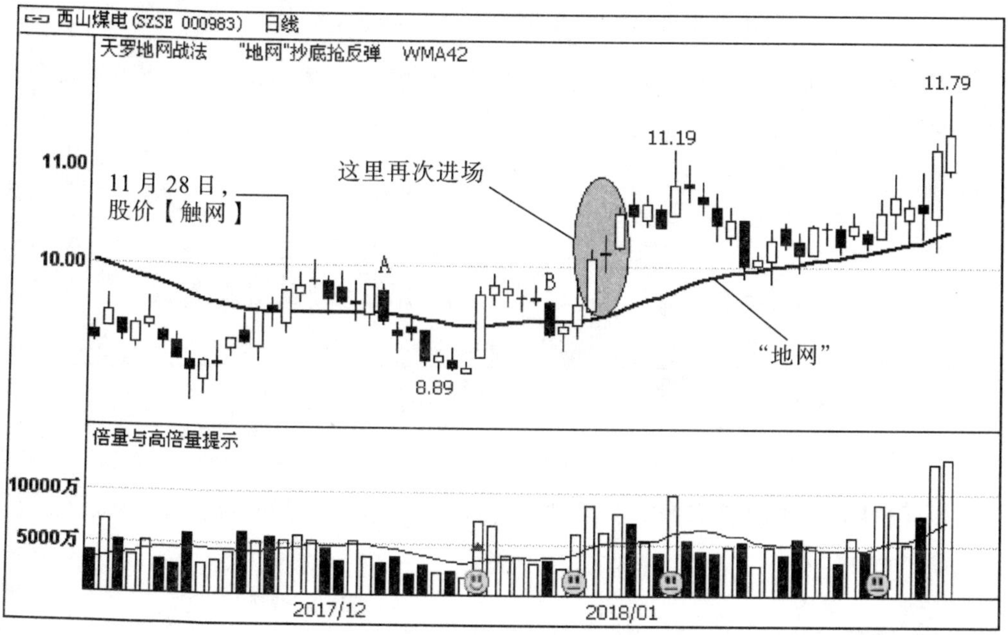

图 2－91

两轮【触网】再【破网】之后，第三次抄底才能抢到反弹，说明“地网”战法在西山煤电 2017 年年底到 2018 年年初这段时间里的成功率仅为 33.3%。即便如此，由于投资人前两次进场后的止损损失比较小，而第三次进场后行情涨幅较大，也足以保证 3 次交易整体实现小亏大赚。但为什么我们不能做得更好一些呢？既然“仓位低、损失小”，那我们可用的方法大致有二。

第一种方法，我们可以把资金分成等额的几份，比如分成五份吧——因为笔者做了一个相当保守的规划：在第五次进场时（甚至第五次之后的某次进场）才能抓到不错的上涨行情。在此策略下，我们每次进场所使用的资金金额逐次递增即可。第一次进场时，我们使用全部资金的 20%，如果股价上涨，视具体情况补仓；如果进场后股价很快【破网】了，我们就止损清仓。第二次进场时，我们使用全部资金的 40%，后面的做法与第一次进场时相同，并以此类推。假如前四次进场我们都必须止损出局，那么等到第五次开仓时我们才满仓出击。

股市谚语：“你不能确定自己赚多少，但能决定自己亏多少。”能赚多少，要看行情最后走多远、看股价涨多高；会亏多少，则需要你进场前就事先计算清楚。

“亏损是盈利的组成部分”，这话绝对没错。同时，止损时损失尽量要小，这是资金管理的基本要求。“以损定仓”是专业的交易思路，但它恰恰也是股市资金管理的难点所在——每次开仓究竟应该用几成仓位？事先没人知道！

如何在必须止损时实现“仓位低、损失小”？怎样合理、高效地运用手中资金？笔者还有第二种方法：分两步进场。

2. “地网”战法的两步建仓法

一般情况下，进场时不能是“一锤子买卖”。用日级别的“地网”战法买股票，要分两次建仓。第一步是建底仓，使用全部资金的三分之一。第二步是补仓，使用剩余资金的百分之五十。也就是说，补仓后，资金的整体使用率达到三分之二。

（1）【小阳慢推】走势的资金管理方法

以【触网日】的收盘价作为计算涨幅的基准，股价自【触网日】后，涨幅在5%以内时，可建三分之一底仓。然后视情况而定，原则上在涨幅不超过10%以内再加仓至三分之二。请看下面几个案例。

案例一　银邦股份（300337.SZ）

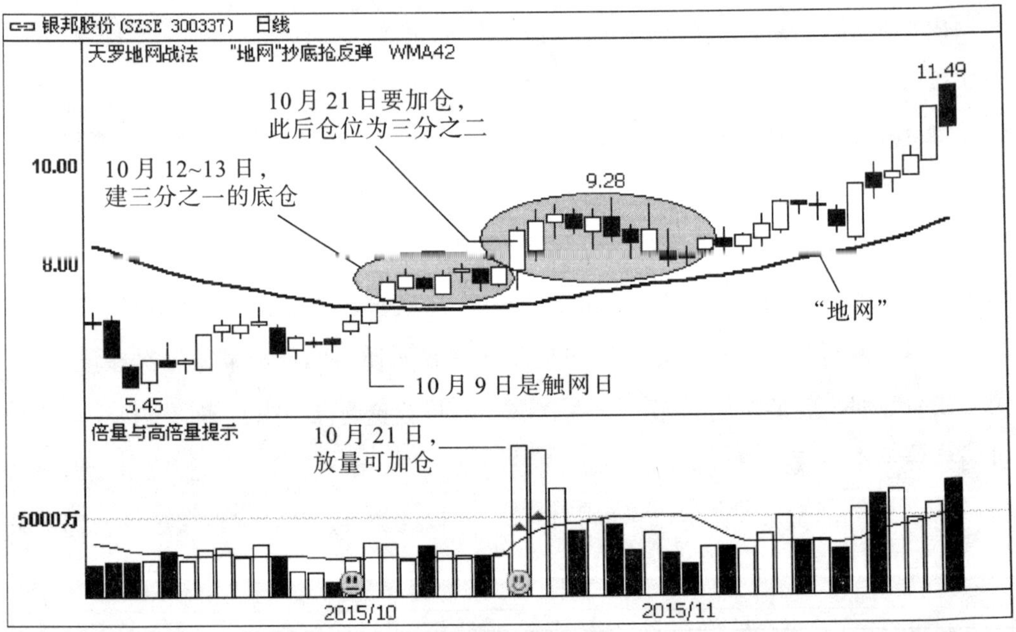

图2－92

如图2－92所示，2015年10月9日是银邦股份的【触网日】，股价收盘于7.10元。接下来的两天，10月12日和13日，股价分别收于7.61元和7.75元，涨幅已超过5%，但还没有达到10%。股价走势到目前为止属于典型的【小阳慢推】，如果投资者在12日、13日这两天进场的话，仓位应当控制在三分之一以内。

10月21日，股价放量拉升，此时应当及时加仓至三分之二。在此之后，只要股价不【破网】就持有，等到拉高时见机减磅离场即可。

案例二　大有能源（600403.SH）

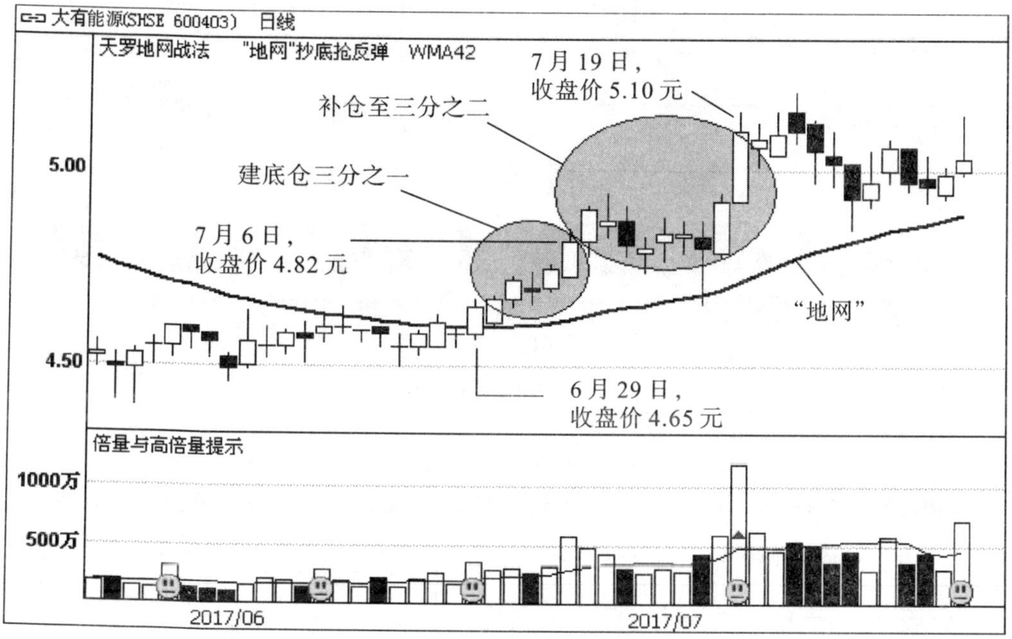

图2—93

如图2—93所示，大有能源的股价在2017年6月29日【触网】，收盘价4.65元。到7月6日时，收盘价为4.82元。4.65×1.05=4.88元，【触网日】后5个交易股价刚涨了不到5%，这种【小阳慢推】走势很适合投资者建底仓。

补仓在什么位置呢？4.65×1.1=5.12元。我们看到，7月19日，该股的收盘价才5.10元，留给投资者补仓到三分之二的时间也相当充足。

这样的建仓方法有利可图吗？

如图2—94所示，在本案例中，按照正常的状态，投资者的持仓成本不应该高于5元，即4.65×1.075=5.00元。

有没有赚钱的机会，一目了然。

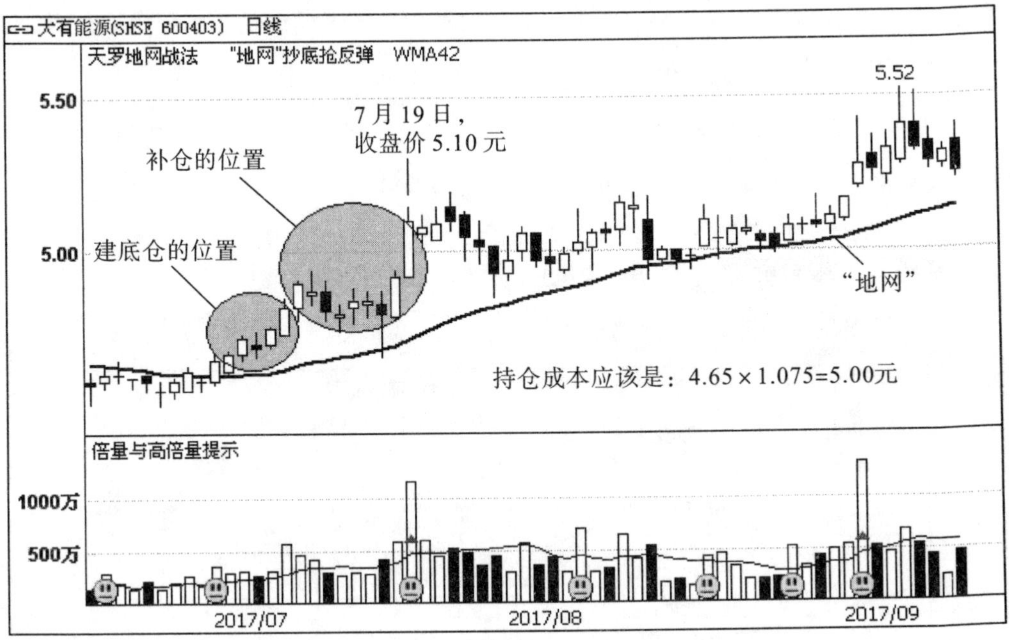

图 2—94

案例三 东方锆业（002167.SZ）

如图 2—95 所示，2016 年 5 月 31 日是东方锆业的【触网日】，收盘价 8.38 元。6 月 1 日，收盘价 8.56 元，理论上当然是在这天进场建底仓，仓位三分之一。6 月 1 日的收盘价 8.56 元仅高于【触网日】收盘价 8.38 元 2.1%，此时股价属于【小阳慢推】型上涨。

但实战中也会有另一种情况出现——以本案例为例，投资者为了保险起见想多观察一下，结果错过了 6 月 1 日的进场机会。6 月 2 日股价跳空高开，最后涨停了。当天的收盘价已达 9.42 元，相对【触网日】的收盘价涨幅已达 12.5%。那么投资者应该怎样建仓呢？答案是，如果错过了 6 月 1 日的进场机会，那么就在日后找机会再进场。不管 6 月 2 日在盘中寻机进场，还是随后等股价走出【N 形】结构在回调时进场，仓位直接达到三分之二即可。

（2）【N 形】走势及有颈线位的行情如何做资金管理？

在股价呈现【N 形】走势，或存在明显颈线位的情况下，投资者的建仓依然要分两步走。

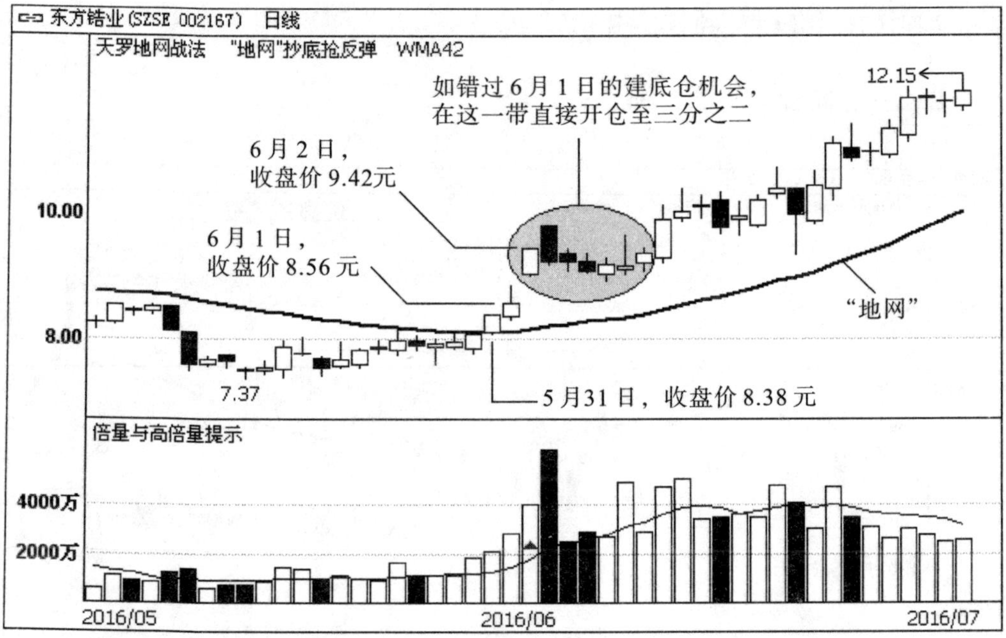

图2－95

步骤一：颈线位之下建底仓，三分之一。

步骤二：颈线位之上加仓至三分之二。

股价为【N形】走势时，建底仓和加仓的标准模式见下图：

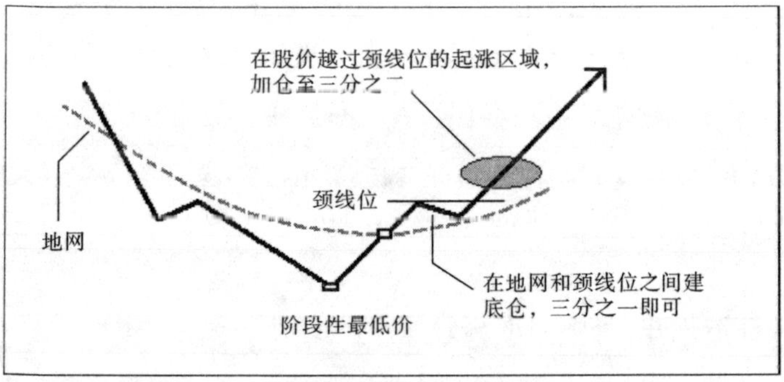

图2－96

说明：

步骤一：在“地网”和颈线位之间建底仓，仓位三分之一；

步骤二：在突破颈线位的起涨区域加仓到三分之二。

下面让我们用实际案例做具体说明。

案例一　赛为智能（300044. SZ）

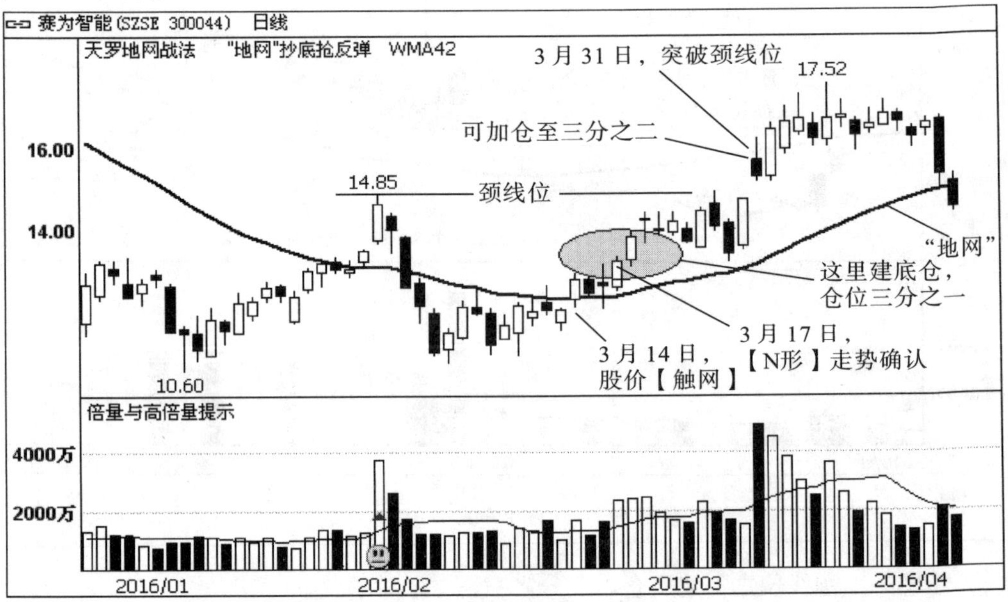

图 2－97

如图 2－97 所示，赛为智能股价在 2016 年 3 月 14 日【触网】后，先做了一次为期两天的小幅回调，然后于 3 月 17 日开始上攻，这正是典型的【N 形】走势。投资者在 3 月 17 日【N 形】走势基本确认的这天进场建底仓是正确的。此时股价位于“地网”之上、颈线位之下，仓位要保持在三分之一。

3 月 31 日，股价收盘时明显超过了 14. 85 元，突破颈线位，这天收盘前投资者可以将仓位加大至三分之二。

案例二　江淮汽车（600418. SH）

如图 2－98 所示，江淮汽车 2016 年 3 月 14 日股价【触网】，收盘价 9. 78 元。【触网】后的两个交易日，股价横向运动。从【触网】后的第三个交易日开始，股价走成【两连阳】，股价接近了 10. 67 元的颈线位。此时正是建底仓的最佳时机。

【触网日】之后的第五个交易日，承接前两日的【两连阳】，股价走成了【红三兵】，并且这天的收盘价为 10. 79 元，高于颈线位 10. 67 元的价位。此时投资者就可以考虑补仓了。

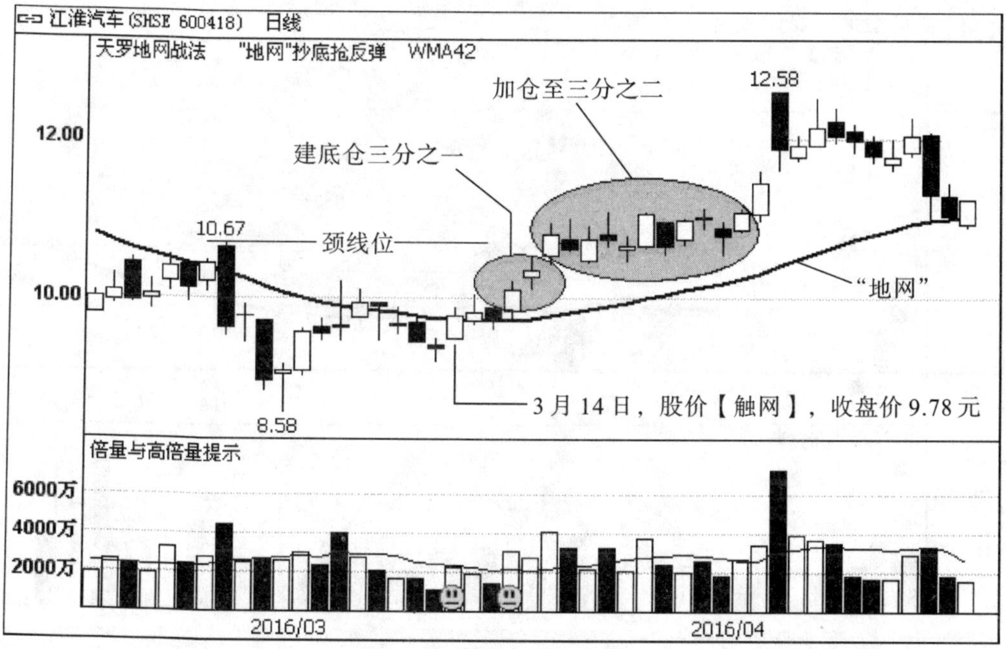

图 2—98

在本例中，留给投资者补仓的时间很充裕，因为股价自己横向运动了十几个交易日。另外，从【触网日】的收盘价 9.78 元到颈线位的 10.67 元，中间的价差幅度约为 10%，因此本例的建底仓和补仓时机非常容易区分。

案例三 红宝丽（002165.SZ）

如图 2—99 所示，在本例中，红宝丽的建底仓位置和加仓位置很好区分，就是以 6.96 元的颈线位为界。

如果在 6.96 元之前投资者没有及时进场，那就在股价突破 6.96 元之后一次性把筹码“置办”齐全好了——直接买够三分之二的仓位。

交易要讲规则，交易者必须执行纪律。当然，投资者也应该保持足够的灵活性，以应对股价【触网】后不同的走势。进场时不搞“一锤子买卖”，这是大原则，是一般情况下的纪律。但谁都清楚股市具有不确定性，行情走势总有不规律甚至相当诡异的时候。遇到这种情况，就需要具体情况具体分析了。

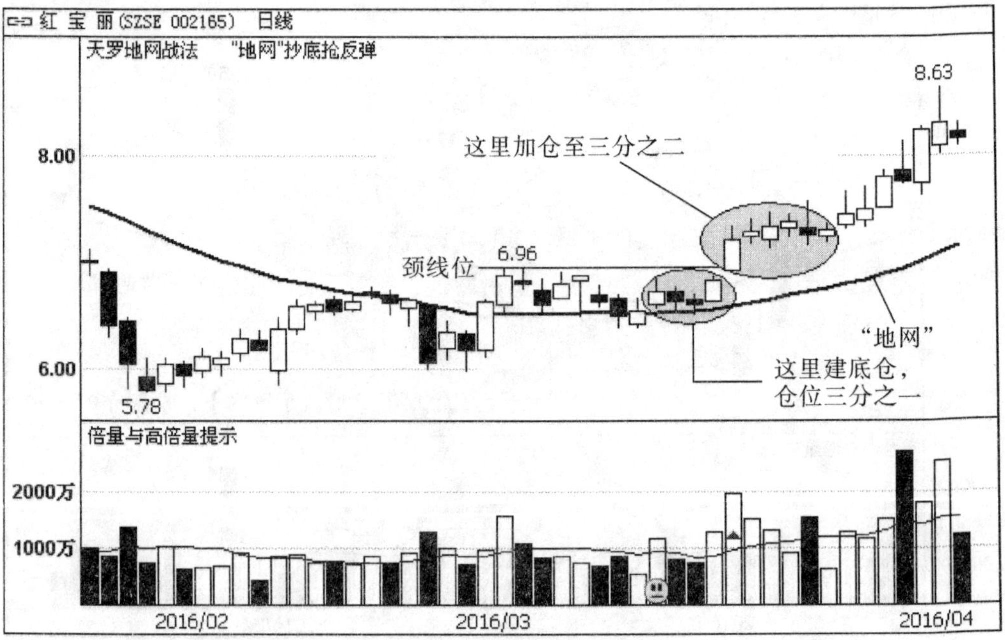

图 2－99

案例四　精华制药（002349. SZ）

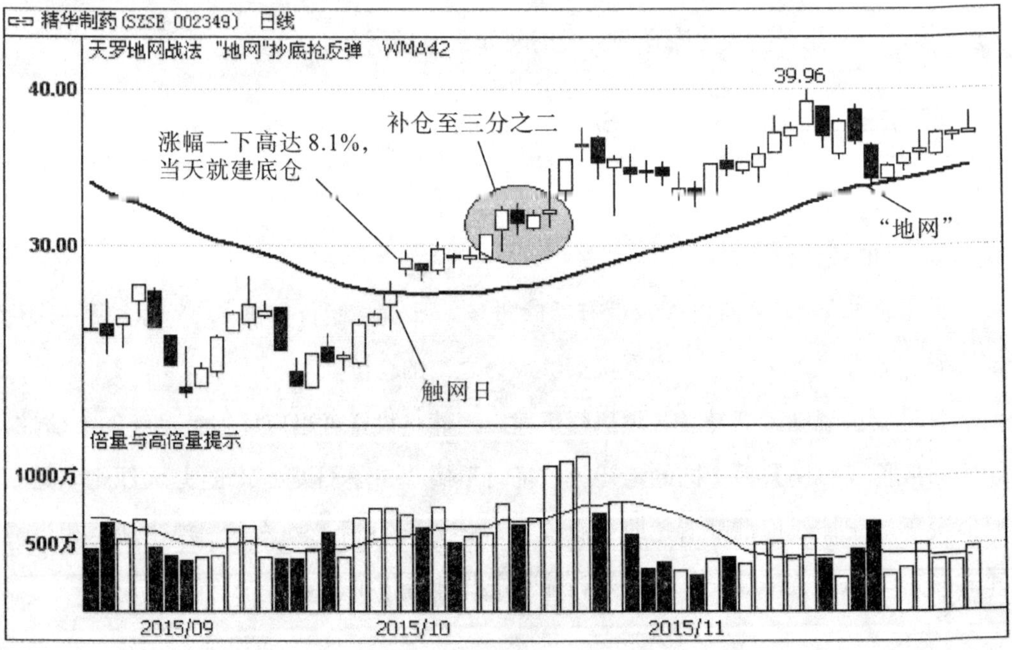

图 2－100

如图2—100所示，2015年9月30日，精华制药股价【触网】，收盘价26.98元。10月8日，“十一”长假过后的第一个交易日，股价跳空高开，到收盘时涨幅已达8.1%。很明显，相对于【触网日】收盘价来说，8.1%的涨幅已经不属于【小阳慢推】了，怎么办？

股价在【触网日】后急拉，这是要一口气写完字母“N”第一画的架势。遇到这种情况看涨幅，小于10%的，只要当天股价不是涨停还有机会进场，就先把三分之一的底仓建好再说，以防踏空后面的行情。

之后的事情就好办了，只要股价回调而不【破网】底仓就一直持有。什么时候股价涨到距【触网日】收盘价10%以上了，就补仓到三分之二。

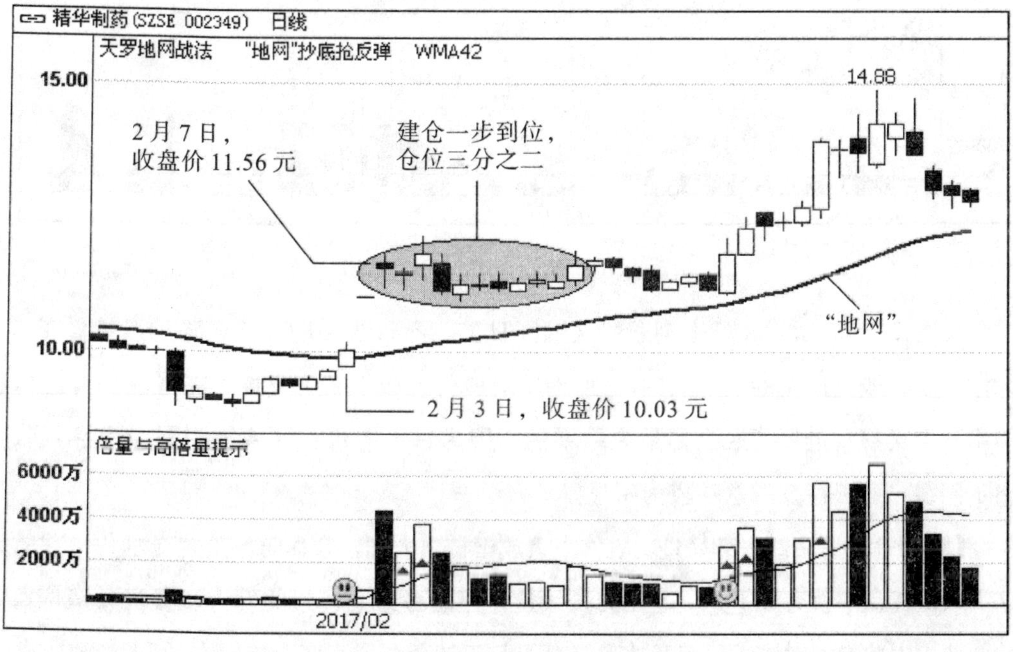

图2—101

如图2—101所示，精华制药2017年2月3日（周五）股价【触网】，收盘价10.03元。2月6日（周一），股价一字涨停，7日（周二），股价再涨4.8%，收盘价11.56元。此时的股价相对于【触网日】的收盘价10.03元涨幅已达15.3%，没想到字母“N”的第一画如此痛快！

【触网】后，股价如果真这么走反倒简单了——2月7日就可以建仓了，一步到位，直接买够三分之二的仓位。

案例五　华力创通（300045. SZ）

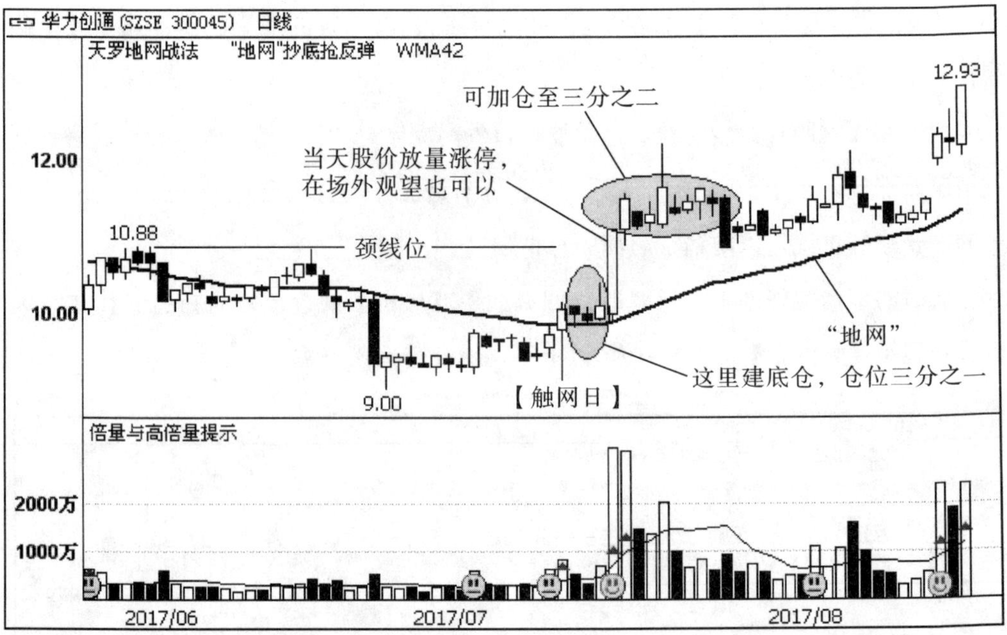

图 2－102

如图 2－102 所示，华力创通的【触网日】收盘价为 10.06 元，随后股价做了 3 天回调。在股价回调的这 3 天中，“地网”对股价形成了有力支撑。在【触网日】后的第三个交易日进场建底仓是最为稳妥的，因为这天股价在【两连阴】后上涨，收出了阳线，蓄势待发的意味较为明显。

【触网日】后第四个交易日，股价当天放量拉出大阳，收盘时股价封于涨停。尽管这天股价在盘中就突破了 10.88 元的颈线位，但是考虑到短期的发力过猛极易造成股价回调，因此投资者这天只需场外观望而不急于补仓。毕竟底仓已经在盈利状态中了，补仓只是锦上添花的事，在股市里，追求收益的合理化而不是最大化才是取胜之道。

最佳的补仓区域在图中已经被标示出来了，尽管这是事后笔者圈定的，但不争的事实是，尽管股价在【触网日】后的第五个交易日依然放出大量，但这天股价的涨幅并不大。最关键的是，股价在此之后确实有回调。如果能在股价回调的那几天里补仓，岂不更好？

在此，笔者想告诉读者的是，如果真有大行情，即所谓“赚大钱”的机会，无论对于进场建底仓还是补仓来说，好机会不怕一两天的错过。

案例六 氯碱化工（600618. SH）

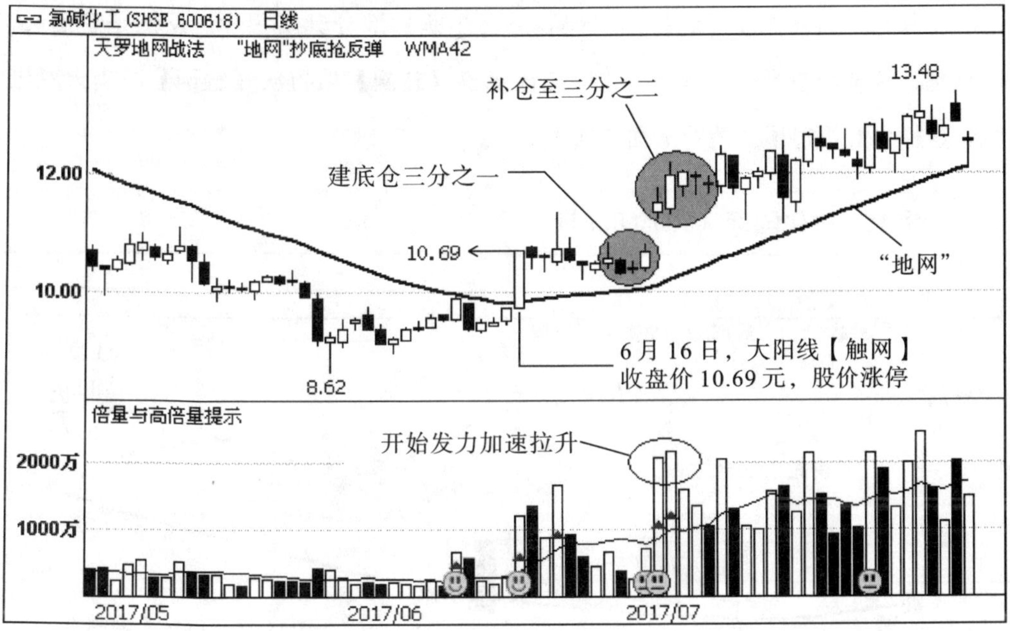

图 2—103

如图 2—103 所示，氯碱化工的股价于 2017 年 6 月 16 日涨停，报收于 10.69 元。由于短期发力过猛，因此股价回调在所难免。只要“地网”不破，对于这种大阳线【触网】而形成【N 形】走势来说，其建底仓和补仓时机也很好把握。

在本例中，股价回落但未【破网】就止跌回稳了，在股价还没有超过 6 月 16 日所创 10.69 元的位置之下，投资者可进场建底仓，仓位三分之一。请注意本图股价的走势跟图 2—102 的差别，本图的氯碱化工在 6 月 16 日【触网】之前不曾有【触网】再【破网】的经历，因此并没有之前留下的颈线位可参照。在这种情况下，【触网日】大阳线的最高价，就是颈线位。

7 月 3 日，股价蓄势后开始发力，以向上跳空的方式一举冲过【触网日】大阳线最高价。此时，投资者应补仓至三分之二。

（3）进场后股价【破网】再【触网】，何时捡回筹码？仓位如何控制？

【破网】前你的仓位是多少，股价再次【触网】时就要和原先的仓位持平。

【破网】后再【触网】，这种挖坑式洗盘给投资者带来的短期心理影响较大。投资者一旦被震出去通常不愿意马上再把筹码捡回来，“亏钱”的错觉和挫败感让投资者一时难以接受，他们都还没有回过神来。其实如果仔细算算账就会发现，只要股价的上涨趋势没变，挖坑式洗盘并没有让投资者赔钱，它只是让你少赚了一点钱而已。尤其是，如果你能及时捡回筹码，那么少赚的部分其实很少。反倒是越迟疑、越拖延，越会踏空行情。所以，如果能在股价【破网】后再次【触网】的当天就进场，这样再好不过了。请看下面的案例。

案例七　中化国际（600500.SH）

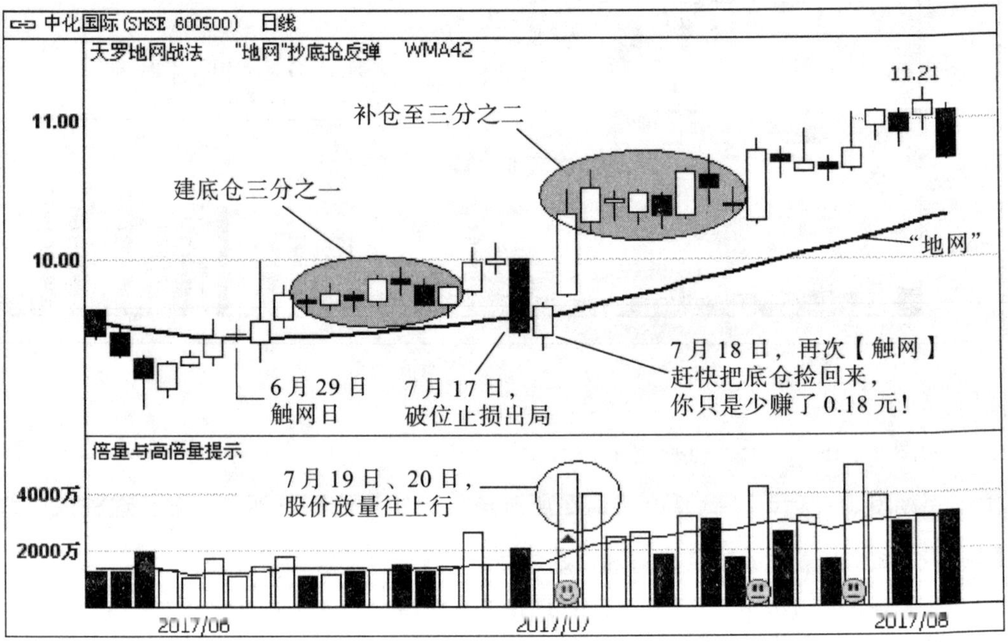

图2－104

如图2－104所示，中化国际2017年6月29日【触网】，收盘价为9.47元。【触网】后股价呈标准的【小阳慢推】走势，投资者可以顺利地建好三分之一的底仓。

好事多磨，7月17日股价暴跌5.2%，收于9.48元，底仓资金铩羽而归。及时止损出局，没什么好抱怨的。行情就是那么走的，你要做的就是严格执行交易计划。

7月18日，股价低开高走，报收于9.66元，相对于7月17日的收盘价9.48元上涨了0.18元。请注意，7月18日这天是【破网】后的再次【触网】，那你还犹豫什么，就应该立刻返身进场，把昨天止损的三分之一仓位捡回来。你所有的价差损失，也就是少赚的钱，最多也只有0.18元。

7 月 19 日、20 日，股价放量往上行。这时的股价已经超过了 6 月 29 日【触网日】收盘价的 5%，到达 5%～10%这一区间，加仓到三分之二。

行情变你就变！不管它怎么“变”，只要能将交易规则烂熟于心并严格执行，其实你早就立于不败之地了。

特别说明：股价【破网】再【触网】，在大多数情况下就是一次挖坑式洗盘。但是，笔者不提倡为了贪便宜或者赌股价未来能反弹回去而盲目在较低价位捡回筹码的做法，尤其是当股价还没有回到“地网”之上时。

案例八　艾比森（300389. SZ）

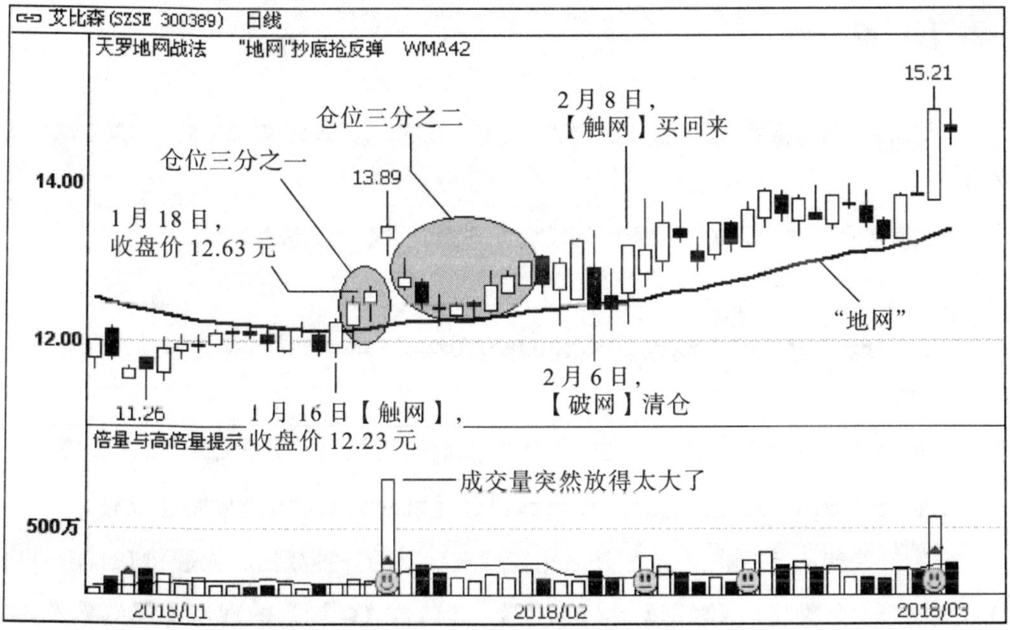

图 2－105

如图 2－105 所示，艾比森的股价于 2018 年 1 月 16 日【触网】，收盘价为 12.23 元。两个交易日之后的 1 月 18 日，收盘价 12.63 元，此时距 1 月 16 日的收盘价仅上涨了 3.3%。这是【小阳慢推】走势下最佳的建底仓位置，仓位三分之一。

1 月 19 日（周五）股价跳空高开，最高时 13.89 元，收盘时为 13.44 元，涨幅刚刚是 1 月 16 日收盘价的 10%。这一天要不要补仓呢？考虑到这天的成交量放得太大，加上 K 线留下了长长的上影线，下个交易日股价回调是大概率事件，因此可以等等看。

果不其然，股价从 1 月 22 日（周一）开始回落，但始终获得“地网”的支撑。同时，随着时间推移，“地网”向上运行的趋势已经明朗了，因此在图中所示部分补仓到三分之二是可行的。然后投资者就顺势而为、顺其自然好了。

2 月 6 日，股价收盘时【破网】了——别犹豫，你必须赶紧清仓，以规避股价潜在的持续下跌风险。

2 月 8 日股价再次【触网】，没说的，你要赶紧把筹码统统捡回来——仓位三分之二。

总 结

不要预测，更不要犹豫。只要你掌握了“地网”战法，行情怎么变都不怕，它变你跟着变就是了。

请大家牢记：“地网”战法运用在日级别上，资金使用的上限是三分之二。

六、“点”与“面”结合，跨周期更易稳赢

在很多情况下，周级别“上涨伏击战”模型买入信号确认的那一周，股价从日级别上看离“地网”很近。有时候日 K 线已经【触网】了，有时候则还没有。

我们已经知道，“地网”战法是运用在日级别上的一种战法，而股价在日级别围绕“地网”上下翻飞，【触网】后【破网】、然后再【触网】的现象可能频繁发生，这会给投资者的进场决策造成不小的影响。而此时，周级别信号稳定性好的特点就凸显出来了。

在上一节中笔者介绍了“地网”战法里的资金使用规模，即总资金量的三分之二。还有三分之一的资金在干吗？它分配给了周级别上的量化模型“上涨伏击战”。见下图。

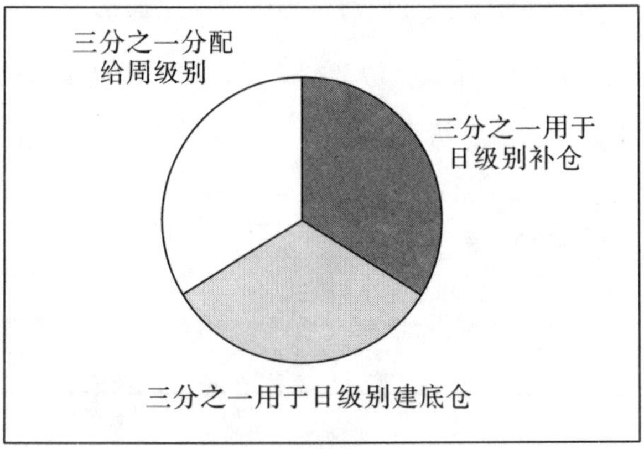

图 2－106

这种在不同的时间周期上分散资金的做法，不但不会造成混乱，反而能提高资金的使用率。

请看下面的案例。

案例一　中青旅（600138. SH）

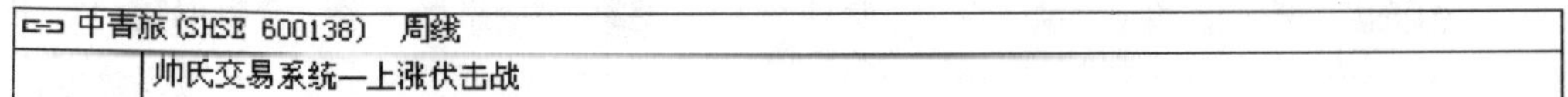

图 2－107

如图 2－107 所示，中青旅在 2017 年 12 月 29 日（周五）这周买入信号发出并确认了。这个起涨周比较容易看明白——股价自 2017 年 9 月创 22.10 元的阶段性最高价之后一路下行，到发出信号的这周股价突破了下降趋势。

12 月 29 日（周五），中青旅收盘价 20.87 元，请记住这个价格。

日级别的股价走势如何呢？请看下图。

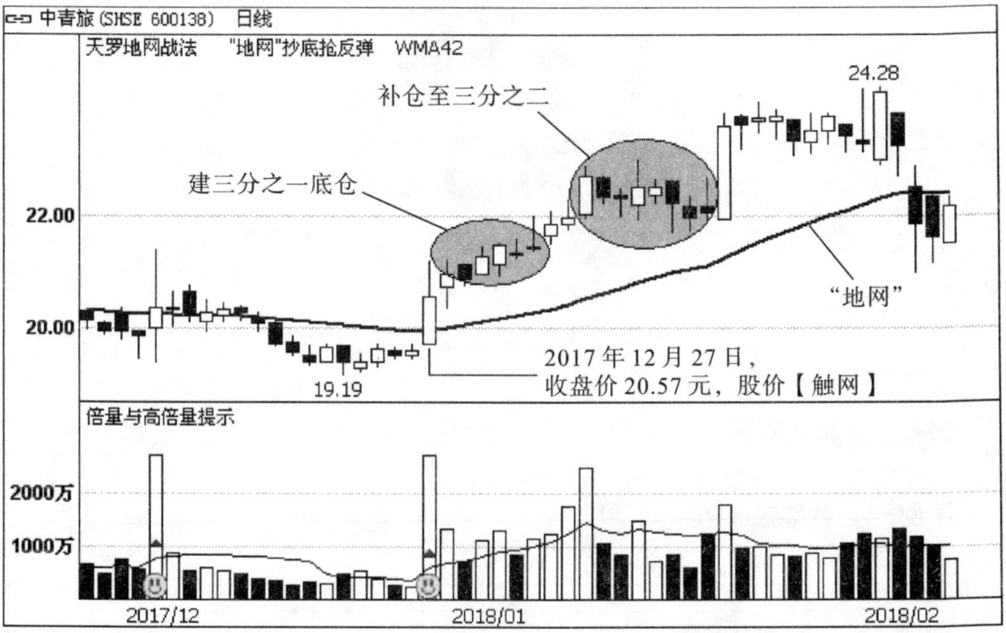

图 2－108

如图 2－108 所示，2017 年 12 月 27 日（周三），中青旅股价【触网】，收盘于 20.57 元。经过几天上涨，我们发现股价为【小阳慢推】走势，每天上涨幅度很小。这时，投资者计算出两档建仓的位置：20.57×1.05＝21.60 元，20.57×1.1＝22.63 元。根据这两个数值，结合股价走势分别建三分之一底仓和补仓至三分之二即可。

还有三分之一的资金呢，什么时候用？当然是“上涨伏击战”买入信号确认的那周，别忘了，在周级别上看，那里就是起涨点啊！

如图 2－109 所示，三分之一的资金最迟要在 2017 年 12 月 29 日（周五）收盘前进场，投资人进场的成本不会高于 20.87 元。

分散资金就是分散风险！同时，跨周期操作增加了进场的整体准确率，不会错过股价在不同时间周期上的起涨位置。跨周期操作的好处就在于此。

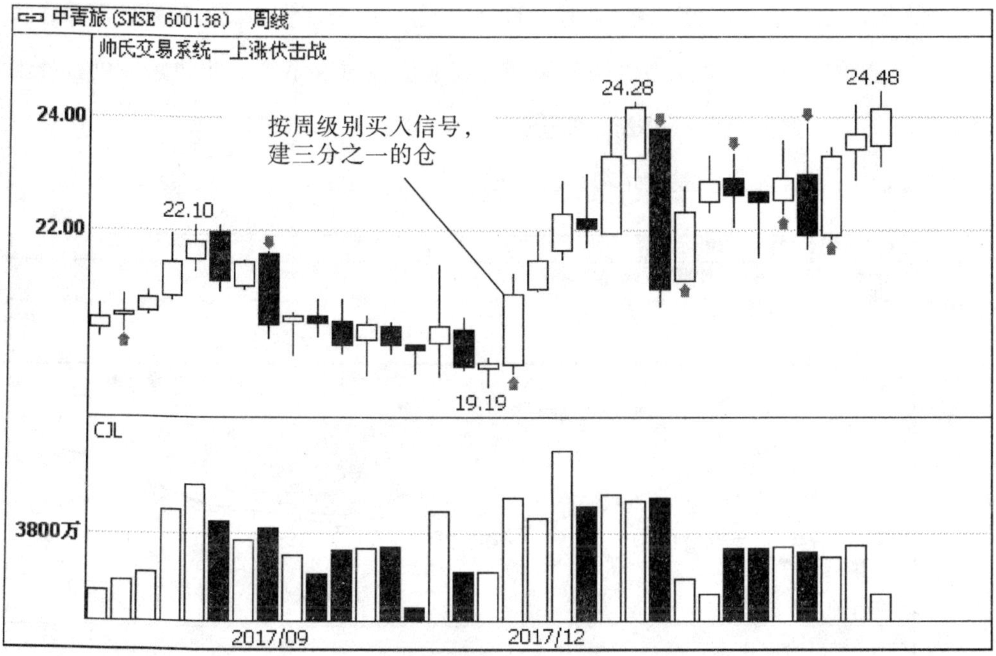

图 2－109

案例二　国金证券（600109. SH）

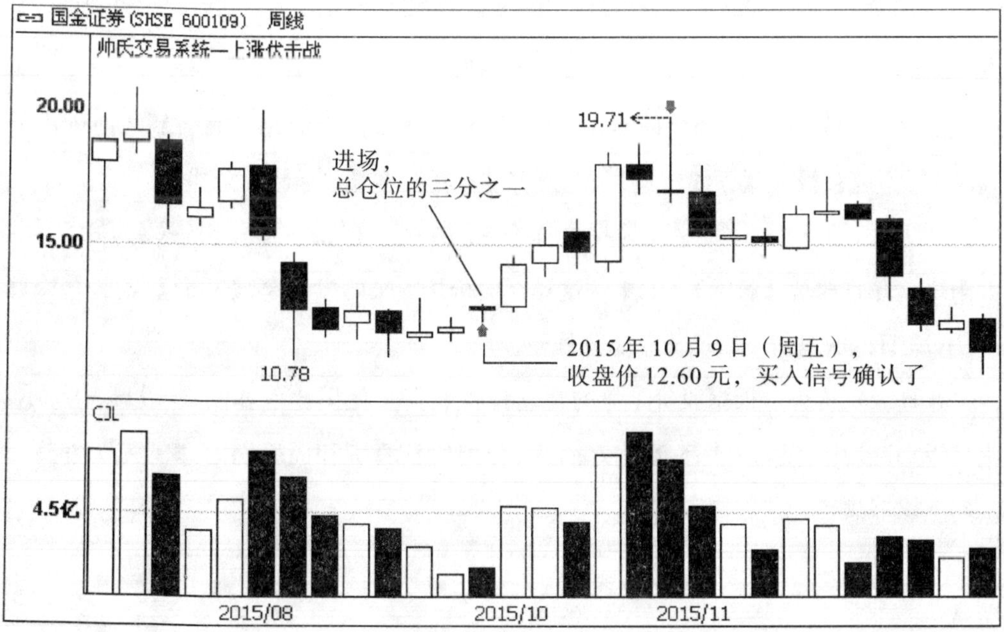

图 2－110

如图 2—110 所示，2015 年 10 月 9 日（周五），国金证券的买入信号发出并确认了，当天股价收于 12.60 元。根据跨周期确认起涨位置和资金分批进场原则，分配给周级别的“子弹”要全打出去，总仓位达到三分之一。

我们再看看日级别的股价走势。见下图。

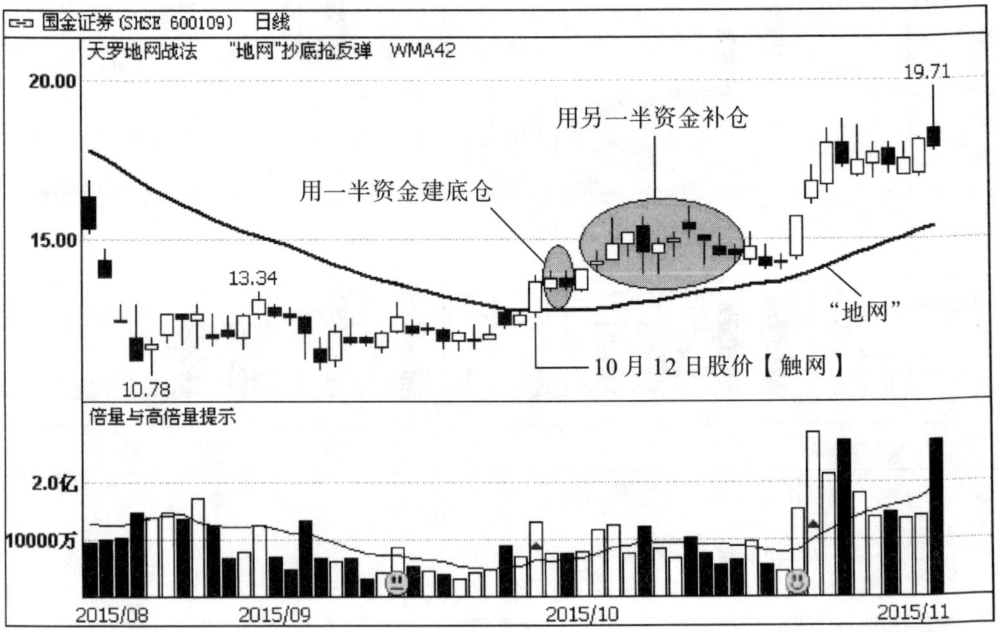

图 2—111

如图 2—111 所示，国金证券在 2015 年 9 月 9 日，股价在【触网】之前创出的 13.34 元不能被视为【颈线位置】，因为它根本就没够着“地网”的边儿。

10 月 12 日（周一），这天的收盘价为 13.67 元。股价不但拉出涨幅为 8.5%的大阳线，并且成功【触网】。如本例这样，股价接下来的发展是【N 形】走势，因此 10 月 12 日的收盘价 13.67 元就是颈线位。

在日级别这边，根据股价走势的建仓位置和资金使用比例如图 2—111 中所示。当日级别这边第二阶段的补仓完成之后，分配给日级别和周级别的“子弹”都打光了——正好满仓。

案例三　华峰氨纶（002064. SZ）

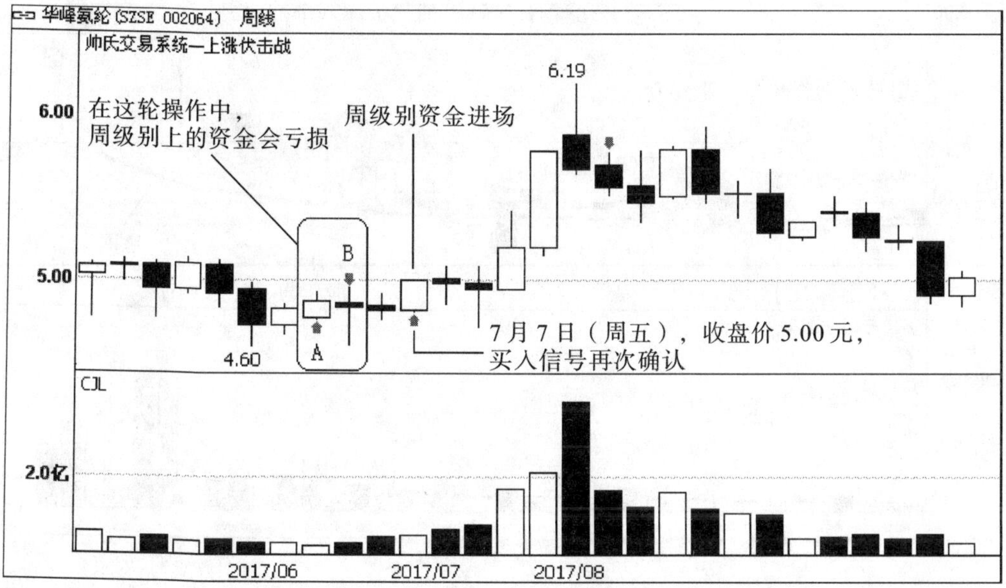

图 2－112

如图 2－112 所示，华峰氨纶在 2017 年 6 月初创下 4.60 元的阶段性最低价之后，底部构筑花了 7 周时间，“上涨伏击战”策略也会在窄幅振荡中遭遇信号频出的尴尬，即图中 K 线 A 和 K 线 B 的两周。

在 K 线 A 的位置是 6 月 16 日（周五），收盘价 4.88 元，买入信号确认。

在 K 线 B 的位置是 6 月 23 日（周五），收盘价 4.84 元，卖出信号确认。

毫无疑问，这一轮的买进、卖出操作，周级别上的资金亏损了。

股价窄幅振荡怎么办？第一，不要烦，保持必要的耐心；第二，坚持按信号提示去操作。

7 月 7 日（周五），收盘价 5.00 元，买入信号再次确认。此时，投资者应该按照买入信号的提示进场，再次用分派给周级别的资金买进，即总仓位的三分之一。

让我们回过头，去看看日级别上的情况。

如图 2－113 所示，2017 年 7 月 3 日（周一），股价【触网】，收盘价 4.90 元。此后股价一路【小阳慢推】，7 月 10 日才涨到 5.08 元，这阶段可以用分配在日级别上的一半资金买进股票。

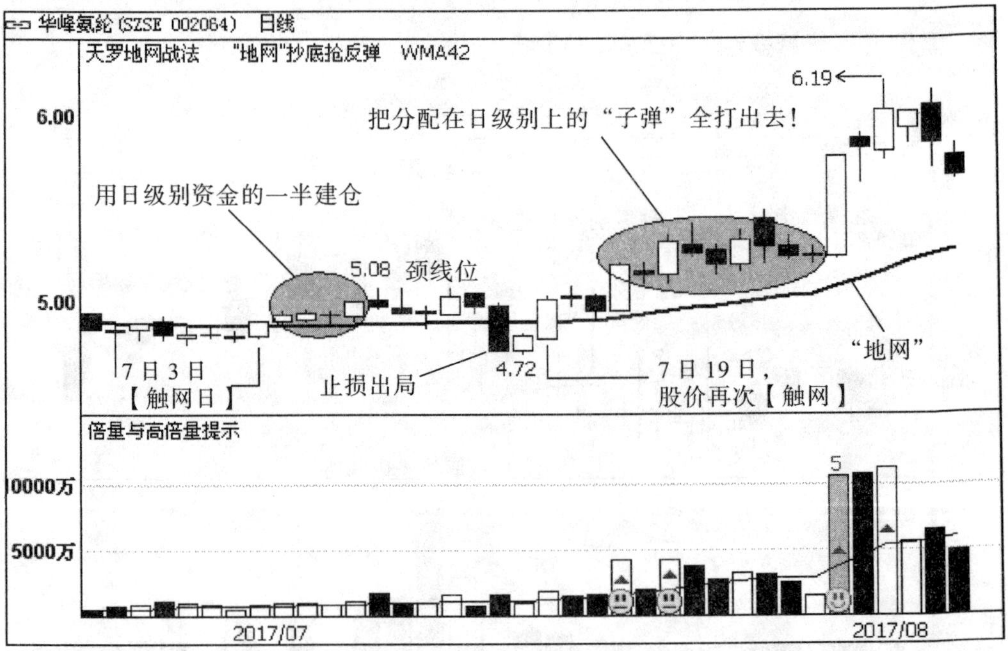

图 2－113

7 月 17 日（周一），股价跳水并【破网】，进场的资金要先避险离场。

7 月 19 日（周三），股价再次【触网】，收盘价 5.01 元。

7 月 24 日（周一），股价放量突破了 7 月 19 日的收盘价 5.20 元，且涨幅已经接近 5%。这时进场，要使用多少资金呢？答案是，要把分配到日级别的资金一次性全部用上。

请大家特别注意，7 月 10 日的高点 5.08 元是【颈线位】，在【地网】之上，此位置之下，是要建底仓的。但是，由于从 7 月 19 日的股价再次【触网】到 7 月 24 日股价放量突破之间的时间很短，仅仅隔了两个交易日。因此，只要投资者在 7 月 24 之前没反应过来，还没有动用分配给日级别上资金的一半建成底仓，那么 7 月 24 日之后，就要赶紧一次性地把日级别上该有的仓位补足。这样一来，周级别的三分之一，加上日级别的三分之二，就实现了满仓。

案例四　山东药玻（600529. SH）

如图 2－114 所示，2017 年 4 月 24 日（周一），山东药玻的股价收于 18.61 元，这天就是【触网日】。

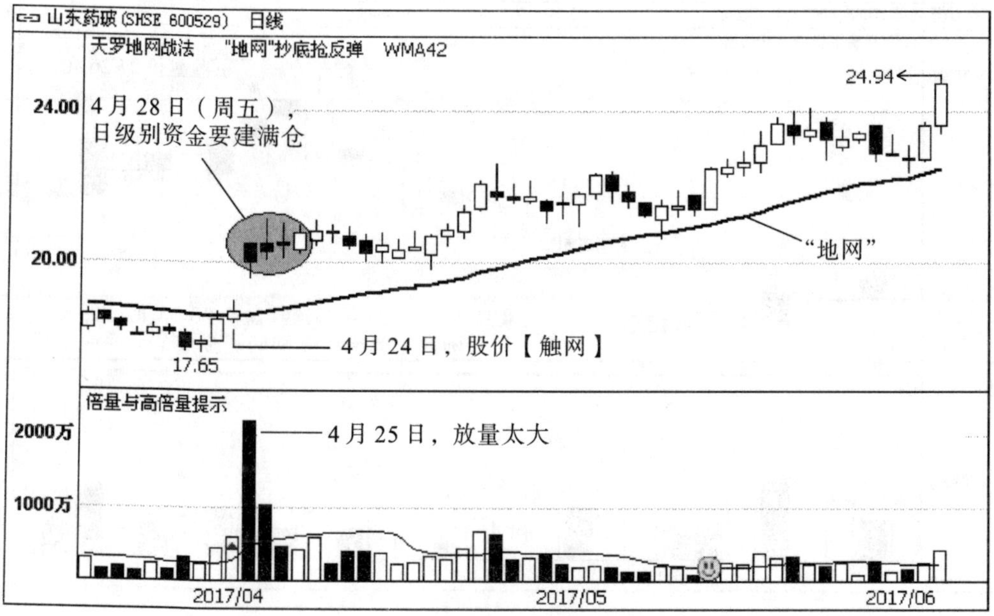

图 2－114

4 月 25 日（周二），该股股价放量跳空开盘后虽有回落，但收盘价 19.98 元，涨幅高达 7.4%。严格地说，4 月 25 日就该进场建底仓，但考虑到放量太大，且当天股价高开低收，因此投资者在场外暂且观望也是对的。

该交易周的周五为 4 月 28 日，股价收于 20.75 元。此时的价格相对于【触网日】的收盘价 18.61 元涨幅已达到了 11.5%。毫无疑问，在股价【触网】这周进场，分配在日级别上的资金要全部用上。我们再看周级别那边的情况。

如图 2－115 所示，在周 K 线图上我们看到，4 月 28 日（周五），收盘价 20.75 元，买入信号确认。毫无疑问，下降趋势被一举突破，股价放量大涨，这周就是起涨周。分配在周级别上的资金在 4 月 28 日收盘前必须全部换成股票。

本例是日级别和周级别同步建仓，在同一周把仓位建满的典例。原因就在于两个时间周期上的股价走势都是【N 形】。

关于该如何止盈的问题，借助本案例笔者再解释一下。

止盈的大原则当然是“在任何一个赚钱的价位买股票，永远都是对的”，这条原则尤其适合于越高越抛的主动止盈和带有防御性质的追踪止盈。但某只股票的某一波行情中应该在什么价位抛、抛多少，那可是非常个性化的东西，笔者实在不敢越俎代庖，替投资者做主。

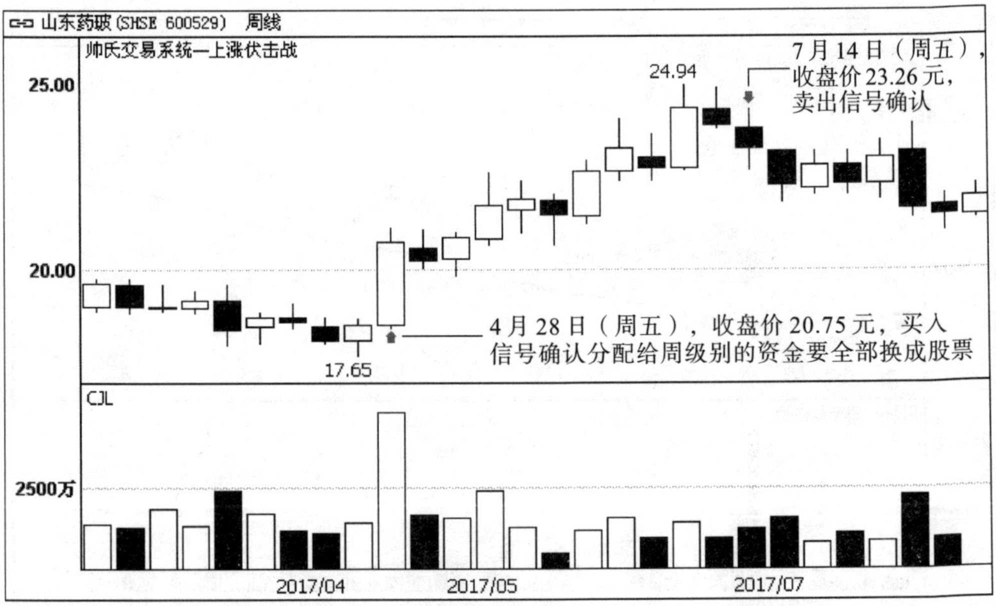

图 2－115

如果是被动止盈，则根本没有一定之规。对于被动止盈，大原则是“破线等于破位，破位坚决清仓”。在“伏击股市”系列丛书之四《庄散心理战》里，笔者介绍了几种日级别的量化策略，它们都带有卖出提示。本书介绍的是“地网”战法，在本书第一章中就明确给出了【破网】的概念，所以，在“地网”战法里，同样是“破‘地网’就等于破位，破位坚决清仓”。

如图 2－116 所示，2017 年 7 月 10 日（周一），收盘价 23.22 元，股价【破网】，日级别这边要清仓了。

7 月 11 日（周二），虽然股价【触网】，但不要忘了两点：一、我们做的只是反弹；二、之前有“【触网日】不宜进场”的规则在，这天的股价反抽不会把我们再骗进去。

对照图 2－115 可知，在周级别那边，7 月 14 日（周五）卖出信号确认，这天就是周级别上筹码最后的清仓时间。

本案例中，“地网”战法和“上涨伏击战”在卖出环节上又保持了高度一致。

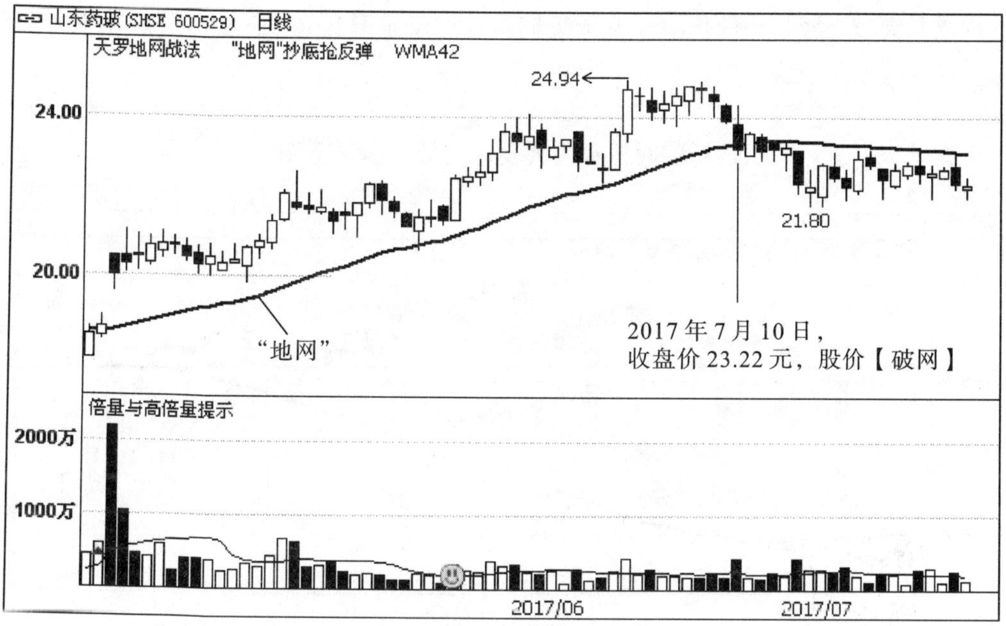

图 2－116

案例五 宁波华翔（002048. SH）

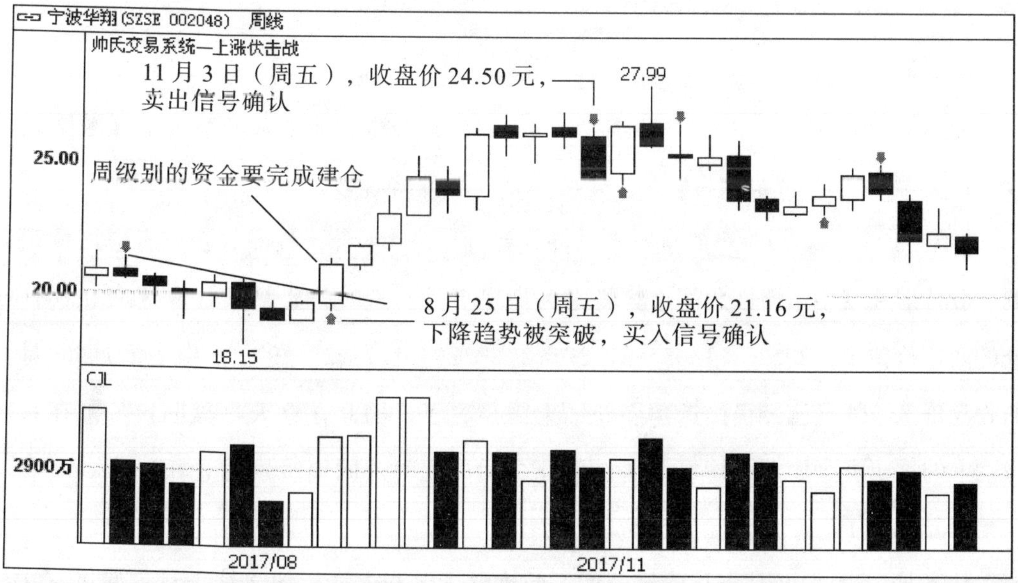

图 2－117

如图 2－117 所示，2017 年 8 月 25 日（周五），宁波华翔的收盘价为 21.16 元。自创出 18.15 元的阶段性最低价之后，经过两周的磨底，股价终于在 8 月 21～25 日这周放量突破下降趋势的压制。毫无疑问，这周就是起涨周。此时，分配在周级别上的资金必须出手了。

在日级别上，两次进场的时机都需要及时把握。请看下图。

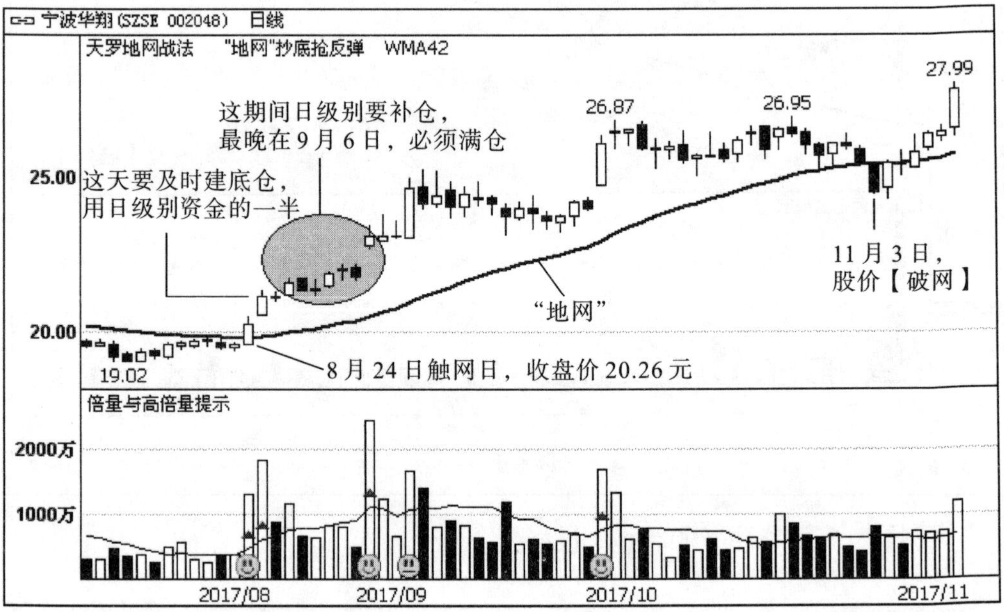

图 2—118

如图 2—118 所示，2017 年 8 月 24 日（周四）股价在成交量的配合下【触网】，收盘价为 20.26 元。【触网日】当天不宜进场，要保持观望。

8 月 25 日（周五），当股价跳空高开，并且在盘中一路上涨时，投资者应该意识到，股价形成【小阳慢推】的走势将是大概率事件。这时就要赶紧计算建底仓和补仓的两档价位了：20.26×1.05=21.27 元，20.26×1.1=22.29 元。由于 8 月 25 日的收盘价 21.16 元已经很接近建底仓的上限位置了，因此在这天收盘前，分配在日级别上的一半资金要派上用场。建好底仓之后，此时连同周级别的仓位一起，总仓位是三分之二了。

从 8 月 26 日至 9 月 1 日的这一周，股价继续温和上涨。到 9 月 1 日，股价收于 21.88 元，已经很接近 22.29 元了。并且从周级别那边看，自打买入信号发出后，又是一根阳线，周级别都走成【小阳慢推】了，那就没什么可过分担心的了。因此投资者在 9 月 1 日之前把仓位补满是合理的。

当然，不排除有这样的情况，即投资者过于谨慎，迟迟没有把仓位补满。毕竟8月26日至9月1日这周的成交量和上周相比仅是持平状态，投资者还想再继续观望观望。拖到了哪天呢？一直拖到了9月5日收盘时都没有补满仓。因为9月5日当天股价高开低走，收于21.80元。股价回调了，不补满仓也是有道理的，万一股价第二天惯性下跌甚至大跌怎么办？

当然我们都看到了，9月6日，股价跳空高开，一下子就超过了22.29元的第二档价格上限。因此，最晚在9月6日投资者必须把手头最后的三分之一资金全部用上。9月6日，股价收于23.11元。即便投资者是在这天把仓位补满的，其三份资金的持仓成本也不过才21.81元，(21.16＋21.16＋23.11)÷3＝21.81。

此波抄底短线行情的终结在日级别和周级别再次高度一致。

11月2日（周四），股价收于25.40元，这天“地网”的数值正好也是25.40，考虑到股价已是两连阴了，又靠上了“地网”，因此这天分配在日级别的资金最好减仓一半。

11月3日（周五），收盘价24.50元，此时日级别上股价【破位】，周级别卖出信号确认。因此这天清仓离场是唯一正确的操作。

另外，有两点请投资者注意。第一点，日K线图中，笔者有意标注了股价在冲高过程中曾经创下的两个价位：26.87元和26.95元。除非你的止盈策略是越高越抛，才有可能卖到如此高的位置。否则的话，你只能按照“破线等于破位，破位坚决空仓”的方针做被动止盈。当然，本例中的效果也还不错：(25.40＋24.50＋24.50)÷3＝24.80。

第二点，这波反弹行情的最高价是27.99元，它出现在11月3日股价【破网】后的第六个交易日。当时“地网”还在继续向上运行，它对股价的向上牵引作用依然存在。然而，谁也不知道那已经是行情的末端了。如果你不幸追高追进去的话，千万记住不要恋战。一旦股价【破网】，依旧要坚决止损出局。

如图2－119所示，反弹行情在冲顶27.99元之后终于踩下了刹车。

从副图里我们可以看到，在任何一次行情的末期，追高追在顶部的大有人在。然而，他们得到什么了？所以，笔者更喜欢像“地网”战法这样的“伏击战”战术，至于“追歼战”（在本案例中，瞄准26.95元位置追高的战法），它也许只是牛市里才存在。

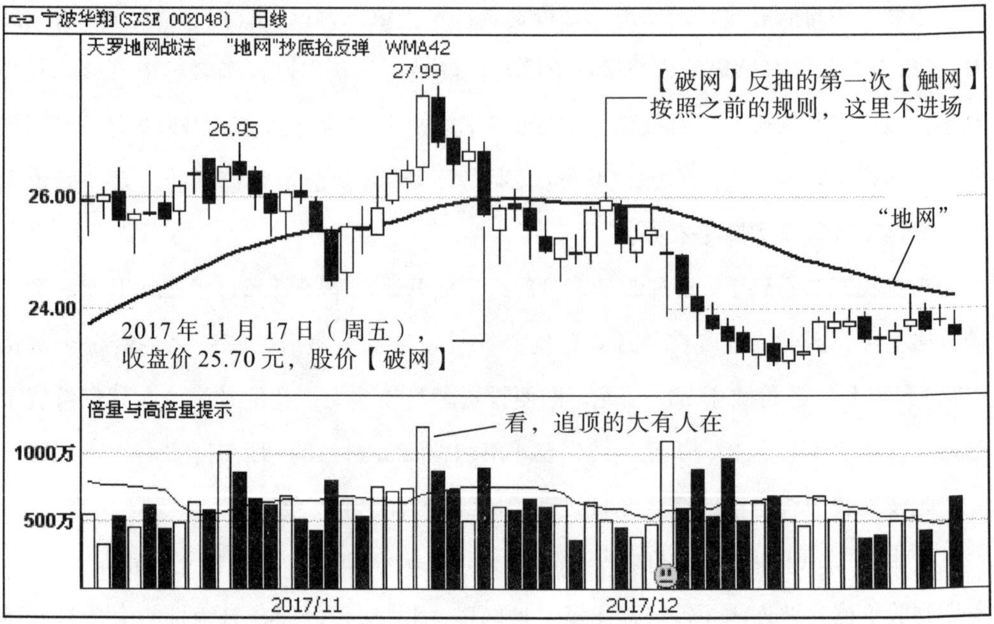

图 2－119

案例六 西山煤电（000983. SZ）

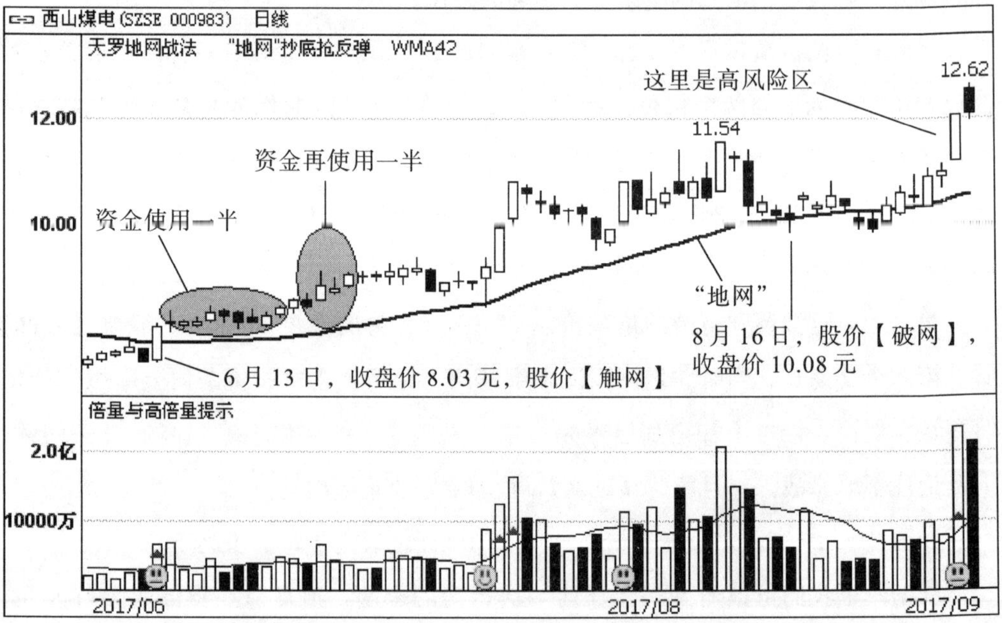

图 2－120

如图 2－120 所示，2017 年 6 月 13 日（周二），西山煤电的收盘价为 8.03 元，股价【触网】。在随后的股价走势中，【N 形】＋【小阳慢推】的格局逐渐形成，留给投资者做资金布局的时间非常充分。两档使用日级别资金的上限价位分别为：8.03×1.05＝8.43元和8.03×1.1＝8.83元，均价8.63元。在随后的拉升中，股价创出了11.54元的阶段性高点。

8月16日，股价收于10.08元，这一天是【破网日】，因为当天的“地网”数值为10.10。在这天，日级别上的资金要全部清仓离场。

周级别上的资金是如何使用的？请看下图。

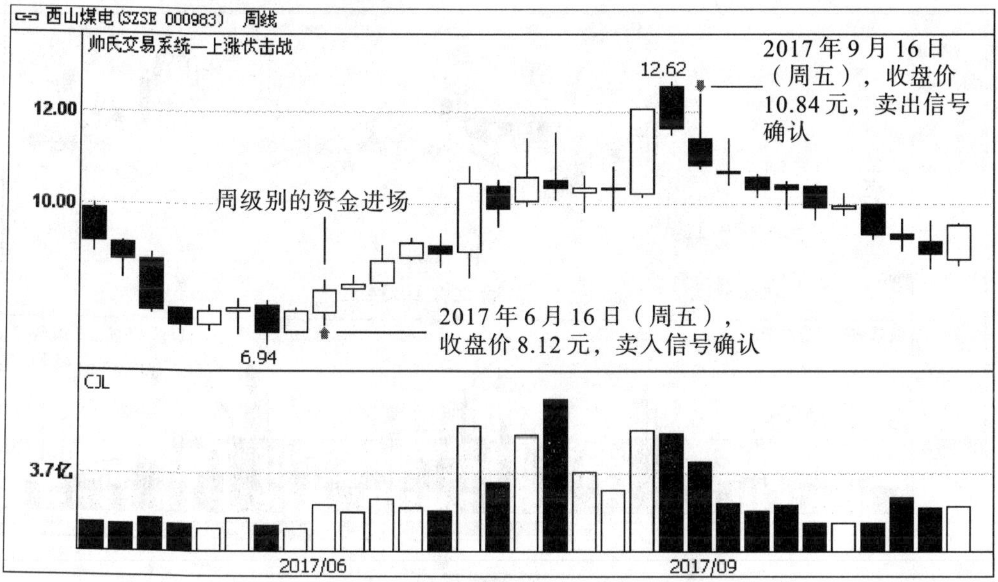

图2—121

如图2—121所示，2017年6月16日（周五），收盘价8.12元。此时，在最低价6.94元创出之后，周K线已经【两连阳】了，并伴随有温和放量迹象。因此在6月16日这天，买入信号确认了。它只比“地网”战法的【触网日】晚了几天，价格略高了1%。

在本例中，当全部资金用完之后，总的建仓成本应该大致为：(8.43＋8.83＋8.12)÷3＝8.46元。

2017年9月16日（周五），距离起涨周整整3个月之后，股价以两连阴的形态破位了。当天的收盘价为10.84元，卖出信号确认，整段反弹行情彻底结束。这时周级别的资金必须离场了。

当全部资金清仓之后，卖出成本大致为：(10.08＋10.08＋10.84)÷3＝

10.33 元。

(10.33－8.46)÷8.46＝22%，这就是此轮反弹行情中，投资者可以获得的收益率。

在图 2－120 中，我们看到股价后来又冲高到 12.62 元，也看到笔者在图中标注了高风险区的位置。理由是什么呢？请看下图。

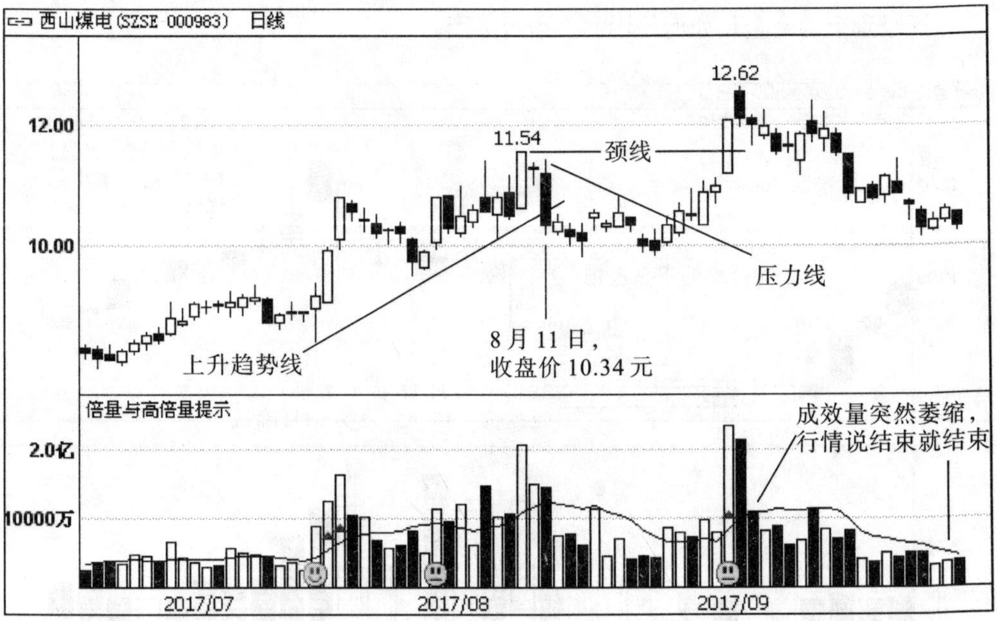

图 2－122

如图 2－122 所示，假如我们拿掉“地网”，用传统的技术分析方法判断股价走势，需要考虑的因素会多一些。比如我们要能准确地找出“上升趋势线”“压力线”“颈线”的位置，而这在很大程度上需要行情的配合。像本例这样股价走势较为“规矩”、几条线比较好找的情况并不多见。如果只用传统的技术分析方法，我们会在 8 月 11 日股价破线后离场，卖价 10.34 元，与上述的 10.33 元基本持平。

后面的行情的确还有一小段，但持续的时间仅仅几天。坦白地讲，无论是股价再次站上压力线之后的反抽、还是价格越过 11.54 元之后的“追歼战”，并不适合股市新手，甚至连股市老手都有可能追高进去后而不能及时脱身。

笔者在这一节介绍给广大投资者的方法，是将日级别“地网”战法结合周级别“上涨伏击战”策略模型一起使用。这样做不仅能增加买进的准确性，而且还能让投资者更合理地分配手中资金，赚更多的钱。其效果就是：1＋1＞2。

案例七 楚江新材（002171.SZ）

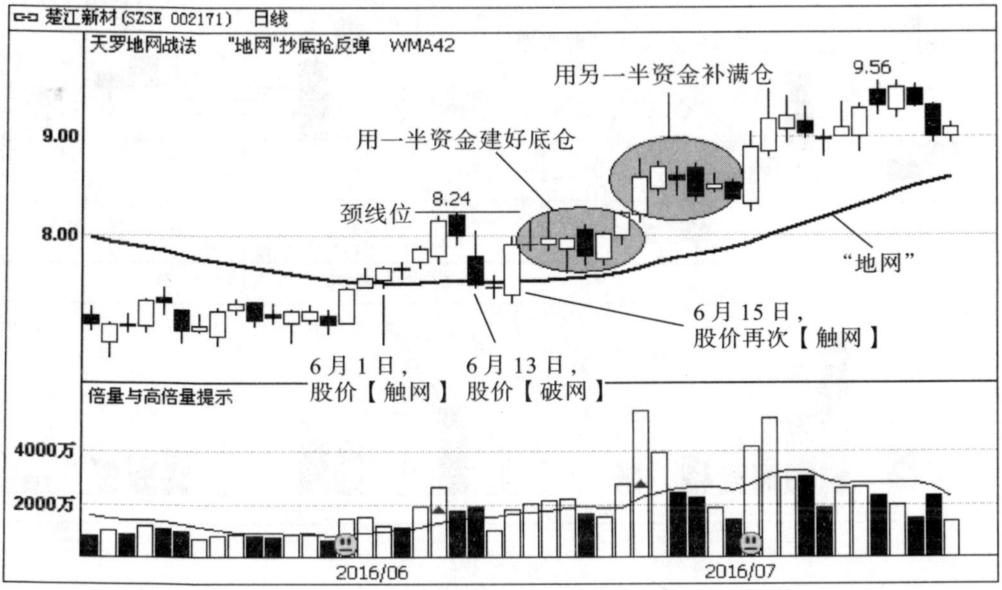

图2—123

如图2—123所示，2016年6月1日，楚江新材的股价【触网】。3个交易日后，随着【小阳慢推】走势的日渐清晰，50%分配在日级别的资金可以进场了。

6月8日，股价冲高到8.24元后掉头向下，并且在6月13日【破网】。毫无疑问，这天投资者已经建好的底仓必须忍痛割爱，暂时离场观望。

6月15日，这天的收盘价为7.91元。在【破网】后第二个交易日，股价实现了再次【触网】。之前6月8日创出的8.24元就是颈线位，在8.24元和“地网”之间，投资人要择机用50%分配在日级别的资金再次把底仓建好。

6月24日，股价一路走高，在盘中超过了8.24元的价格。从这天开始到后面几个交易日内，日级别上剩下的资金要把仓位补满，以便迎接股价未来的上涨。

如图2—124所示，2016年6月3日（周五），楚江新材的收盘价为7.64元。由于自9.60元以来的下降趋势已经被有效突破，买入信号确认。5月29日至6月3日这周，分配给周级别的资金要全部使用到位。

由于周K线一周才出一根，因此6月13日至14日的回调对周级别的股价走势没有丝毫影响，卖出信号不会跳出来捣乱。投资者分配在周级别上的资金换成股票后，这部分仓位可以一直保持，直到股价破位、卖出信号发出为止。

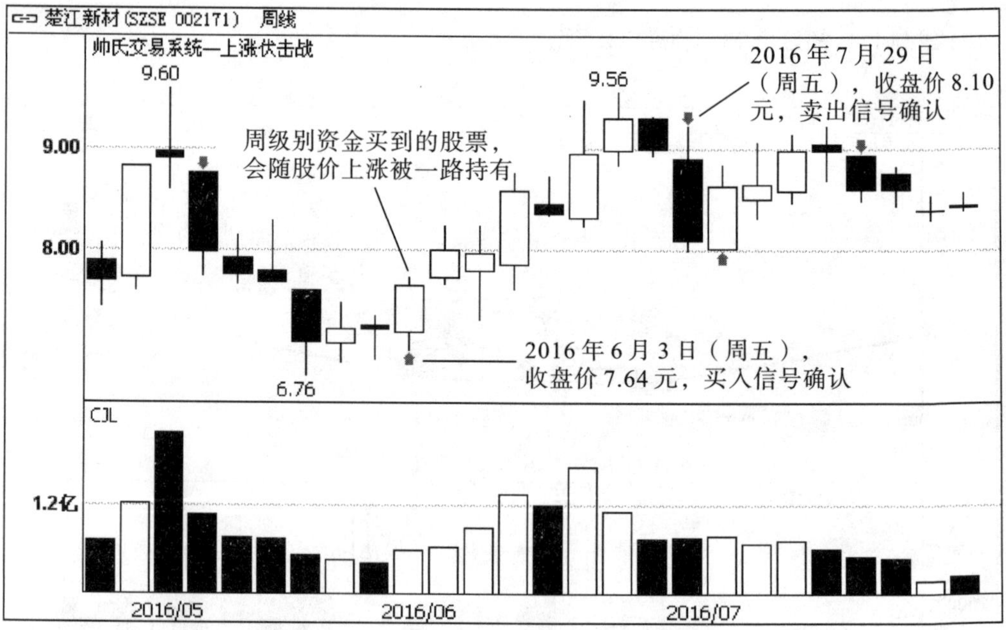

图 2—124

2016 年 7 月 29 日（周五），股价收于 8.10 元，由于股价破位，卖出信号确认。从直观上看，7 月 25 日（周一）到 29 日（周五）的这周，不但股价是以跳空低开方式快速破位的，而且周跌幅巨大。当然，“上涨伏击战”策略模型的买入信号和卖出信号不是周五才发出的，对于这点，《上涨伏击战》一书中已有详细的说明。

现在的问题是，如何才能尽可能多地保住收益？思路其实挺简单。

如图 2—125 所示，2016 年 7 月 18 日，楚江新材收于 8.00 元，此时股价已经是两连阴了。这一天，股价虽然还在“地网”之上，但上升趋势线已经被跌破了。因此，机警的投资者可以减仓了——我们必须回到非常有效的传统技术分析方法上来！当然，这无疑对交易者的操盘功力是一种真正考验。

减仓的比例是多少呢？减仓一半，即只保留半仓。注意，交易者在有盈利的情况下做主动止盈时，减持股票的位置和仓位比例没有一定之规！这里所说的“减仓一半”，既可以是总仓位的一半，即满仓状态下的一半股票；也可以只对日级别资金买到的那部分股票进行减持。后面这种情况等于交易者只抛掉了手里三分之一的股票，而三分之二还留着。这样做的好处显而易见，如果未来股价能再上一个台阶，当然是手里的股票越多越好。

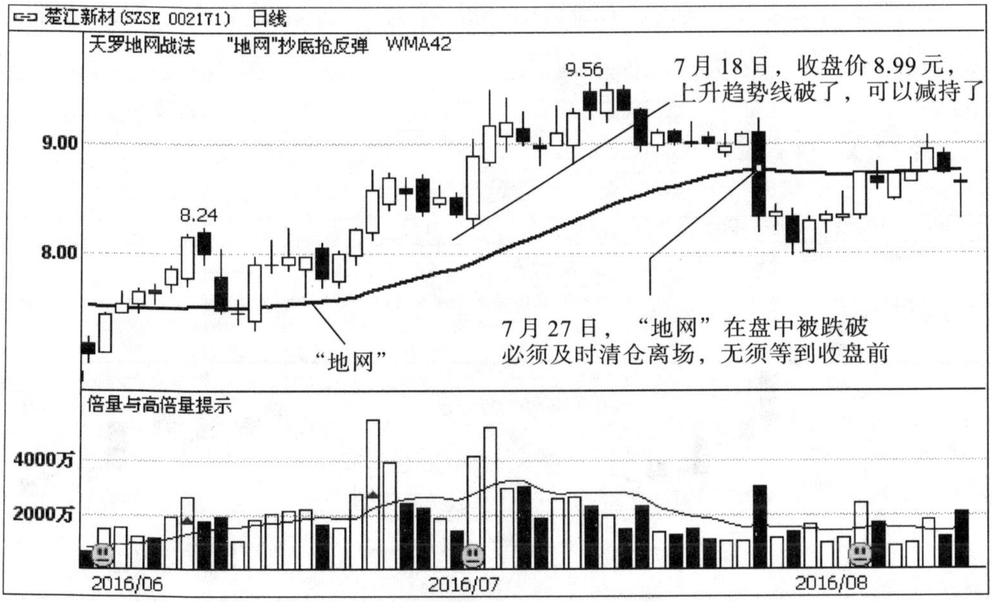

图 2－125

7 月 27 日，收盘价 8.34 元，跌幅 8.2%。很显然，如果等到这天临近收盘时再清仓就太被动了。当天"地网"的数值是 8.75，很明显，早在盘中这个价位就给跌破了。

在周级别上，7 月 18 日的 8.99 元和 7 月 27 日的 8.34 元，我们都能找到相应的位置。见下图。

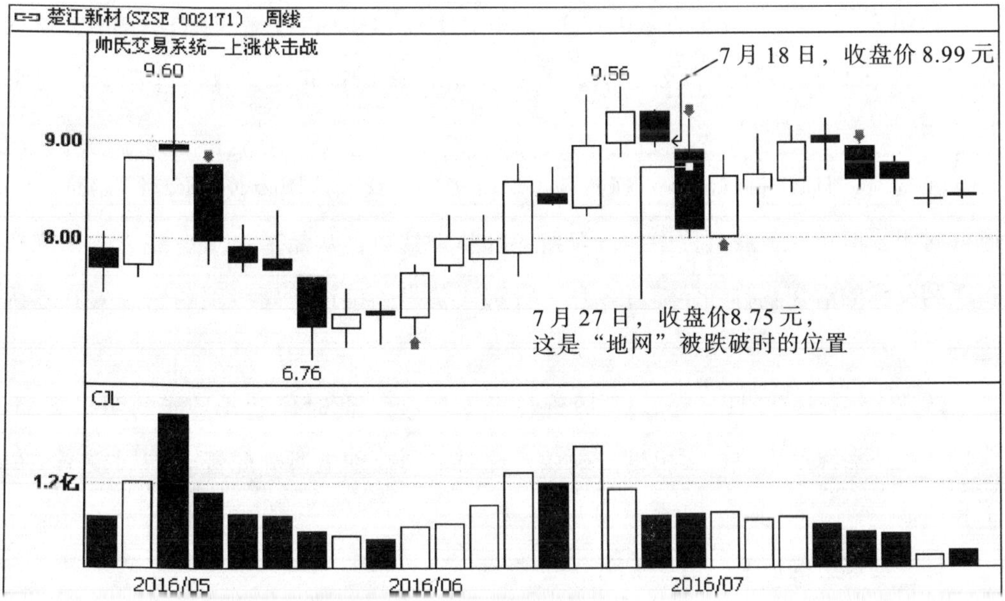

图 2－126

如图 2—126 所示，通过上述细致的分析，7 月 25 日至 29 日卖出信号发出的这周，周级别大阴线还那么可怕吗?

案例八　神农基因（300189.SZ）

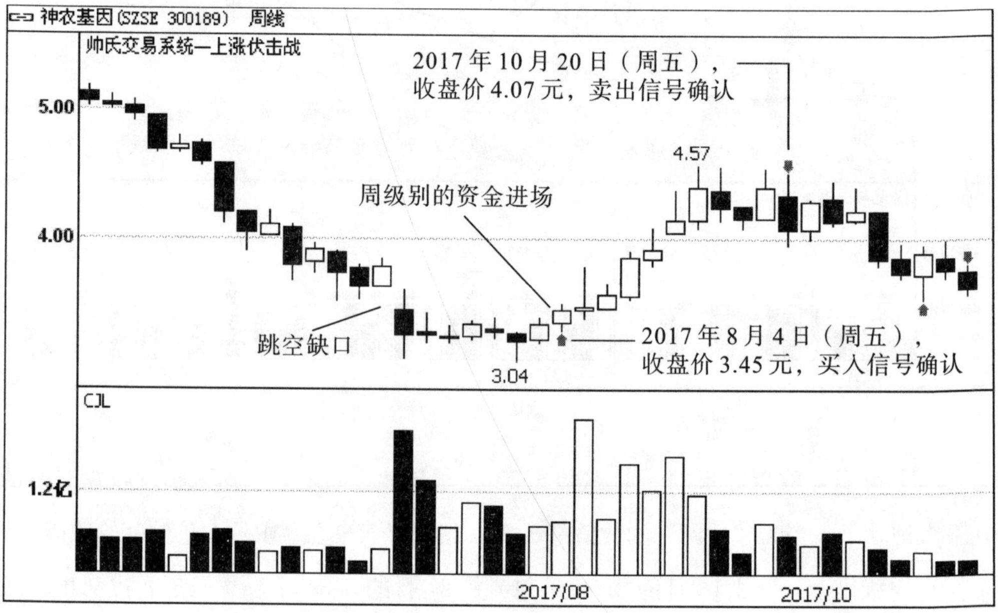

图 2—127

如图 2—127 所示，神农基因在 2017 年 7 月 17 日（周一）至 21 日（周五）这周创出 3.04 元的阶段性最低价之后，股价开始止跌企稳并走出【两连阳】的可喜形态。

尤其是 7 月 31 日（周一）到 8 月 4 日（周五）这周，周收盘价达到了 3.45 元，刚好封闭了股价在下跌过程中放巨量留下的跳空缺口，从而消除了可能影响未来股价顺利反弹的潜在威胁。伴随着 8 月 4 日买入信号的确认，周级别的资金要在这天进场。

2017 年 10 月 20 日（周五），股价收于 4.07 元。此时伴随着量能的明显萎缩，股价已经在滞涨后破位，卖出信号确认。此时，周级别上所分配资金的回报率达到了 18%。

日级别那边的情况，请见下图。

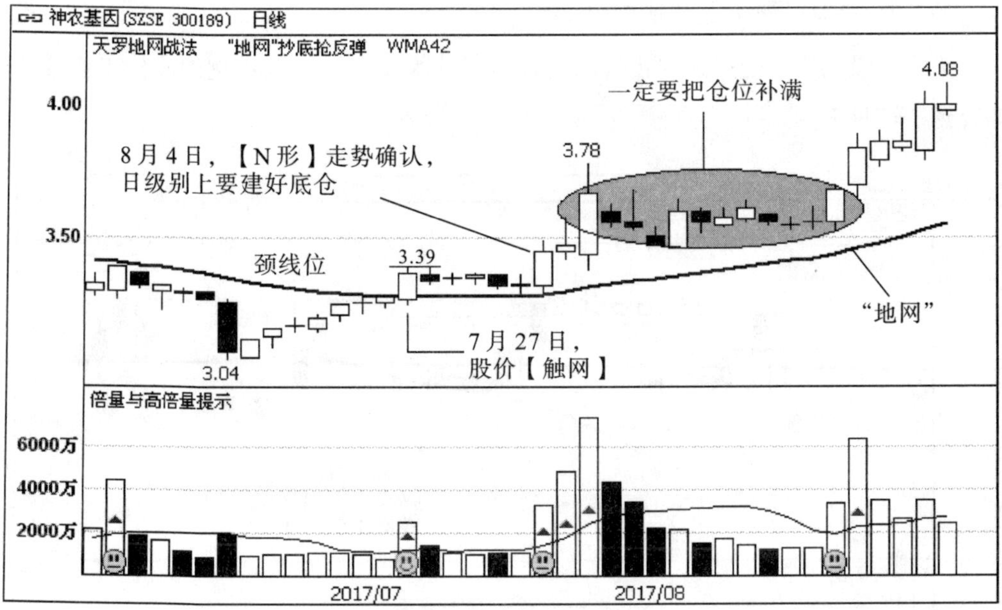

图2－128

如图2—128所示，2017年7月27日，伴随着成交量的成倍增加，神农基因的收盘价为3.37元，股价【触网】。在此之后的几天里，股价稍有回落并保持横向运动态势。可以肯定，只要股价不【破网】，它必将在“地网”的支撑下以【N形】走势形成一波反弹。

7月27日的最高价3.39元就是颈线位置，但由于该股是低价股，【触网】后股价与“地网”非常接近。为了避免【破网】造成不必要的麻烦，因此把日级别上建底仓的位置适当调高是可行的。换句话说，就是当什么时候股价越过7月27日的收盘价，【N形】上涨形态真正走出来之后，投资者再出手。

8月4日（周五），股价放量上涨，收于3.45元。投资者应该在这天的收盘前把日级别的底仓建好。此时连同周级别上使用的资金，总仓位已达到三分之二了。与此同时，日级别补满仓的价格上限我们也要赶紧算出来3.37×1.1＝3.71元，毕竟这天早晚要到来的。

8月8日，股价冲高至3.78元后回落，当天收在了3.67元。对于投资者来说，从这天开始把仓位补满，就是首要紧迫的事。如果投资者担心8月8日当天放出巨量，日K线上留出了上影线，那么忍一忍等股价回落再补满仓也可以。这招在本例中正好能用上。

到 8 月 30 日，股价上升到 4 元一线。

关于日级别所分配资金的止盈问题，笔者认为有必要结合本例的股价走势做适当介绍。请见下图。

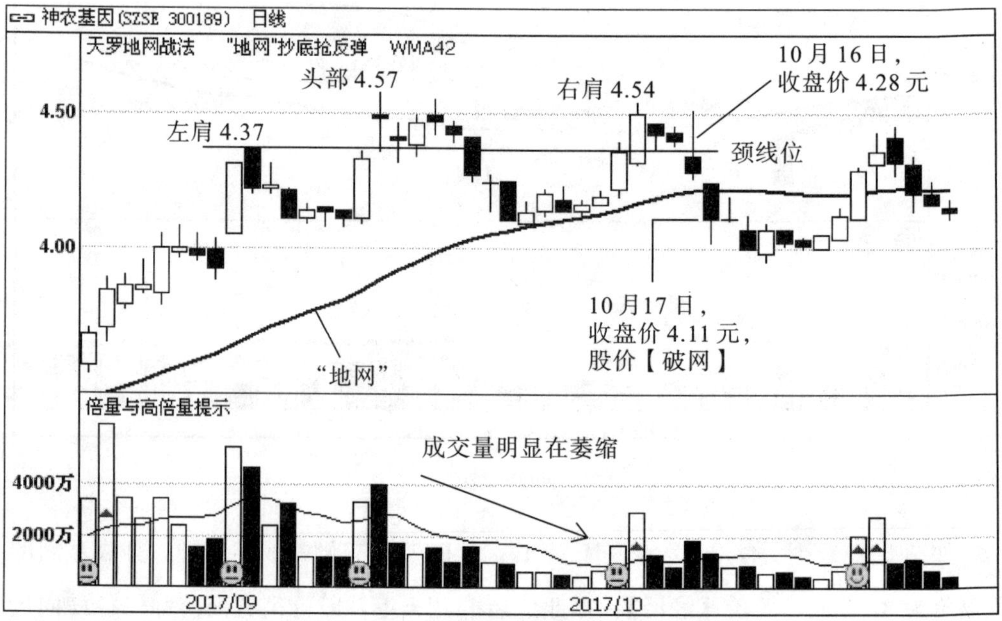

图 2—129

"历史会重演"，但行情不会简单重复。即便是同一只股票，它在每段行情的股价走势也是大相径庭的。另外，对于投机交易来说，出场的确比进场难。笔者一贯认为，止盈有思路，但无定法。"老师，我的股票现在赚钱呢，啥时候卖？"对于这样的问题，第一，你永远不要问别人，自己定；第二，最佳答案只有在行情结束后才能揭晓。

对于乖离率指标，笔者清楚其原理，但止盈时总是不知道参数该怎么设置。在交易中，笔者更习惯于根据股价的走势形态以及量价关系做止盈。

如图 2—129 所示，4.37 元、4.57 元、4.54 元，这三个价格分别为 9 月 5 日、9 月 15 日和 10 月 11 日创出的日内最高价，这三个价格构成了【头肩顶】形态。其中，4.37 元还是颈线所在的位置。一旦这个价格被跌破，笔者会条件反射般立刻清仓离场。另外，从 4.37 元到 4.57 元，价升量缩的趋势很明显，这里都产生量价背离了，难道不应该找机会逢高离场吗？

10 月 16 日，日 K 线拉出上影线，说明当天已经没什么人追高了，大家都是逢高就抛。当天股价收盘于4.28元，跌破了颈线位。

10月17日，收盘价4.11元，股价【破网】。

投资者在日级别上建立的仓位占总仓位的三分之二，他手里的这部分股票在10月16日、17日的任何一天止盈离场都是对的，或者一天走一半也行。

总 结

这里笔者再次强调，虽然我们是按照“地网”战法和“上涨伏击战”策略模型来进场并分配手中资金的，但请各位牢记“地网”战法的初衷——抄底抢反弹！抄底操作的收益预期是10%至30%。因此，在止盈这个重要环节上，灵活运用各种手段做主动止盈是可行的，把真金白银装进口袋才是第一要务。

在任何一个不赔钱的价位买股票，永远都是对的！股价越涨你就越抛，这个可以有；“地网”没破就减仓，这个也可以有——毕竟“地网”只是多方做被动止盈的最后底线。

第三章

果断止盈

一、“地网”之上的短线快钱机会

“地网”战法主攻抄底抢反弹，这个“抄”字，可是大有学问。在10%至30%这个并不算很大的收益预期范围之中，有时候10%（甚至更多）可以靠“抄”抄出来。在哪里抄呢？就是在“地网”已经向上运行，股价回落至非常接近“地网”的那个位置。请看下面的个股案例。

如图3—1所示，图中被框起来的两个交易日是2016年10月17日和18日，这两天＊ST哈空（600202.SH）的股价从12.09元的位置回调并止步于“地网”之上。

10月17日，“地网”数值为11.22，当天股价最低11.26元，收盘于11.40元。

10月18日，“地网”数值为11.25，当天股价最低11.31元，收盘于11.59元。

虽然17日、18日这两天的股价走势缺乏成交量的有效配合，股价在接下来的3个交易日内并没有立刻拉升。但是，“地网”依然在向上运行却是不争的事实！

“地网”对股价的支撑力在10月24日、25日得到充分体现，短短几天工夫就给敢于在17～18日进场的投资者带来10%左右的利润！

想在股市里赚快钱，投资者必须做到两点：一、把握住绝佳的进场时机；二、拉高出货，止盈坚决不拖。

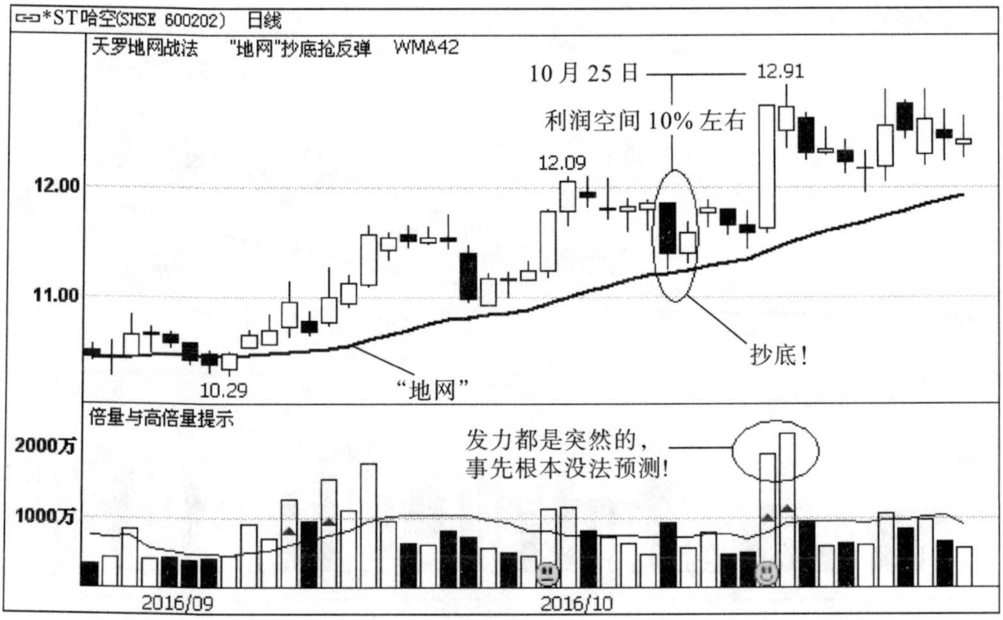

图3—1

为什么在贴近“地网”的位置会有短线机会可“抄”？其背后的机理有二。

第一，前面的相关内容已经论述过了，“股价在【触网】后的向上运行过程中，如果股价回调【破网】后拉起再【触网】，再【触网】的当天就要捡回筹码”，既然【破网】后再【触网】都是机会，那如果股价根本就没【破网】，而是在“地网”之上获得支撑，那岂不更好？股价没有【破网】，正说明其走势强，或者是“地网”支撑力强。起爆点大致就在这里了，坚持一下，至少10%的收益值得你去搏一搏。

第二，“地网”之上一点点，这里是打“伏击战”的最佳位置，比非得冲过前高点的“追歼战”舒服多了。

当然，投资者一定要时刻提醒自己别太贪，不要有过多不切实际的收益预期。毕竟这个“雕虫小技”是涵盖在“地网”战法里的。所以，用主动止盈把这笔快钱装进口袋里，靠谱。

请看下面几个案例。

案例一　沧州明珠（002108. SZ）

如图3—2所示，2016年5月9日、10日、11日这三天，沧州明珠的股价回落到离“地网”非常接近的地方。一次绝好的短线抄底机会已近在眼前！

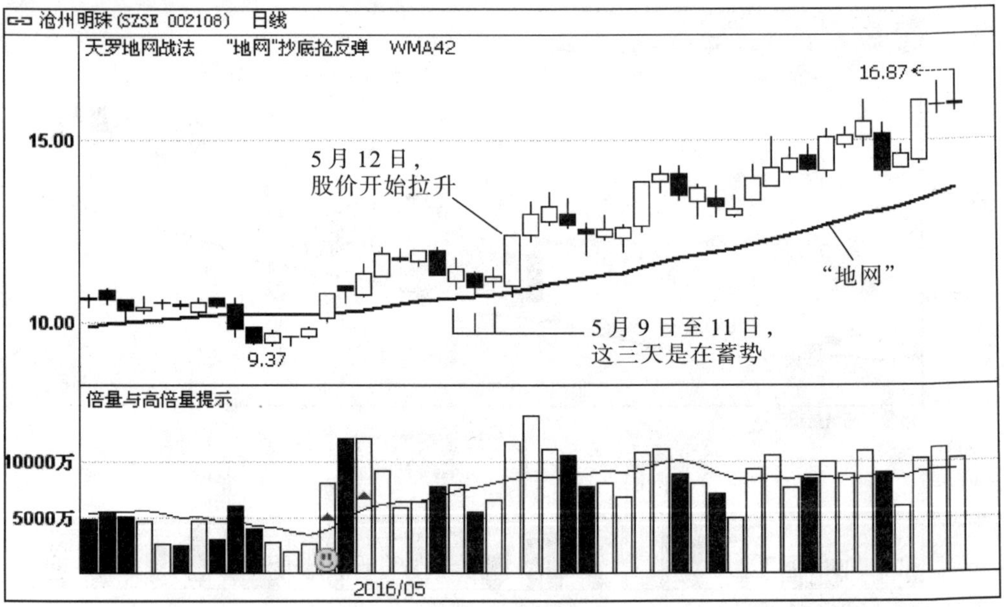

图3-2

5月12日，股价居然在拉升的前一刻还不忘虚晃一枪。当天的最低价10.74元已经跟“地网”亲密接触在一起了，因为当天的“地网”数值是10.84。不能等收盘，5月12日收盘时股价报收12.41元——涨停了，你买不到了！短线进场机会要在盘中抓，请看下面的30分钟图。

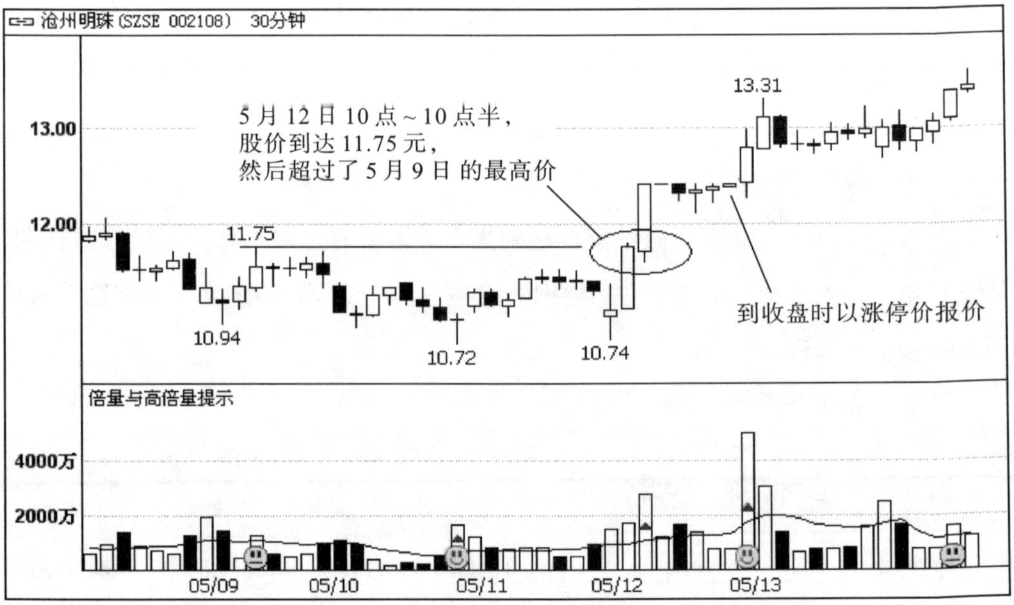

图3-3

如图 3—3 所示，沧州明珠的股价在 5 月 12 日 10 点至 10 点半之间便到达了 11.75 元，然后继续上行，轻松超过 5 月 9 日的最高价。什么叫上涨？能创新高才叫上涨。因此，从 10 点半到 11 点之间，在股价超越 5 月 9 日的最高价之际进场，这才是正确的操作。有意思的是，投资者此刻进场应该是最踏实的——别忘了，“地网”当天的数值可是 10.84。所以说，其实在日级别上，“地网”就在此时此刻股价下面不远的地方伴随，并“护送”着股价一路上行呢。

案例二　广东鸿图（002101.SZ）

如图 3—4 所示，2016 年 3 月 29 日，广东鸿图的股价【单针探底】，几乎触碰到了“地网”。难道不应该就在这里果断抄底吗？即便下个交易日股价【破网】，又能损失多少？

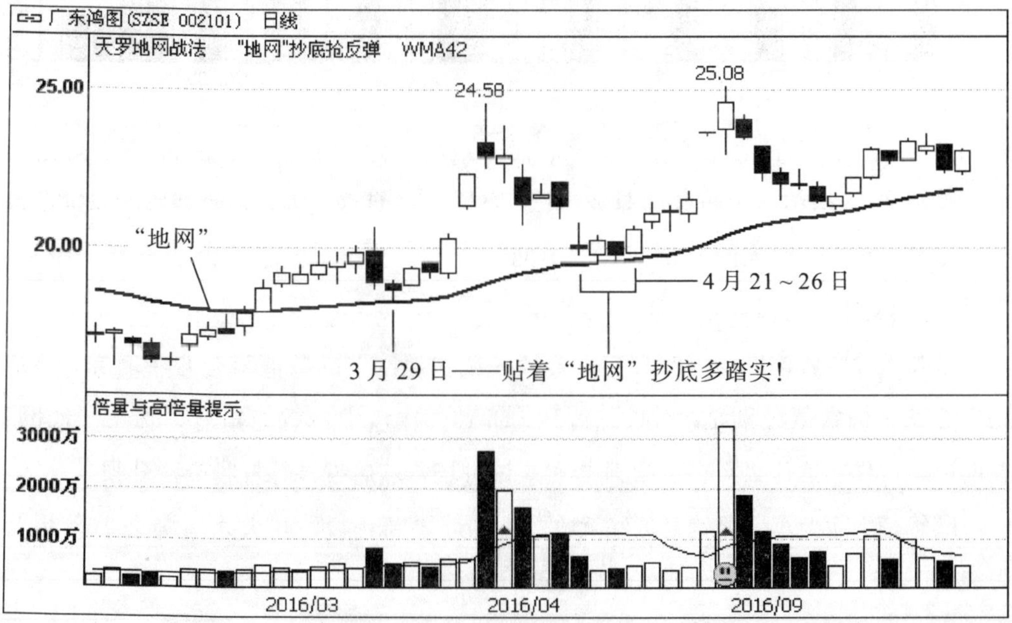

图 3—4

4 月 21 日至 26 日的 4 个交易日，股价从 24 元上方回落到 20 元上下的位置，再次接近“地网”。即便股价【破网】又如何？况且也没破。在本例中，“地网”向上“托举力”之强大表现得淋漓尽致，给了投资者两次轻松赚快钱的机会。

原来“伏击战”还可以这么打！

案例三　信隆健康（002105. SZ）

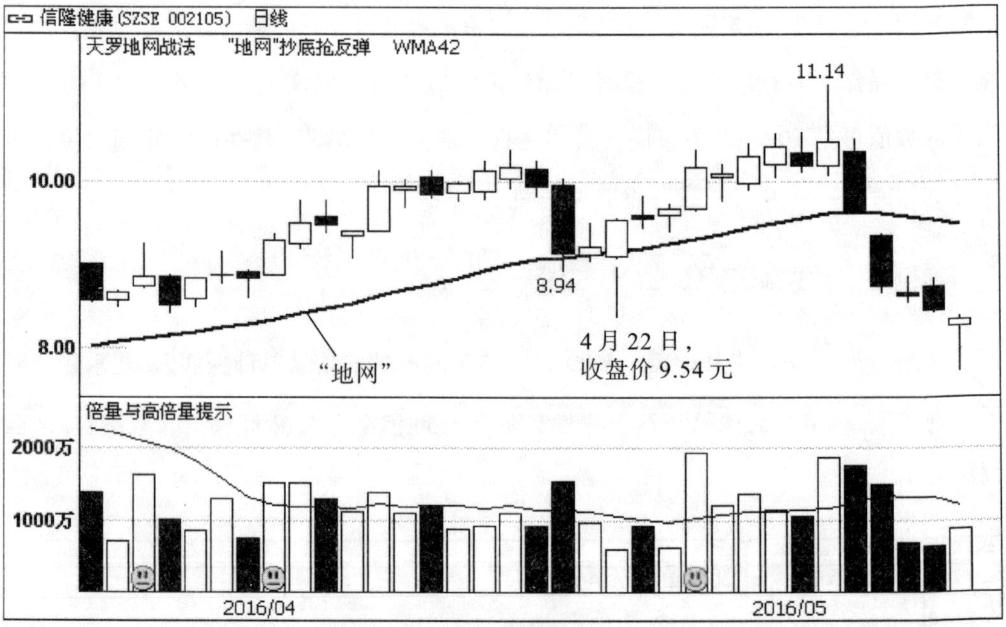

图3－5

如图3－5所示，2016年4月20日、21日、22日这三天，信隆健康的股价走得实在是够惊险的！3天的股价都与"地网"有亲密接触，但收盘价都没有跌破它，"地网"的支撑力之强可见一斑。

这几天投资者该进场吗？其实只要读一读"地网"的数值就会心中有数。"地网"这三天的数值分别是：9.09、9.12、9.16，在盘中你就能知道。既然"地网"在向上运行你还怕什么？4月22日当然应该进场，然后就是等着股价拉升呗。

既然是中途上车，那就要见好就收。进场后果断止盈，几天之间赚个10%也是可能的。

案例四　常铝股份（002160. SZ）

如图3－6所示，2017年6月15日，从10元上方一路跌下来的常铝股份终于迎来了自己的【触网日】，当天股价收于6.98元。随后，标准的【小阳慢推】＋【N形】冲高走势将股价一路推送至8.88元的位置。

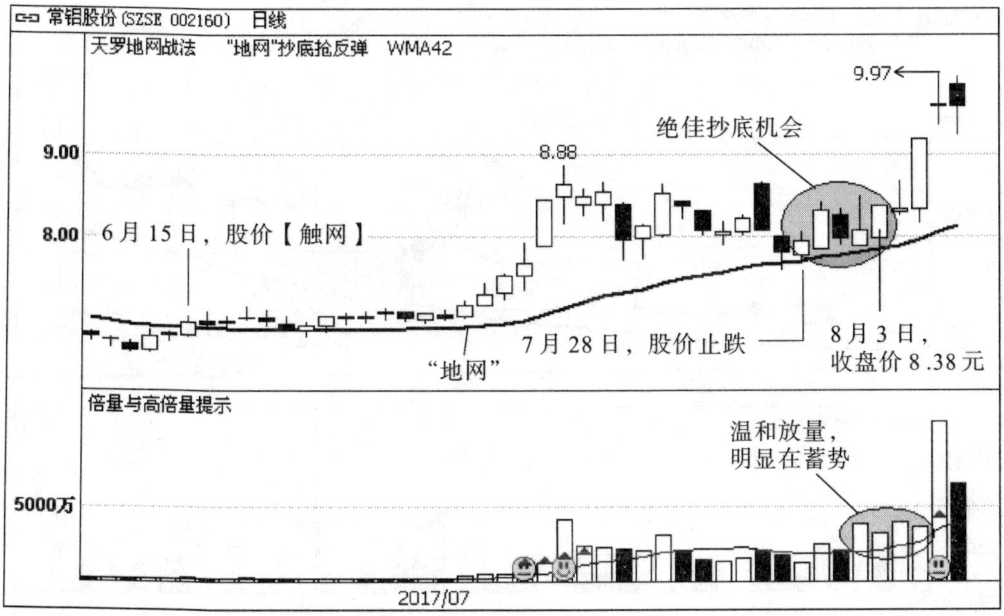

图3—6

7月27日、28日两天，在股价回落过程中，当天的最低价都曾触及“地网”，但收盘价始终站于“地网”之上。

很明显，从7月28日开始股价就止跌了，并且在后面几个交易日里受到“地网”贴身般的呵护。正如图中被标注出来的那样，8月3日收盘价8.38元，伴随着成交量的温和放大，股价再次启动的迹象已经非常明显。

8月3日，投资者应该就在这天进场抄底抢反弹。两三天后，10%左右的收益唾手可得。

案例五 芭田股份（002170.SZ）

如图3—7所示，在图中被框起来的区域中，芭田股份这几天的股价不但已经与“地网”靠得十分近了，并且5个交易日里有4个交易日带有明显的下影线，“地网”支撑力之强大可见一斑。

成交量萎缩又该怎么解读？量缩价不跌，说明投资者的惜售情绪浓厚。

8月5日，股价开盘后略做下探，便很快打破了前4个交易日极度窄幅振荡的格局，启动迹象很明显。到收盘时，收盘价为9.52元。8月5日进场抄底，位置刚刚好。

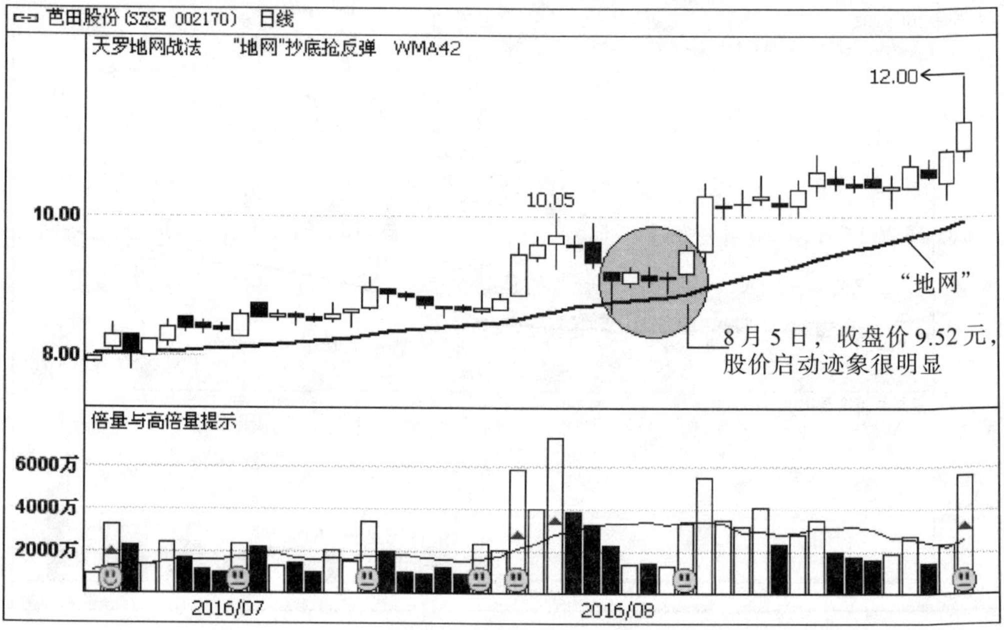

图 3－7

案例六 宁波东力（002164. SZ）

如图 3－8 所示，2015 年 11 月 27 日至 12 月 2 日，宁波东力连续 4 天拉出下影线，实实在在地对“地网”的支撑力考验了一番。

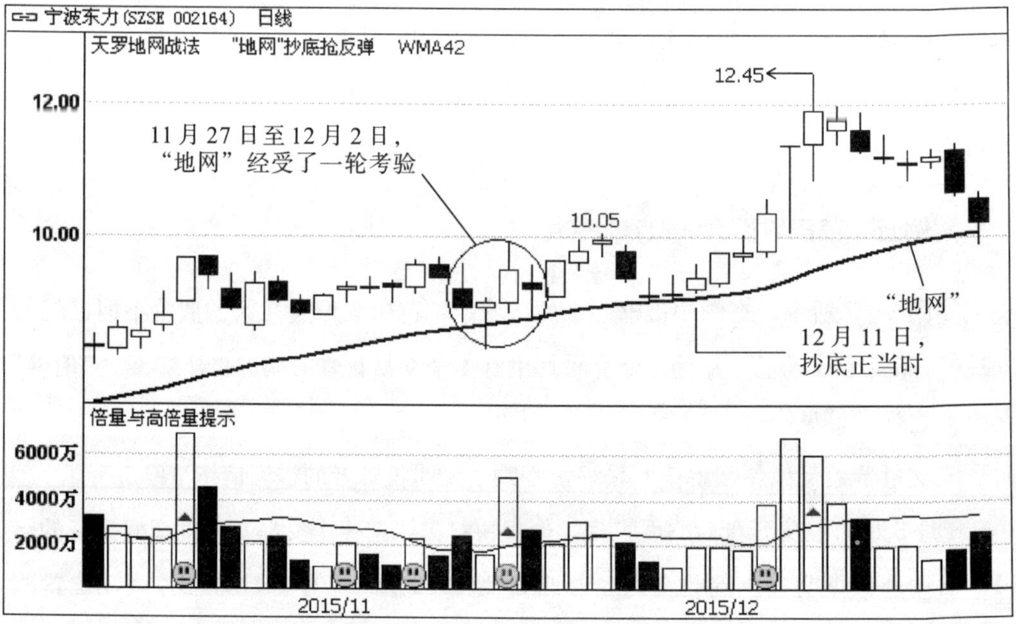

图 3－8

12月9日、10日，股价下跌并和“地网”无限接近，又是两根带上影线的K线。这回考验的恐怕不只是“地网”了，考验的更是投资者的心理。然而这种回调就是纸老虎——股价滞涨、横摆，但“地网”始终在向上运行，而无量则明显表明空方砸不动了。因此，何惧之有?

12月11日，收盘价9.40元，股价相对于前两个交易日明显止跌，K线收出小阳线。多好的进场机会啊!

案例七 昊华能源（601101.SH）

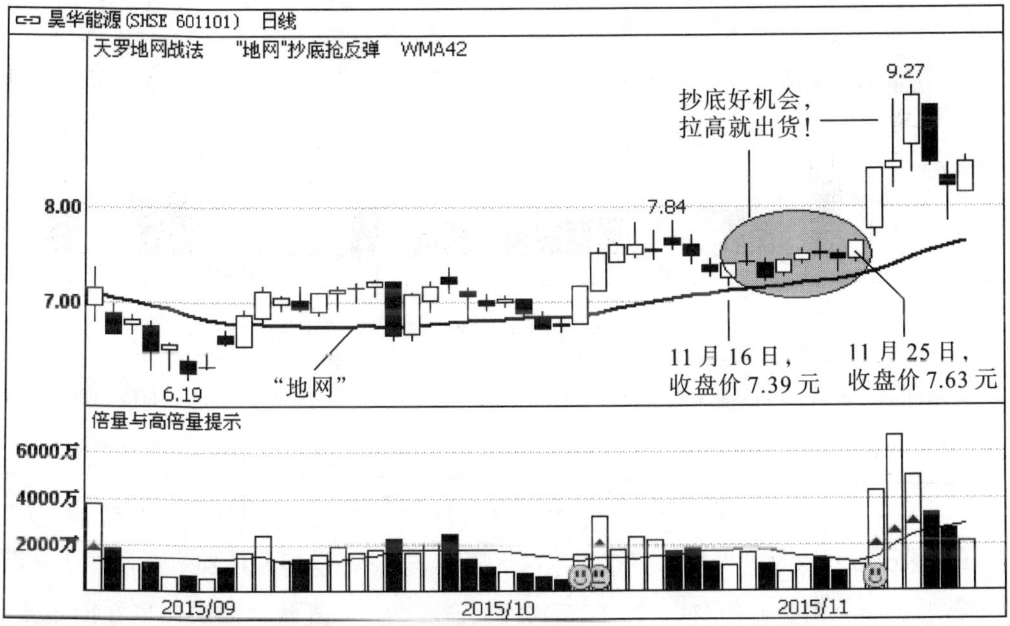

图3—9

如图3—9所示，2015年11月间，昊华能源总共有8个交易日是抄底赚快钱的好机会。当时股价已经止跌企稳站到了“地网”之上，只是由于成交量暂时还没有跟上，因此最后的拉升还没有到来。

2015年11月16日到25日，股价“悬浮”于“地网”之上长达8个交易日，与之保持非常近的距离。之前的高点7.84元高高在上，而此时悄悄进场就是典型的“伏击战”打法。

11月26日股价开始拉升，不必恋战，有钱就赚！千万别在股价冲高回落中大呼后悔。

案例八　新城控股（601155.SH）

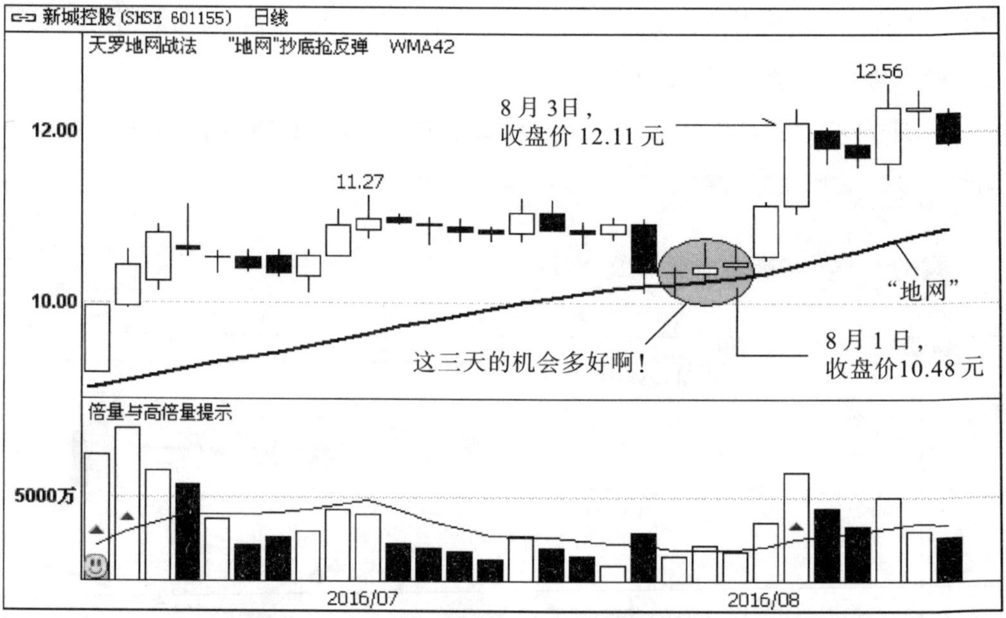

图3－10

如图3－10所示，新城控股2016年7月27日突然一根5%的大阴线砸下来，"地网"命悬一线。这天抄底当然不可取，但后面的3个交易日可是有机可乘啊！

2016年8月1日，收盘价10.48元。这已经是7月27日大跌之后的第三个交易日了，再不进场抢反弹可真就"过这村没这店"了。从7月27日开始，连续4天的"地网"数值分别是：10.20、10.23、10.26、10.29——既然"地网"还在向上走，买进去搏一把，值。

8月3日，收盘价为12.11元，后面那个12.56元是过几天才会有的。从8月1日的10.48元到12.11元，两个交易日能赚10%，不算少了！

案例九　宁波高发（603788.SH）

如图3－11所示，宁波高发2016年10月10日，股价【触网】。

10月18日，【触网】后股价第一次在盘中跌破"地网"，最低价为41.49元。但这天股价是低开高走的，收盘时又收上去了。如此有惊无险的走势后来又出现了一次。

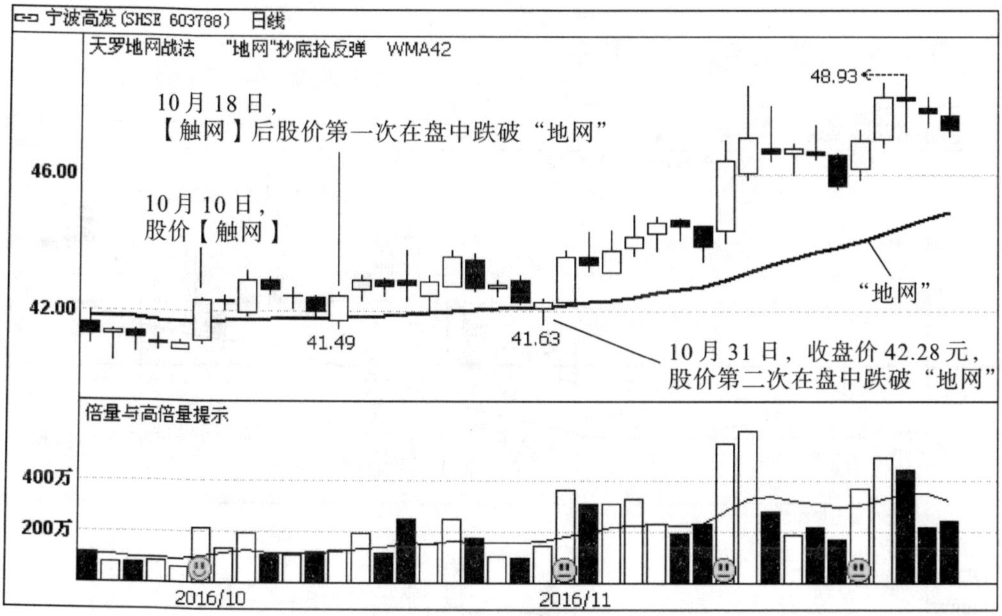

图 3—11

10 月 31 日，股价第二次在盘中跌破“地网”，最低 41.63 元，收盘价为 42.28 元。这天便是绝佳的抄底机会。理由在于，自打 10 月 10 日股价【触网】之后，收盘价已有 15 个交易日运行在“地网”之上。随着时间的推移，“地网”对股价的支撑力与日俱增。通过读取“地网”每天的数值就能发现其正在向上运行的趋势。从 10 月 18 日开始到 10 月 31 日的 10 个交易日，“地网”的数值分别为 41.78、41.83、41.86、41.89、41.93、42.00、42.03、42.07、42.08、42.10。

“价格在先，均线在后”，没错。但反过来，在 10 月 10 日【触网】后股价并没有大涨的情况下，“均线托着股价涨”的现象是不是也格外明显呢？均线原理中有一条“切线法则”，说的就是股价刚好在某条关键均线的位置获得支撑的现象。“地网”就是一条均线，因此“切线法则”同样使用于“地网”战法。

想赚短线快钱，你就必须学会“点穴功”，要敢于在股价回落、无限接近“地网”的那天出手。如果第二天股价【破网】证明你的抄底错了，那你就止损好了；如果第二天股价拉上去了，赚个 10%你就可以跑。

案例十 上海贝岭（600171.SH）

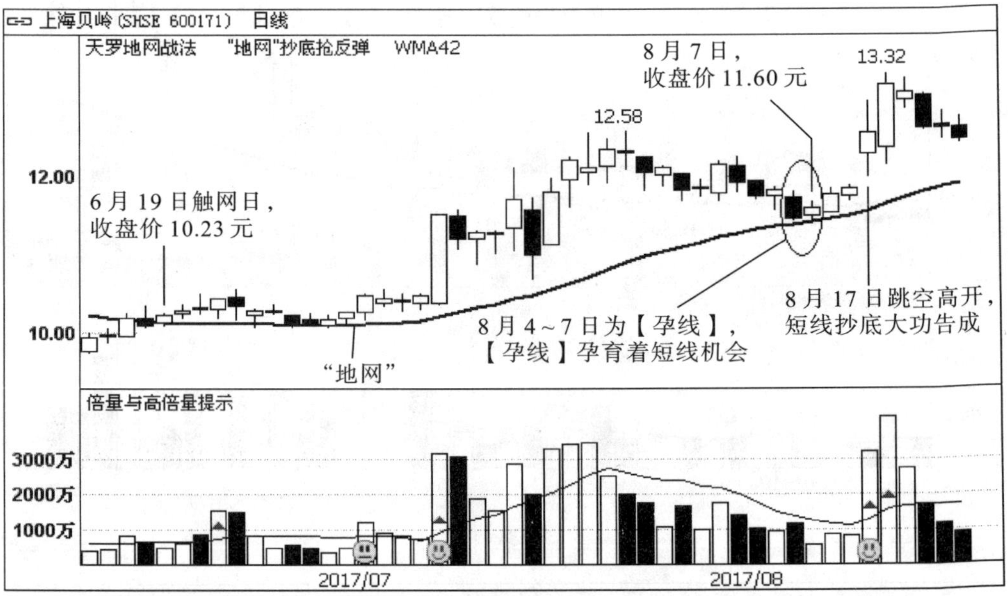

图3－12

如图3－12所示，2017年6月19日是上海贝岭的【触网日】，当天股价收于10.23元。此后一段时间里，【小阳慢推】＋【N形】冲高走势非常明显。

7月24日，股价冲高到12.58元后回落。这个位置距6月19日的10.23元，涨幅已达到23%。想抓到后面的机会，八成只能靠在绝佳的位置抄一次底了。

8月4日（周五），股价高开低走收阴线。

8月7日（周一），股价低开高走，收盘价11.60元，K线为小阳线。由于小阳线的实体部分被完整地"包裹"在8月4日的阴线之中，因此8月4日和8月7日这两天的K线形态是【孕线】。【孕线】本身并没有特殊的趋势指向性，此种形态出现后股价涨跌的概率各占50%。此时关键看什么？看有无"地网"的支撑。

8月4日和8月7日这两天的"地网"数值，已经从6月19日【触网日】的10.13上升到11.39和11.42了，趋势没变。8月7日，股价相对于8月4日属于止跌，当天的收盘价与"地网"异常接近。因此，这波反弹最后的一部分利润，就是要靠在8月7日进场抄底搏一下。

8月17日，股价跳空高开，最高冲到了12.97元，收盘价为12.56元。如果投资者敢于在8月7日进场抄底，到8月17日即可获得10%左右的收益率。

总　结

笔者在这里讲的短线打法，是“地网”战法里一种快进快出的交易手法，它由均线原理中的“切线法则”而来。交易者们要尽量先观察、再实盘。开始时可以少量做，用100股、200股实验，等熟能生巧之后再放大交易的规模。

二、捕捉超跌反弹行情

1. 什么是超跌？

记得笔者的恩师在20多年前讲过一句话：“要空仓等暴跌！”过了很久笔者才彻底理解了这句话的意思。

“机会是跌出来的！”不跌，风险怎么释放？跌就是为了今后的涨。所谓“超跌”，就是股价跌过头了、跌“透”了。当然，此时股民的心想必也凉透了。

无论是新股、次新股，还是老股，只要股价累积跌幅超过50%，就算超跌了。为什么这么算？笔者向大家介绍一个背景情况。

上市公司都有大股东，大股东是实体企业的创业家族。除非彻底不想干了，否则大股东不会搞清仓式减持的。通常情况下，大股东必须保留足够多的上市公司股权，无论这种股权是流通的、还是非流通的。为什么？因为大股东身份能够让他拥有这家上市企业的经营决策权、人事任免权、利润分配权和财产处置权。不仅如此，大股东还要用他持有的上市公司股权到银行去做质押，以贷到维持企业运转的宝贵资金。

商业银行根据什么来计算到底该为上市公司质押的股权放多少款呢？不是看上市公司的净资产，商业银行只看二级市场里的股价，看上市公司质押的这部分身家到底值多少钱。

举例来说，如果上市公司把自己手里所持有的1亿股股权拿去质押，而此时二级市场上的股价是每股10元，那么这1亿股股份的市值就是10亿元。银行在给上市公司放款的同时会把规矩跟上市公司讲清楚：我现在给你放款4个亿，同时，你这只股票的平仓线就设置在 4 元的位置。一旦股价低于 4 元钱，我有权处置你质押在我银行的这些股权。

看到这里相信读者都能明白，实际上是谁最怕股价跌，尤其是暴跌，是上市公司的大股东。因为万一股价真的低于 4 元钱，而他恰恰由于资金周转等原因而不能及时还上从银行贷的那 4 亿元时，他的股权一经公开拍卖可就没了。最悲惨的情况，是那些股权甚至会旁落到竞争对手手里。有一点我们必须清楚，相对于银行而言，上市公司是弱势一方。因为根据相关规定，银行不但有权到期不再续贷，而且有权随时抽贷和停贷。

综上所述，当股价的整体跌幅超过 50％甚至更多时，它确实就算超跌了。

2. 用“地网”战法在超跌中抓反弹

股价超跌对空仓的股民来说，绝对是好事。但股价跌过头不一定马上就能涨，这点我们必须牢记。只有股价跌过头加蓄势充分，这样反弹发生的概率才大，反弹的幅度才高。

案例一　劲拓股份（300400. SZ）

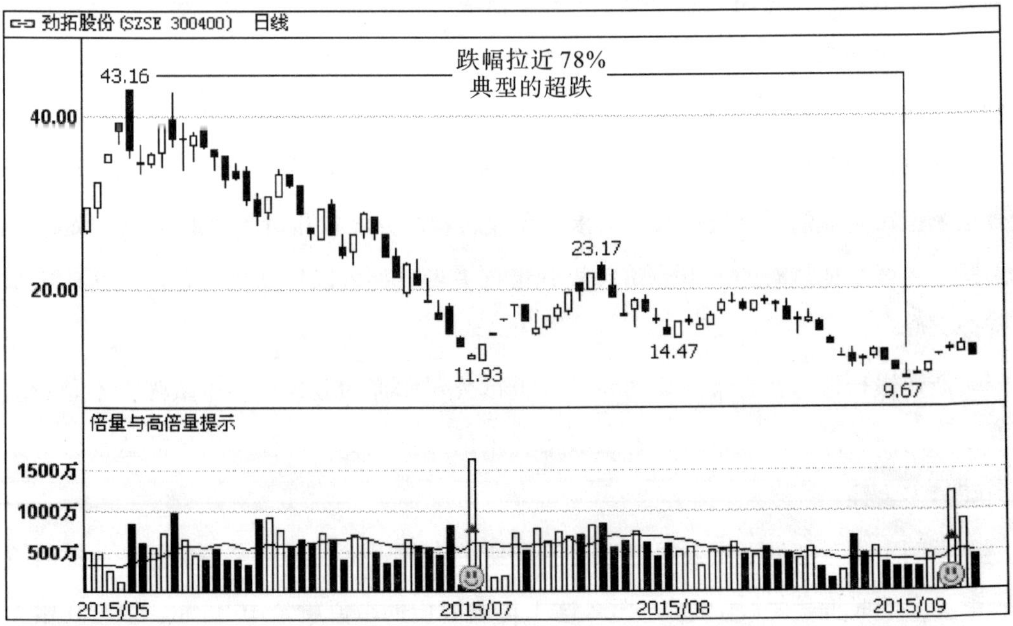

图 3－13

如图 3－13 所示，劲拓股份在 2015 年 5 月“股灾 1.0”前创出了 43.16 元的历史新高。到 9 月 2 日跌出了 9.67 元的阶段性最低价，跌幅接近 78%，属于典型的超跌。

下跌时这么猛，那反弹应该也很给力吧？答案见下图。

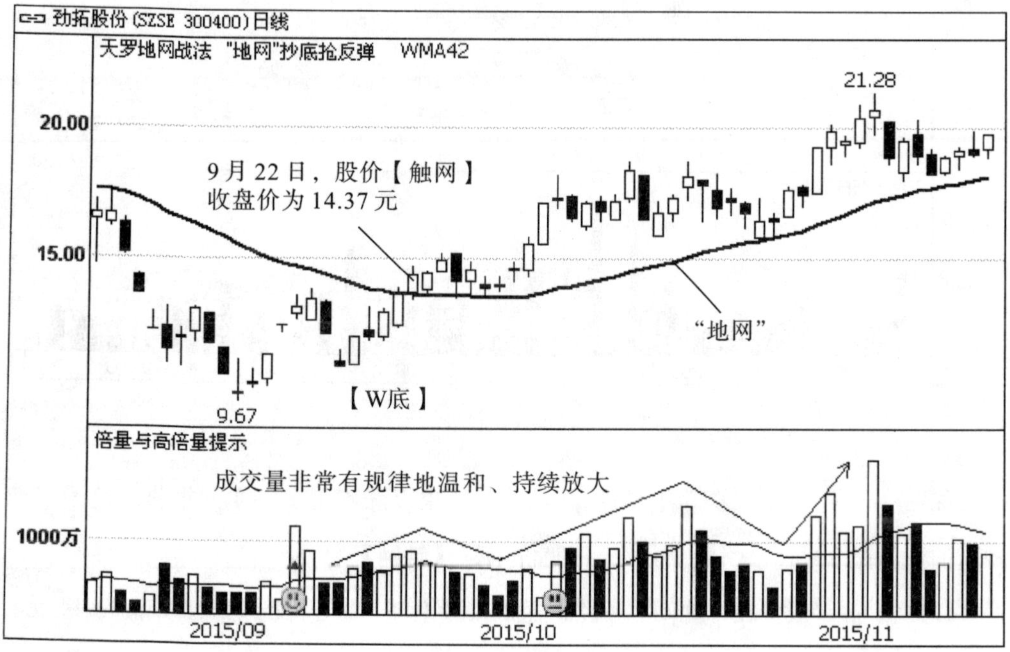

图 3－14

如图 3－14 所示，在做成【W 底】后，劲拓股份于 9 月 22 日【触网】，当天收盘价为 14.37 元。伴随着规律地温和、持续放量，股价逐渐蓄势，始终保持在“地网”之上稳步推进。

至 2015 年 11 月 12 日，股价终于创下了此轮反弹的最高价 21.28 元。即便从【触网日】的收盘价 14.37 元算起，“地网”之上这一段反弹的最大涨幅依然高达 48%。

案例二　七匹狼（002029.SZ）

如图 3－15 所示，从 2015 年 6 月 15 日至 9 月 15 日，整整 3 个多月时间，七匹狼 75%的市值蒸发了，可谓惨不忍睹。好在涨跌是无限循环的，机会总是会有的。

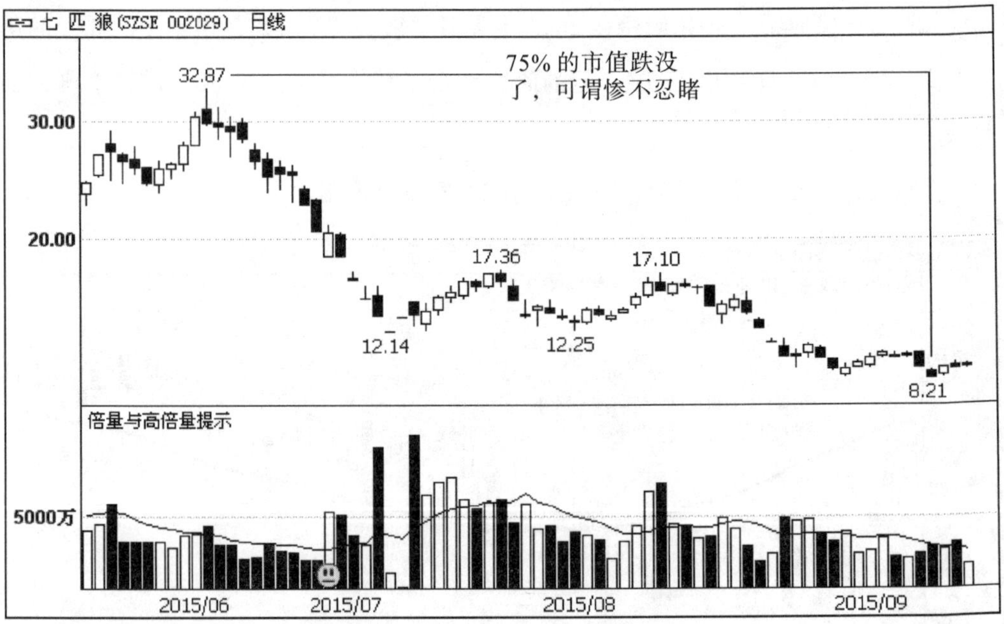

图3—15

如图3—16所示，2015年9月30日，七匹狼以涨停价10.44元报收。这天"地网"的数值是10.43，因此9月30日股价刚好【触网】。

【触网】后，股价在"地网"一路护送下持续上涨，并于11月25日推高至14元。

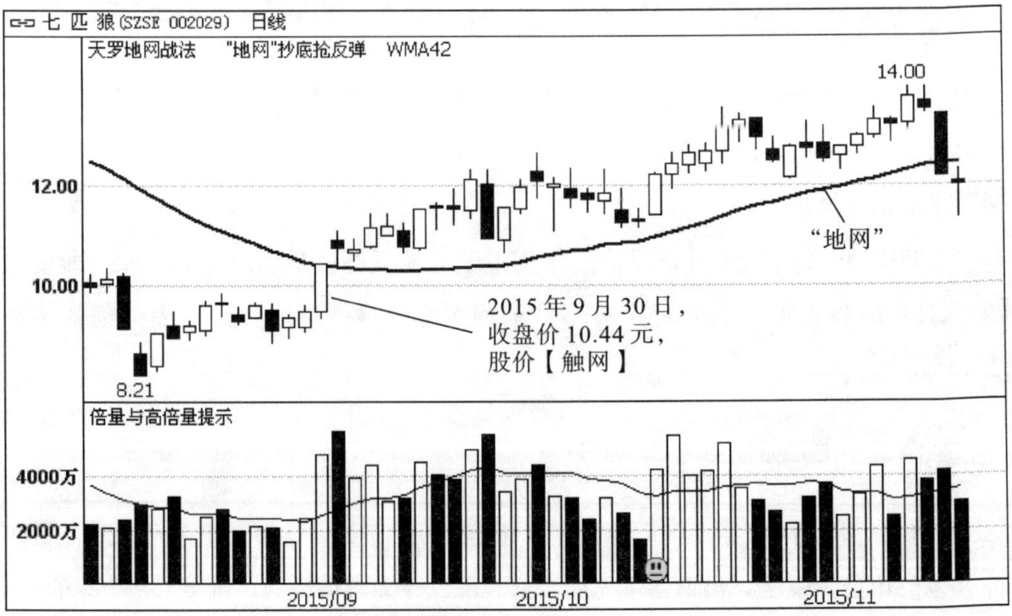

图3—16

这段反弹持续时间将近2个月，其间的最大涨幅为34%，与“地网”战法对反弹收益预期在10%至30%之间的判断高度吻合。

在这里，笔者和各位分享一个寻找超跌个股的简单方法：先在周K线图里找到超跌的个股，然后回到日K线图中找进场抄底的位置。请看下面的例子。

案例三 微光股份（002801. SZ）

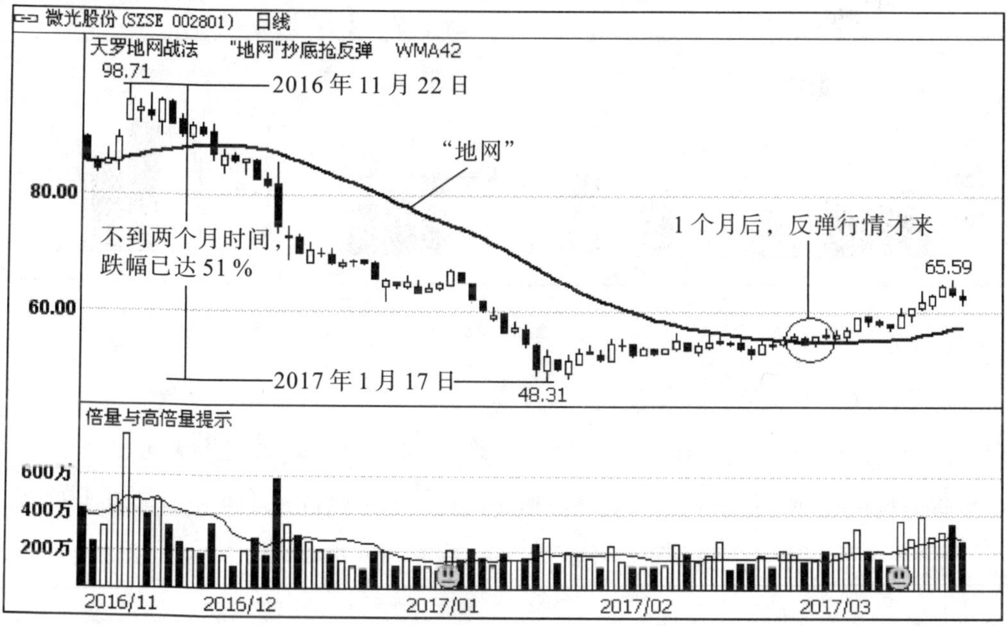

图3—17

如图3—17所示，微光股份的股价于2016年11月22日创出上市以来的最高价98.71元。约两个月后的2017年1月17日，股价创出了48.31元的阶段性最低价，累积跌幅达到了51%。这时我们就可以开始关注这只股票了，耐心等它【触网】。

股价深跌后不见得马上就有反弹行情。在等待了1个多月后，短暂的反弹行情才姗姗来迟。详情见下图。

如图3—18所示，2017年2月28日，微光股份的股价【触网】，当天收盘价为55.76元。在随后的反弹中，走势是我们已经非常熟悉的【小阳慢推】+【N形】冲高走势。

3月17日，股价摸高至65.59元便掉头向下，反弹宣告终止。

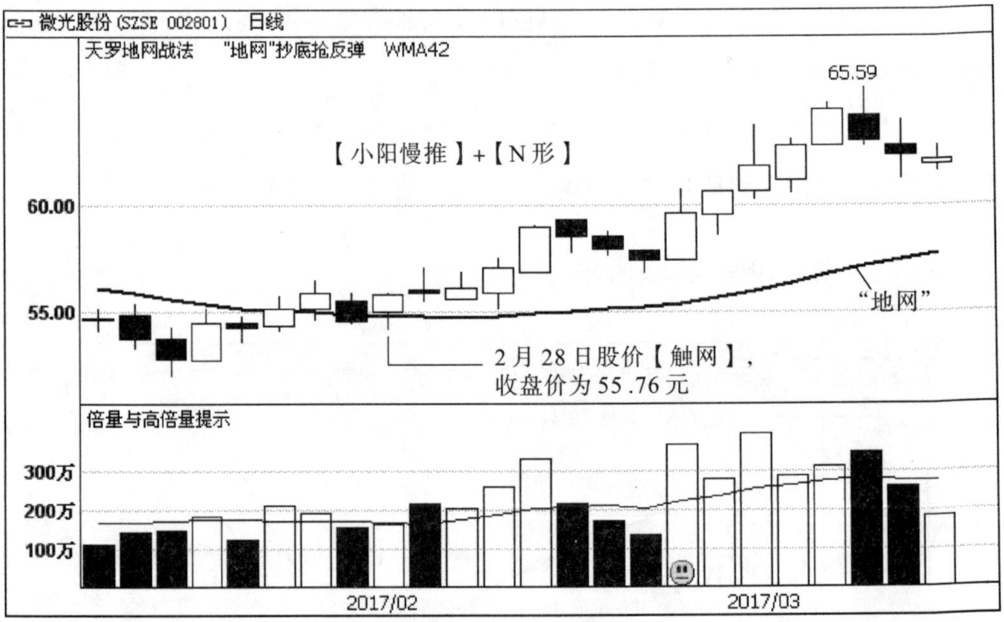

图3—18

尽管微光股份在深跌后迎来了一次反弹，但反弹幅度只有17.6%——（65.59－55.76）÷55.76=17.6%。而实际获得的收益率一定更少，虽然投资者可以在55.76元附近的价位进场，这个问题不大，但想卖在阶段性最高价65.59元则可能性不大。

"原来这波反弹只能赚这么点儿啊！"也许你会感到很失望。行情就是那么走的，谁也拿它没办法。但换个角度想，其实你比千千万万的股民强多了，你已经掌握了一整套发现机会、抓住机会的思路和方法，这比让你一次赚多少钱更有意义。

案例四　联创电子（002036.SZ）

如图3—19所示，联创电子的股价自2016年10月的28.84元，一路跌到2017年6月和7月的14元多，从整体跌幅上看，算是超跌了。从周K线图中对照阶段性的最高价和最低价找超跌个股，是不是一目了然，效率很高？

从股价走势看，此时刚好做了个【W底】。一旦下降趋势被有效打破，产生一波反弹将是大概率事件。但问题是，如果真有反弹的话，它什么时候会发生？我们又该如何抓到这波反弹？

这就需要回到日K线图中找进场位置了。请看下图。

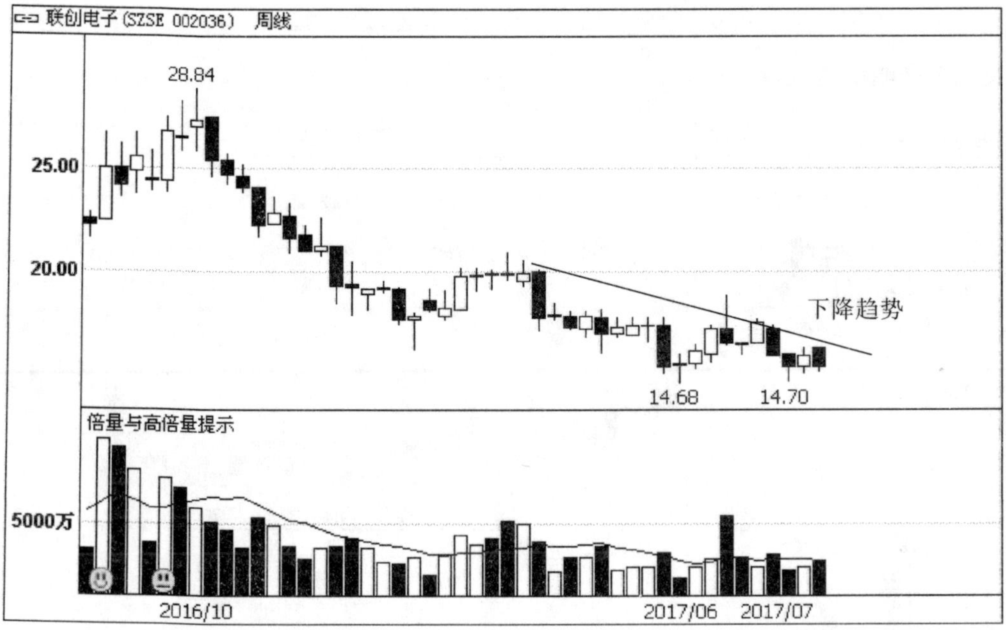

图 3－19

如图 3—20 所示，2017 年 8 月 14 日，联创电子的收盘价为 16.56 元，股价【触网】。随后股价的走势为标准的【小阳慢推】＋【N 形】冲高态势。

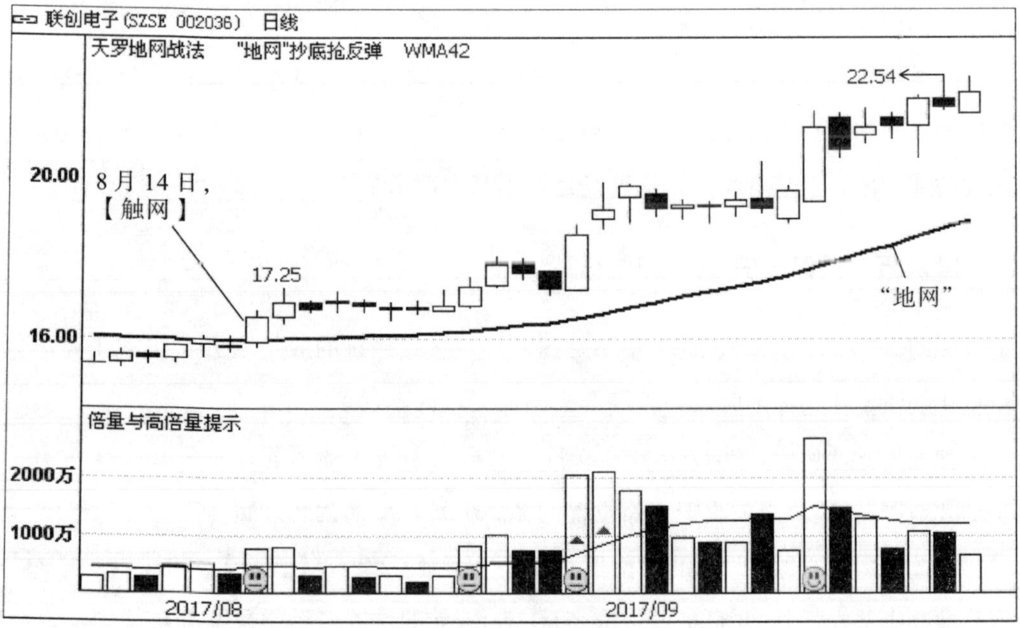

图 3－20

9 月 19 日，股价到达最高价 22.54 元。从股价【触网】后当天的收盘价算起，此段反弹幅度高达 36%。

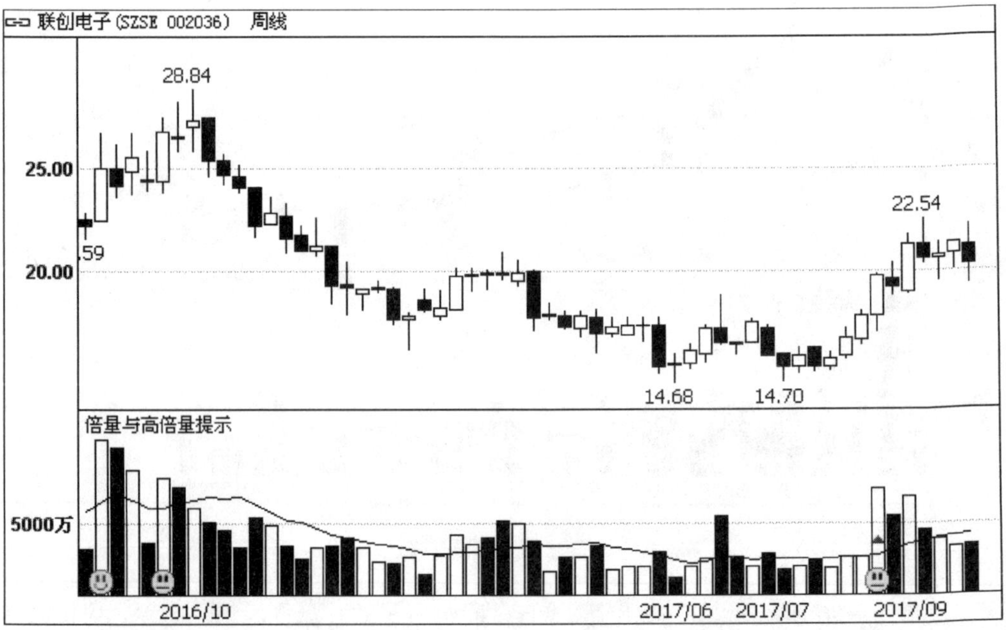

图 3－21

回到图 3－21 的周 K 线图中，我们能发现 14.68 元、14.70 元这两个下跌末期创出的最低价和次低价，以及 22.54 元的反弹最高价。当然，这三个极限价格都不是咱们散户的。我们能捕捉到的，就是图 3－20 中，用“地网”和“地网”战法能抓到的那一段。但笔者相信，这已经是很不错的结果了。

案例五　长春一东（600148.SH）

如图 3－22 所示，从 2017 年 1 月到 6 月，长春一东的股价跌去了一大半，成交量也快跌没了。这样的股票，否极泰来的那天也许不远了。

如图 3－23 所示，2017 年 6 月 9 日，一根大阳线拔地而起，一举站上了长春一东的“地网”。股价当天收于涨停位置的 25.61 元，反弹就此开始。

在此之后，“地网”上的股价虽有回调，但始终没有【破网】。两段清晰的【N 形】冲高走势在 7 月 26 日把股价推高至 37.88 元的位置。反弹幅度高达 48%。

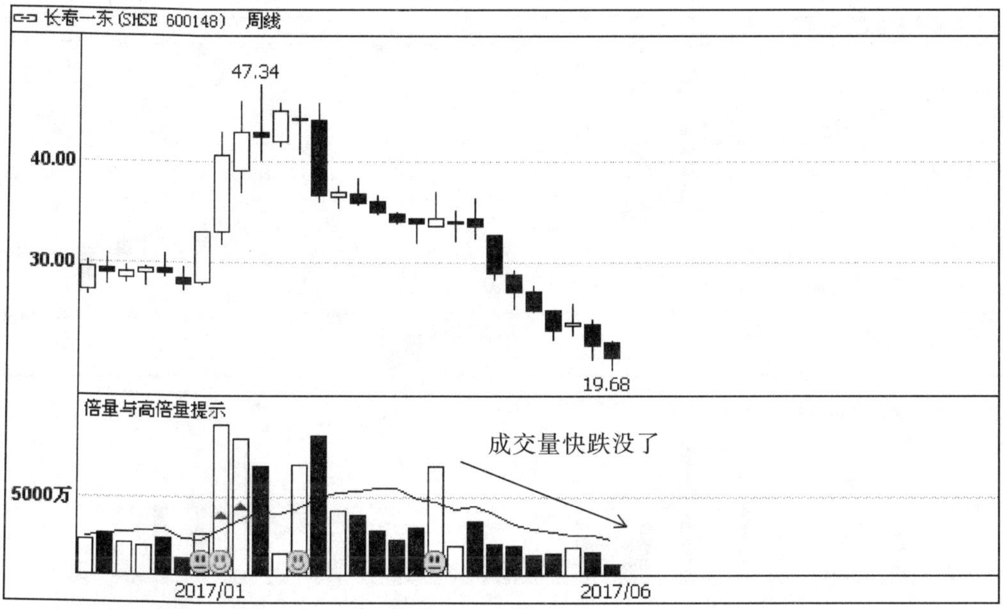

图 3－22

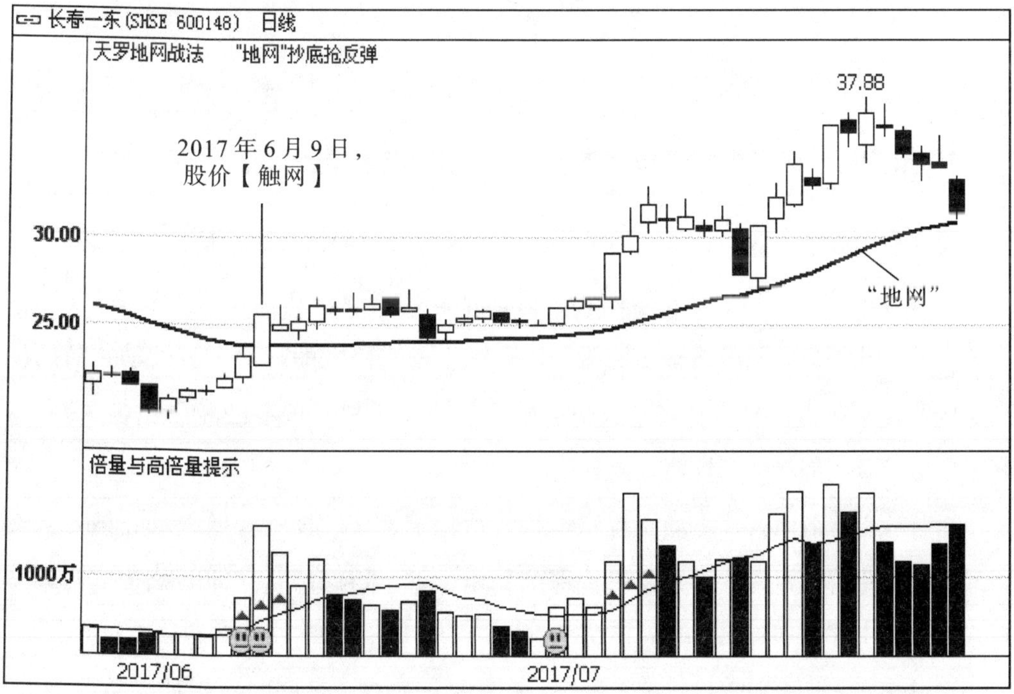

图 3－23

说来真是巧了，如我们在图 3－24 中所能看到的那样，该股的反弹从周级别上看，也是【N 形】冲高的走势。

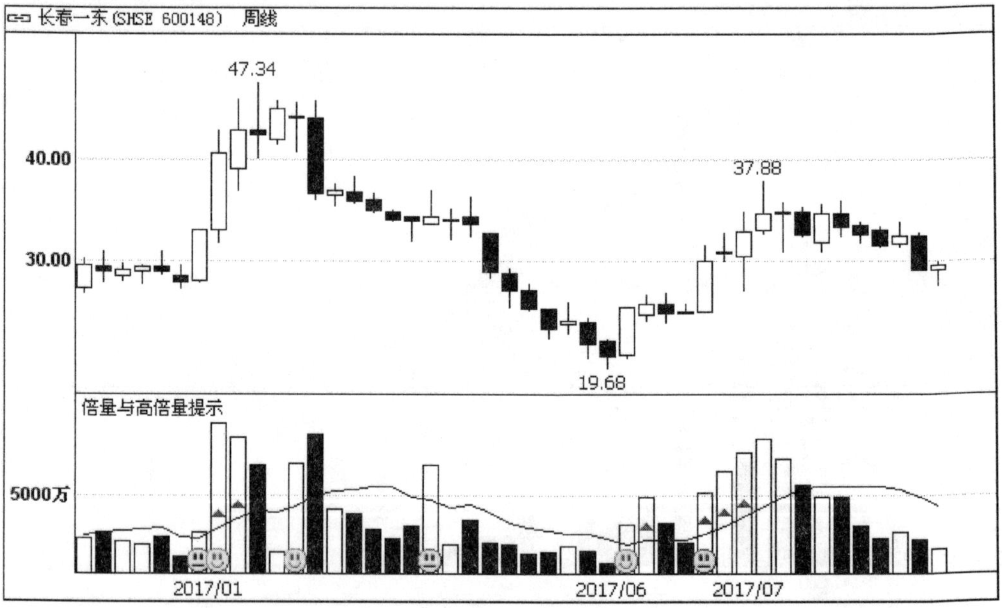

图 3－24

三、在压力区果断止盈

1. 反弹行情极易因年线和半年线的联合压制而终止

反弹行情来了，我们也抄到底了。接下来困扰我们的是什么？是如何止盈。

止盈分被动止盈和主动止盈两种。被动止盈是指股价破位之后投资者才清仓，它的好处是让你最大限度地忍耐回撤，以免踏空未来潜在的行情。但被动止盈的缺点也确实让人恼火，那就是真等股价破位了，一大段利润肯定已经白白损失掉了，相当可惜，真不如当初在较高的位置就离场好。

相对被动止盈而言，主动止盈则能很好地锁定利润。投资者做主动止盈，要么事先设定好止盈的目标位，只要股价涨到那里了就不再恋战，立即落袋为安；要么是当股价在上涨中遇到压力位时谨慎一点，一见形势不对马上离场。

通过收集大量个股素材后笔者发现，用“地网”和“地网”战法抄底抢反弹时，反弹行情的重要压力位通常在年线和半年线附近。尽管从表面上看，年线（MA250）、半年线（MA125）都是长期均线，似乎对反弹的影响不大，但事实并非如此！这两条长期均线不但具有很强的趋势指向性，而且其对反弹行情中股价走势的压制作用实在是太明显了。它们甚至可以被作为投资者进行止盈操作时的重要依据，因此请各位读者朋友仔细体会本节的内容。

请大家注意，在估算反弹压力位置时，笔者将使用传统的均线算法，即 MA 算法。

（1）遇到年线、半年线、“地网”三者空头排列，这样的反弹最好不参与

当出现年线、半年线非常接近的情况，其会对股价构成巨大的压力。尤其是当年线、半年线在上，“地网”在下的空头排列出现时，即便股价【触网】了，其反弹空间一般都不大。因此，这种情景下的反弹，不参与也罢。

另外，当年线、半年线和“地网”呈空头排列时，一旦股价跌破“地网”，很可能会引发较为严重的下跌行情。请看下面的案例。

案例一　千山药机（300216. SZ）

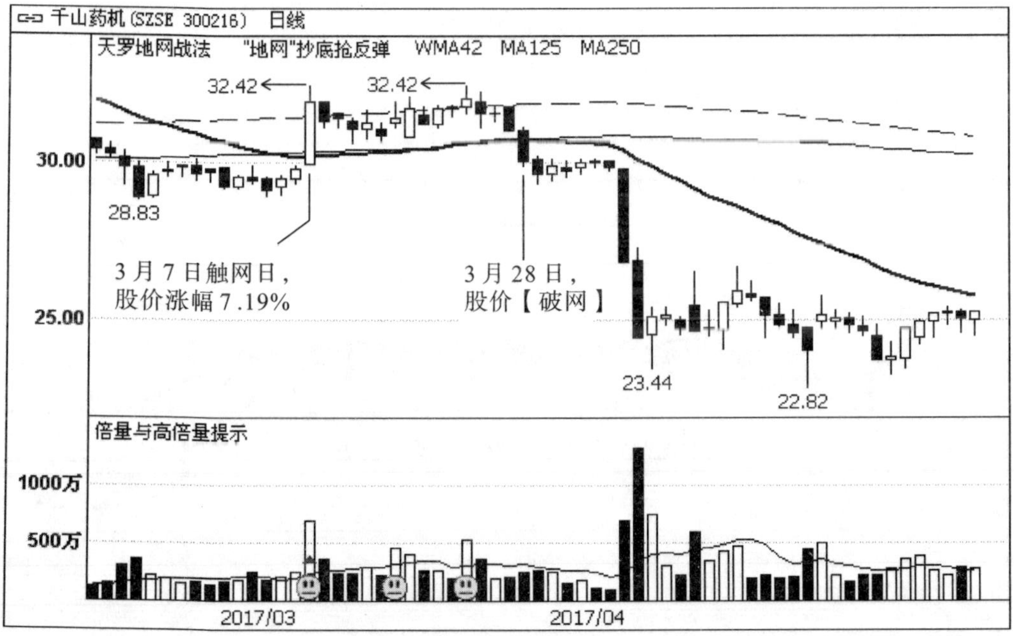

图 3－25

请读者朋友注意图例，从下图开始，图中就不再标注各条均线了。

图例

年　线（MA250）

半年线（MA125）

地　网（WMA42）

如图3—25所示，千山药机于2017年3月7日【触网】，当天股价涨幅超过了7%。尽管3月7日的大阳线一举突破了“地网”、年线，以及半年线，但这次股价【触网】的位置其实是差极了——年线、半年在上，“地网”在下。遇到这种空头排列的情况，一般不会有什么像样的反弹发生。

果不其然，股价于3月28日【破网】。结果，这次前后总共半个多月的【触网】再【破网】，最后演变成了一轮幅度不小的下跌。

案例二　万里石（002785. SZ）

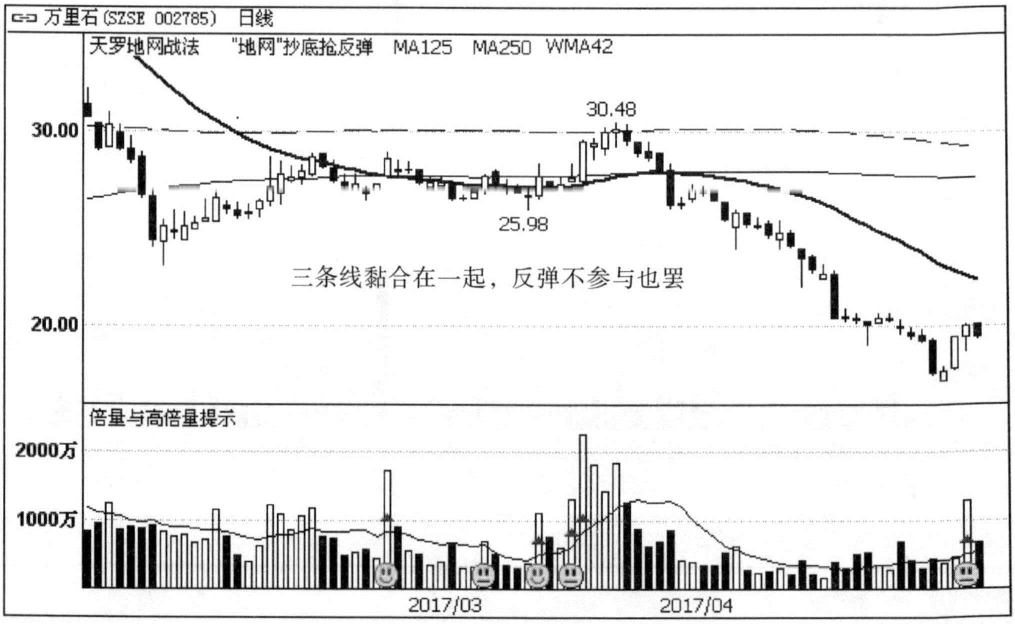

图3—26

如图3—26所示，万里石的年线、半年线、“地网”这三条线几乎黏合在了一起，连哪天是【触网日】都不好分辨。受制于3天均线的共同压制，股价最终还是选择了【破网】，回归到原先的下跌趋势之中。

案例三　精准信息（300099. SZ）

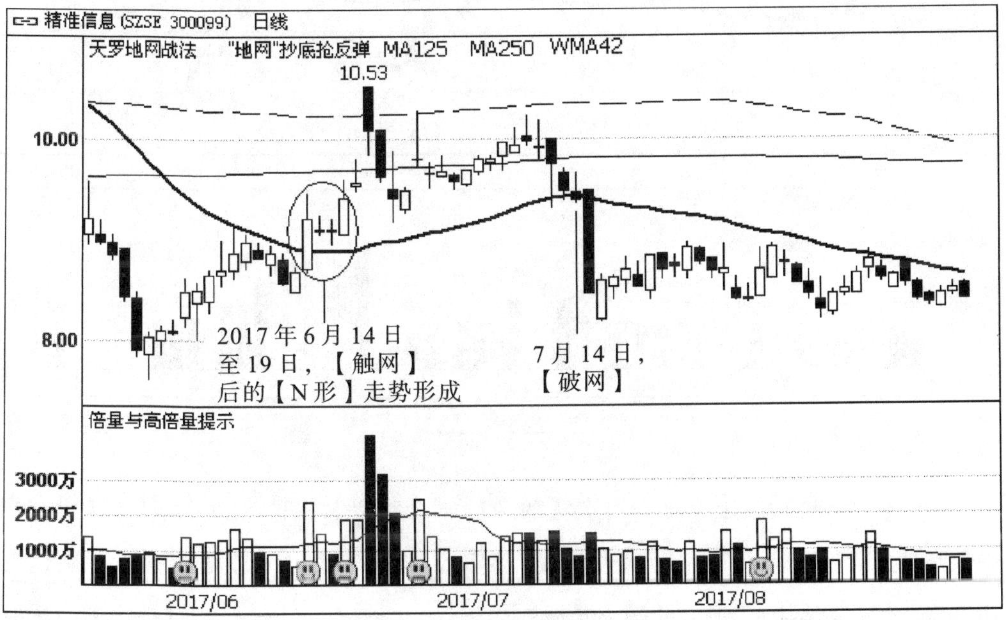

图3－27

如图3－27所示，2017年6月14日，精准信息的收盘价为9.21元，股价【触网】。6月19日，股价收于9.41元。尽管【N形】走势已经明朗了，无奈此时上方的年线和半年线实在太近了，因此投资者对反弹高度不宜有过高期待。

受制于年线、半年线的压制，股价冲高到10.53元就成强弩之末。在做了一个【M头】之后，股价于7月14日【破网】。从【触网】到【破网】整整一个月，反弹就此结束。

案例四　通合科技（300491. SZ）

只要年线、半年线都在"地网"的上方，这两条均线就是反弹的拦路虎，股价没有太大的上升空间。

如图3－28所示，2017年3月3日，通合科技【触网】后，股价仅涨到42.34元就停滞不前了，因为年线和半年线横在前面。

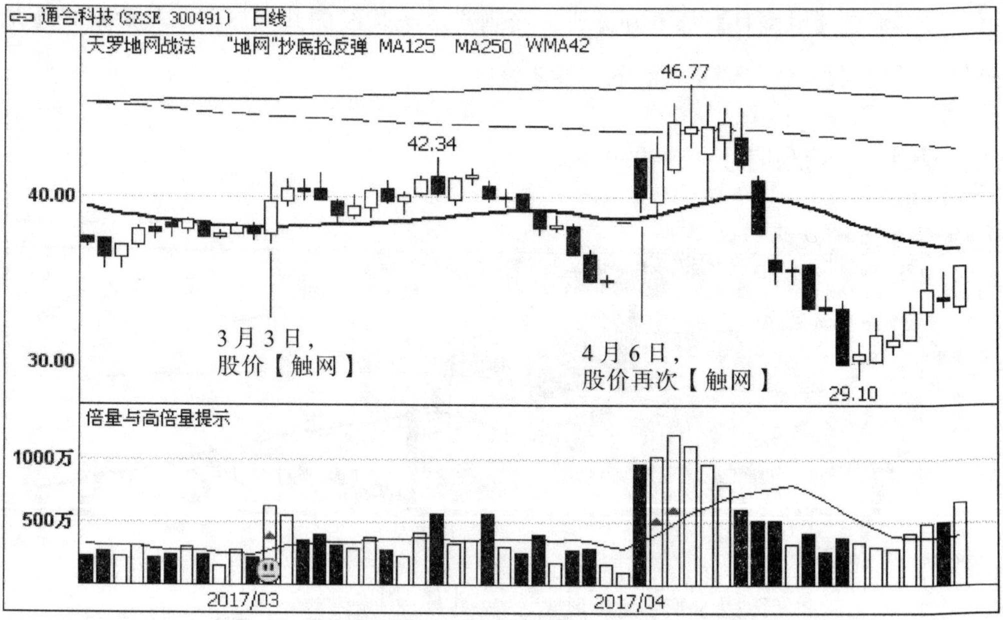

图3－28

4月6日，股价卷土重来，再次【触网】。3个交易日后的4月11日，股价在盘中最高冲至46.77元，刚好触碰到年线。然而，年线不会轻易就被突破的，更何况还有半年线做“帮凶”呢。此例中年线、半年线、“地网”呈标准的空头排列，反弹只得草草收场。

（2）反弹的高度会往往受制于年线、半年线的共同作用力

反弹往往会受到年线、半年线的联合绞杀。年线、半年线的位置对于投资者判断反弹行情值不值得做以及该在哪里主动止盈，非常有帮助。

案例一　九芝堂（000989.SZ）

如图3－29所示，九芝堂的这波反弹过程中，本来年线是走平的，但半年线却是明显在向下运行。当股价于3月20日第一次同时冲过年线和半年线时，尽管当天成交量的放大相当明显，但二者的合力还是把股价生生压了下去。

很多投资者想不到反弹就此结束，因此他们只知道买买买，却搞不懂哪里是压力区？以及股价为什么会突然涨不上去了？读了本书，相信读者会对该在哪里设置止盈有深刻理解吧。

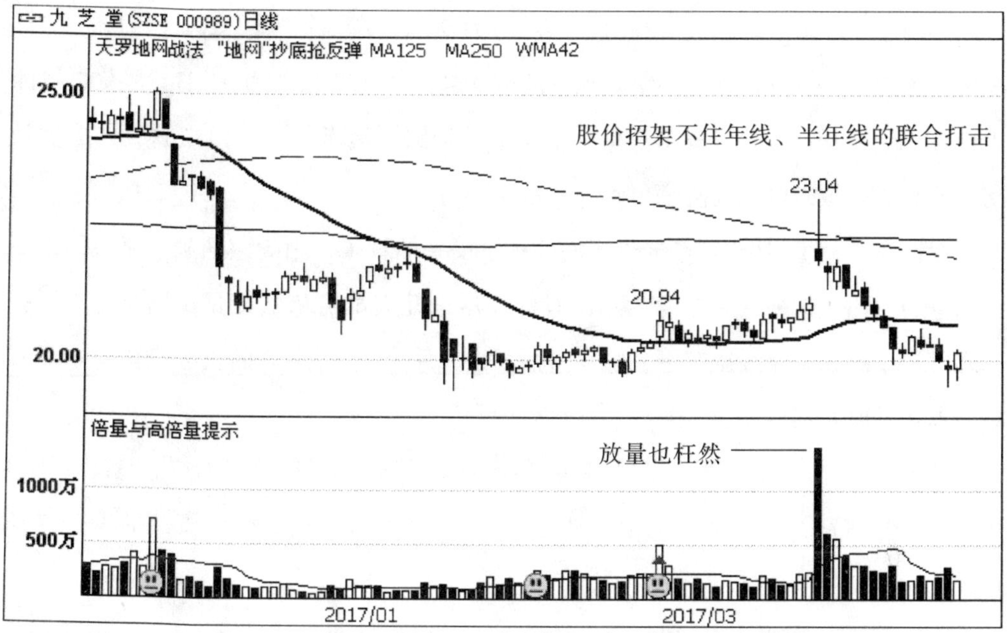

图 3－29

案例二　曙光股份（600303. SH）

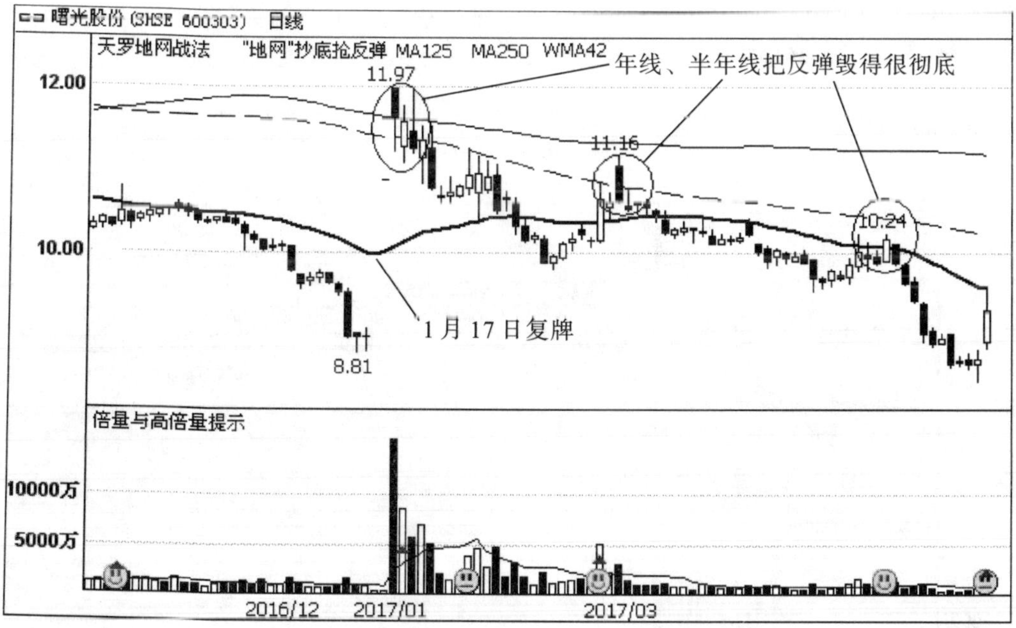

图 3－30

如果年线、半年线非常接近，并且这两条线还是空头排列的，那它们联合在一起产生的压力，对反弹行情中的股价压制可谓巨大之至！

如图3—30所示，曙光股份2016年12月14日收盘后停牌，2017年1月17日复牌。复牌后，股价以连续一字板涨停的方式越过“地网”。1月19日，股价再以涨停价11.97元开盘，并且放出大量，交投十分活跃。然而，1月19日这天，股价是高开低走的，最终以光头阴线报收。

股价在1月19日放巨量的当天便停止了反弹的脚步，因为它遇到了年线和半年线双重的压力。这种压力是巨大的，股价在后来几天虽然依然带量试图反攻，但终究还是被年线、半年线压了下去。从事后看，1月19日追进去的资金应该早一点知难而退，及时止损出局。

2017年2月27日，股价再次【触网】，然而这次上线依然只是昙花一现。3月1日，股价冲高到11.16元就又上不去了。究其原因，还是因为年线、半年线横在那里。

4月13日，股价再次【触网】，可惜下一个交易日即告【破网】。令人满怀期待的一次复牌，就是被年线和半年线的联合压制给毁了，复牌后进场的人几乎没有盈利的可能。

案例三　洪都航空（600316.SH）

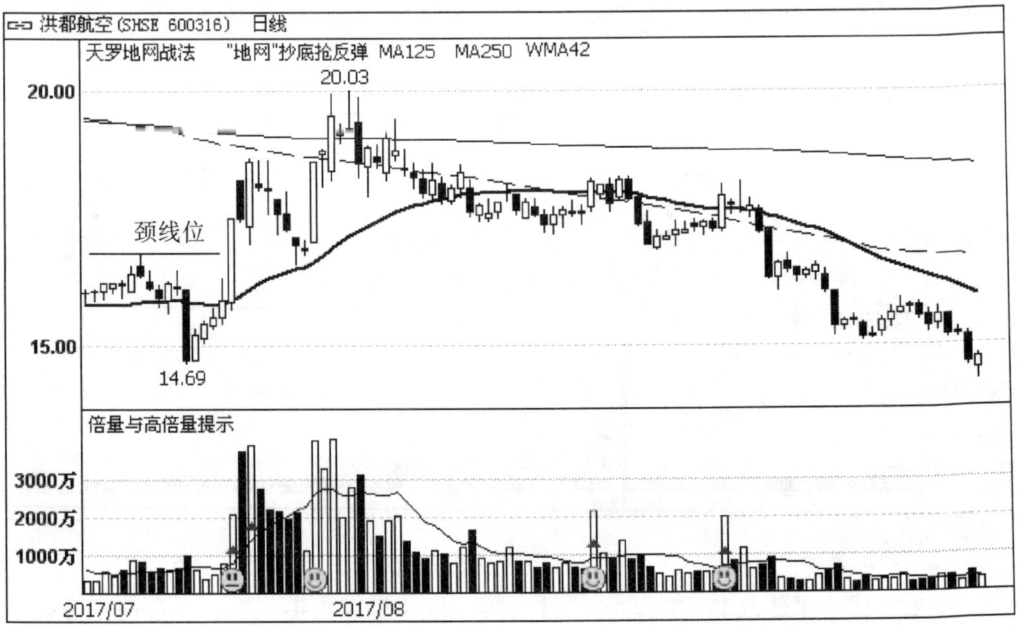

图3—31

年线、半年线联手发威对股价的向下牵引力也不容忽视。

如图 3—31 所示，洪都航空【触网】前的颈线位置大约是 17.50 元，反弹到 8 月 10 日到达 20.03 元之后就成了强弩之末。看看 8 月 10 日前后为什么 3 个交易日股价都留下了长长的上影线？因为年线和半年线对股价产生的向下牵引力发挥了作用。

股价为什么反弹到某个位置或者某个区域，就再也涨不动了？明明冲过了年线却站不住，为什么？因为年线、半年线对股价除了有压力之外，还对已经冲过线的股价具有向下的牵引力。

2. 在年线附近止盈是明智之举

(1) 单独一根年线即可对股价的反弹构成足够杀伤力

“戒贪”我们听得多了，而“戒贪”的位置在哪里却很少有人留意。其实，无须年线和半年线一起发力毁掉一波反弹，单独的一根年线就会对股价构成足够杀伤力。请看下面的个股案例。

案例一　凌钢股份（600231. SH）

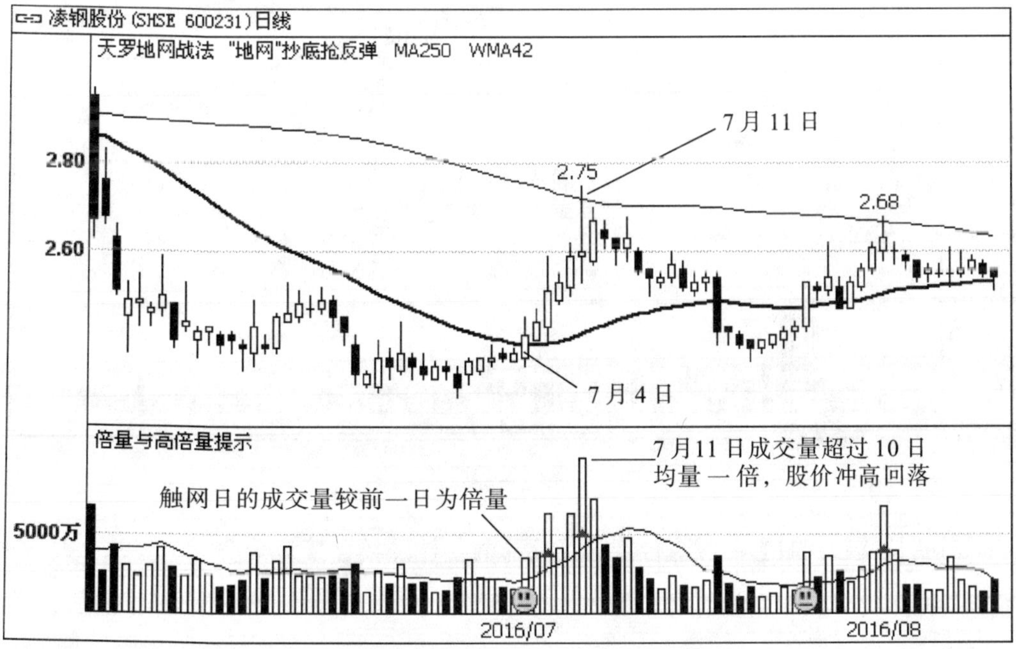

图 3—32

如图3—32所示，2016年7月4日是凌钢股份的【触网日】，股价放量收于2.41元。当天年线的数值是2.76。如果投资人不报太多幻想的话，从7月4日到7月11日，这10%的收益可以轻松到手。

7月11日，伴随着放出近期的天量，股价在上冲时一度越过了年线，而当天年线数值为2.72。只要你清楚年线对反弹的股价具有强大压力，看得懂为什么连续两天股价放量冲高后留下了上影线，你就会及时止盈离场，不至于因为恋战而失去本已轻松到手的利润。

案例二　天房发展（600322.SH）

如图3—33所示，3月14日是天房发展的【触网日】，股价收盘于4.58元。

4月11日，股价反弹到年线附近后遇到了大阻力。包括4月11日至4月15日，5根K线上方连续出现的上影线证明了年线的压力有多么强大。

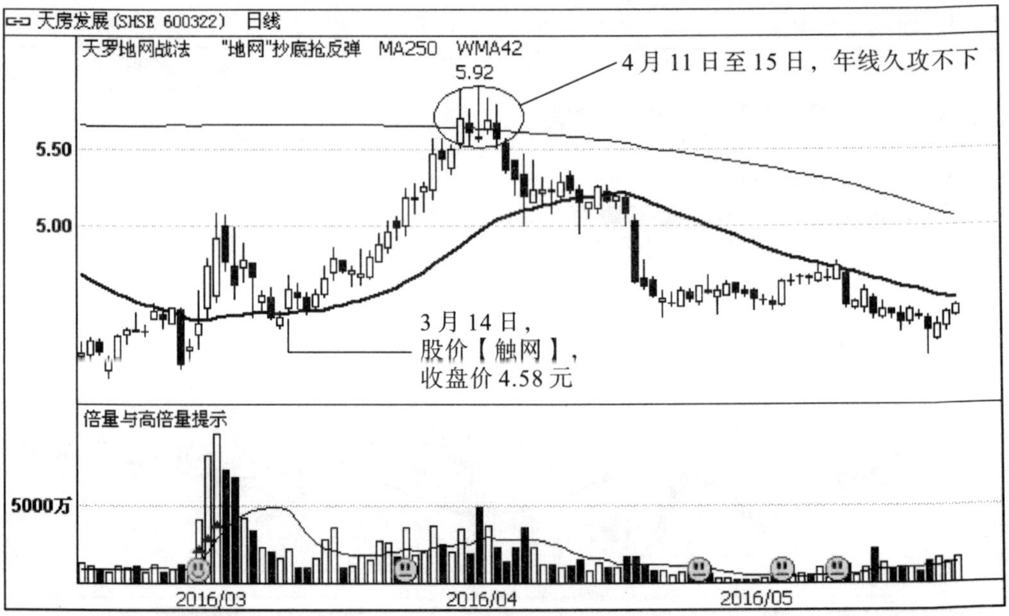

图3—33

其实从【触网日】的收盘价算起，反弹的整体涨幅已接近30%，(5.92—4.58)÷4.58=29.3%，再考虑到对年线的久攻不下，聪明的投资者应该及时止盈方为上策。

案例三　易联众（300096. SZ）

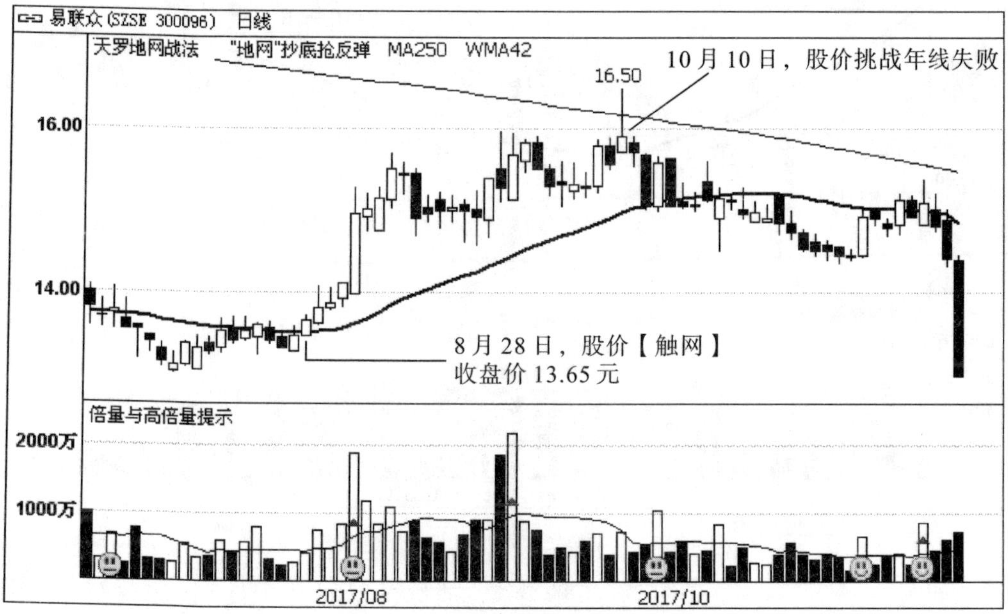

图 3—34

如图 3—34 所示，2017 年 8 月 28 日，易联众的股价【触网】了，当天收盘价为 13.65 元。标准的【小阳慢推】后，股价开始拉升。由于年线始终向下运行，对股价构成了足够的压制。因此，10 月 10 日股价挑战年线失败后，反弹即告结束。

股价反弹触及年线却不能站上去，并且 K 线上还留了上影线，这种情景必须引起投资者的高度警惕。能选择在 10 月 10 日临收盘前离场的股民一定是高手。

案例四　利源精制（002501. SZ）

如图 3—35 所示，利源精制的例子较为特殊，但是却很能说明问题。说它特殊，是因为仔细观察盘面我们会发现，伴随着股价的【触网】反弹，年线一直是在向上运行的。然而，年线运行的方向是一回事，它对股价的压制作用实实在在地存在着，这是另外一回事。这种压制作用始终不会自然消失，除非股价有力地站到年线上方。

2015 年 11 月 26 日，冲高到 13.42 元的股价离年线仅咫尺之遥，但就是够不着它。

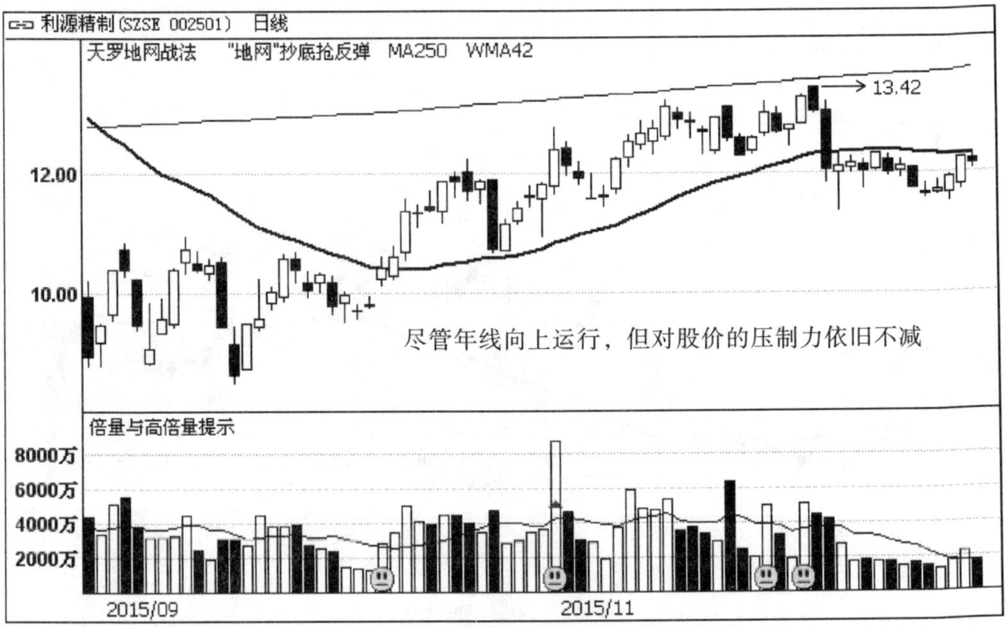

图 3－35

如图 3－36 所示，这是图 3－35 的继续。股价在 2016 年 1 月 6 日放量站上了年线，但仅仅一天而已。向上运行的年线对股价依然构成强大压力。并且此时，经过之前的几次【破位】再【触网】，“地网”和年线的距离在逐渐拉近。年线在上、“地网”在下，这种典型的空头排列最终还是让反弹无疾而终。

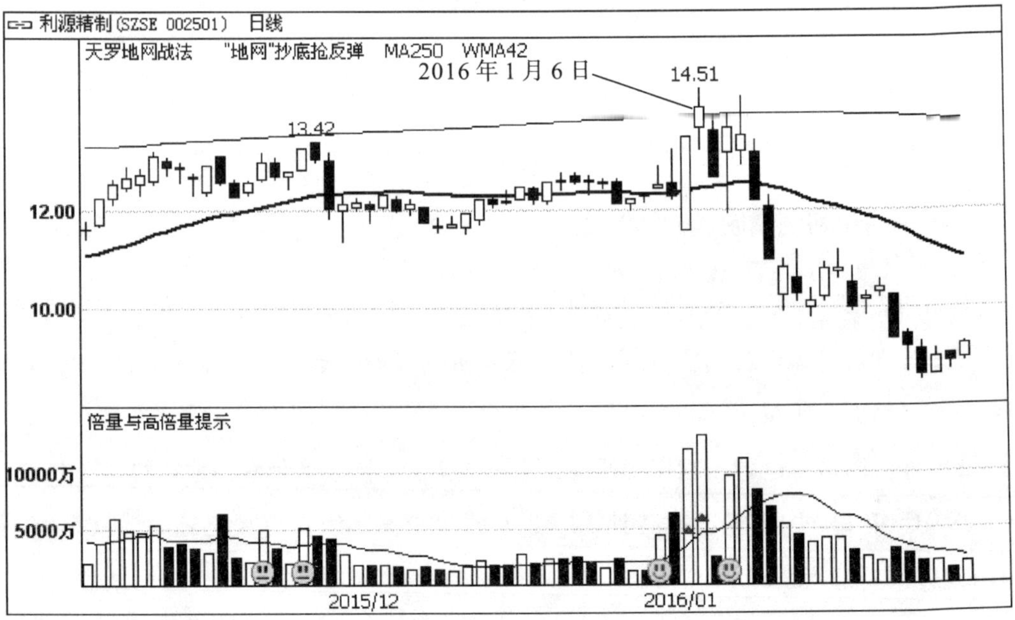

图 3－36

（2）要高度重视年线对股价的向下牵引力

年均线除了对股价具有压制力外，它还有另外一种可怕的力量会对反弹中的股价造成影响，而这种力量往往被投资者忽视，它就是年均线的向下牵引力。

有时候股价明明已经收在了年线上方，可就是站不住，很快又跌下去了。这就是年线的向下牵引力所致。

在很多情况下，股价冲上年线后再破年线，这就可以被视为是反弹的终结，投资者对此要有清醒的认识，在止盈上不可拖泥带水。请看下面的个股案例。

案例一 武汉控股（600168. SH）

如图 3－37 所示，武汉控股 2016 年 8 月 8 日的【触网】，属于反弹中【破网】后的再次【触网】。当股价得益于“地网”的支撑力时，请千万不要忽视了年线对股价向下的牵引力。

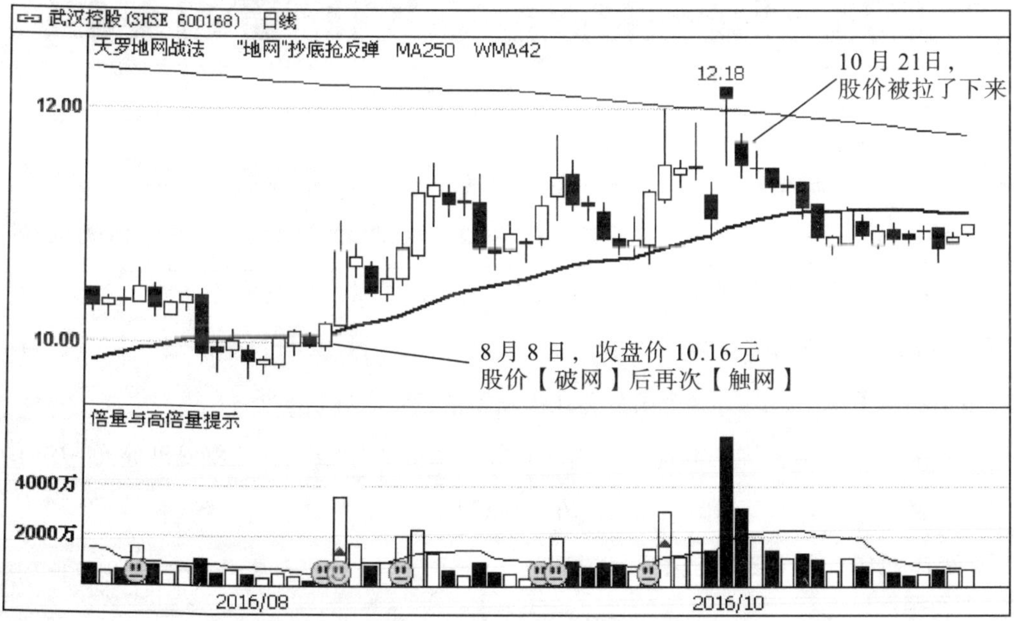

图 3－37

10 月 20 日，股价本来已经放量突破了年线，收于 12.18 元，但 10 月 21 日却一头栽了下来。从图中我们不难发现，其实年线一直在向下运行，被年线和“地网”挤在中间的股价确实很尴尬，股价虽然冲上了年线却站不住，还是给拽下来了。这种现象一旦发生，请你立即止盈离场。

案例二　商业城（600306. SH）

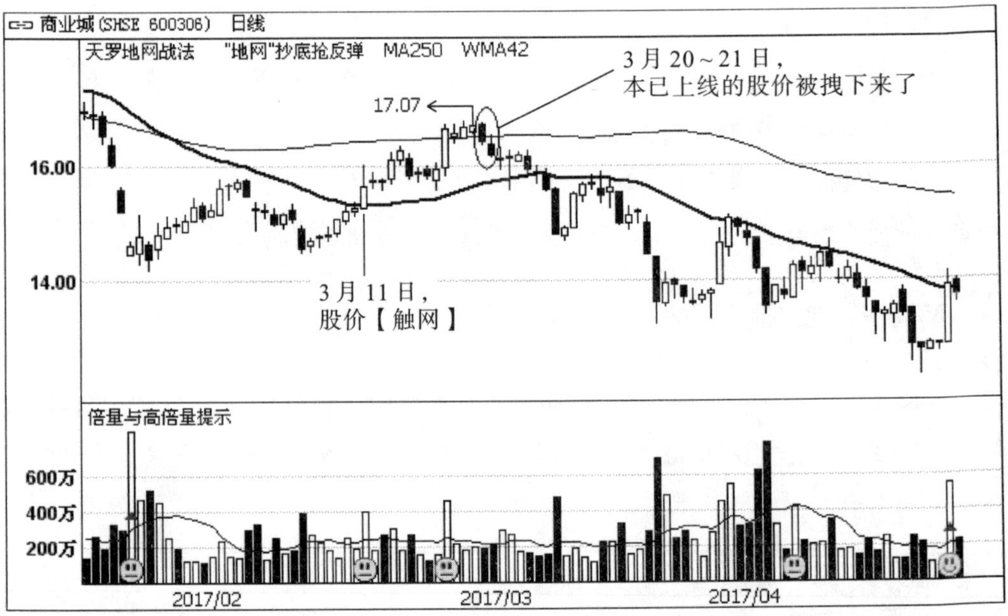

图 3－38

如图 3－38 所示，商业城的股价于 2017 年 3 月 11 日【触网】，收盘价 15.65 元。

3 月 14 日股价放量上涨了 4.4%，【N 形】冲高眼看就形成了。令人激动的是，这天的股价还第一次站到了年线上方。在此之后，股价继续连涨了 3 天，其中 3 月 17 日的最高价到达了 17.07 元。美中不足的是，从 3 月 14 日以来的这 4 个交易日，K 线上均留下了上影线。这个细节会让谨慎型的投资者保持警醒。

3 月 20 日，股价高开低走收出阴线，股价跌破了年线——这就是非常危险的信号了，说明年线看不见的向下牵引力在发挥作用。

3 月 21 日，股价跳空低开，大势已去。

案例三　津滨发展（000897. SZ）

如图 3－39 所示，2016 年 8 月 18 日，津滨发展的股价收在了年线上方。

8 月 19 日，股价再接再厉，创下了 5.38 元的阶段性最高价。这天也是近一个时期以来成交量最大的一天。但是，仔细观察后我们发现，8 月 19 日的放量，相对于之前那次放量的增量明显不足。这是个隐忧，很值得投资者警惕。

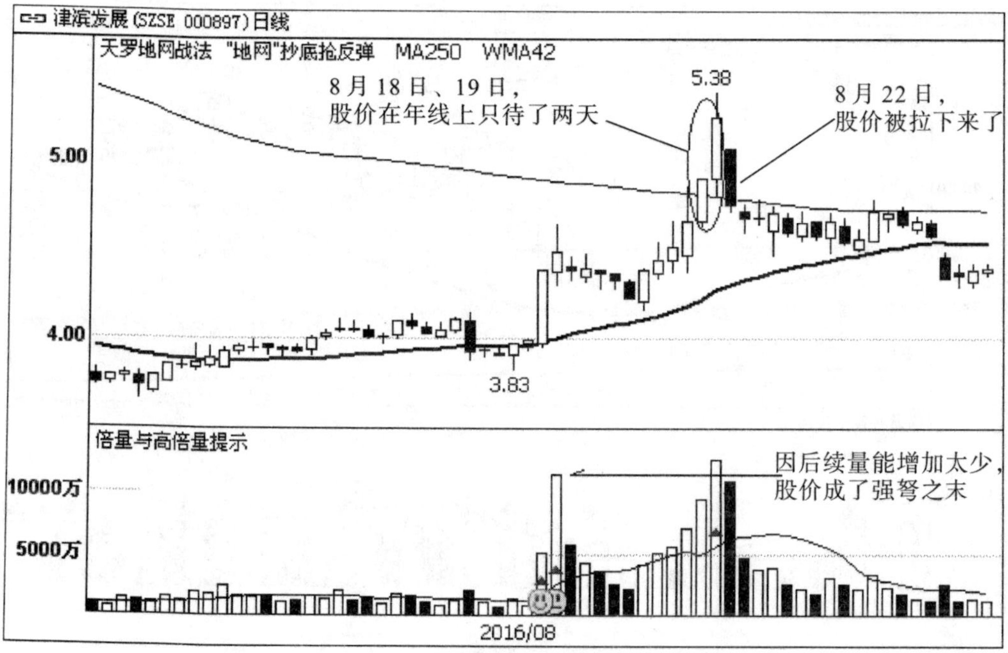

图 3－39

果不其然，实际上8月18日、8月19日，股价在年线上只待了两天。到8月22日收盘，股价被从年线上方拽了回来，收盘价低于了年线，反弹就此告一段落。

案例四　日发精机（002520.SZ）

如果股票的年线始终在向下运行，那么它对股价将产生持续的压制力和向下的牵引力。

如图3－40所示，日发精机【触网】后的反弹走势不错，股价从12元附近稳步运行到15元一带。然而，在股价越过年线之后，由于年线向下运行的姿态没有发生任何改变，因此它对股价的向下牵引力持续有效。最终，股价还是乖乖地被拽了下来，既破年线又【破网】，反弹就此结束。

另外，年线附近往往就是止盈位置，这个观点笔者借本案例再次提醒广大读者，请各位尽早做好抄底反弹后的止盈计划。

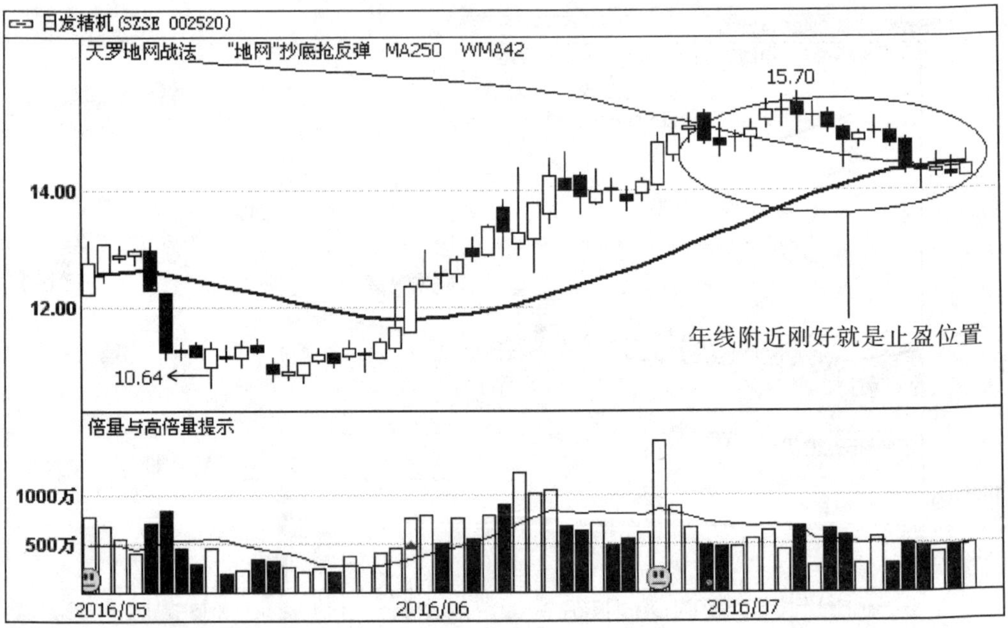

图 3－40

案例五　协鑫集成（002506. SZ）

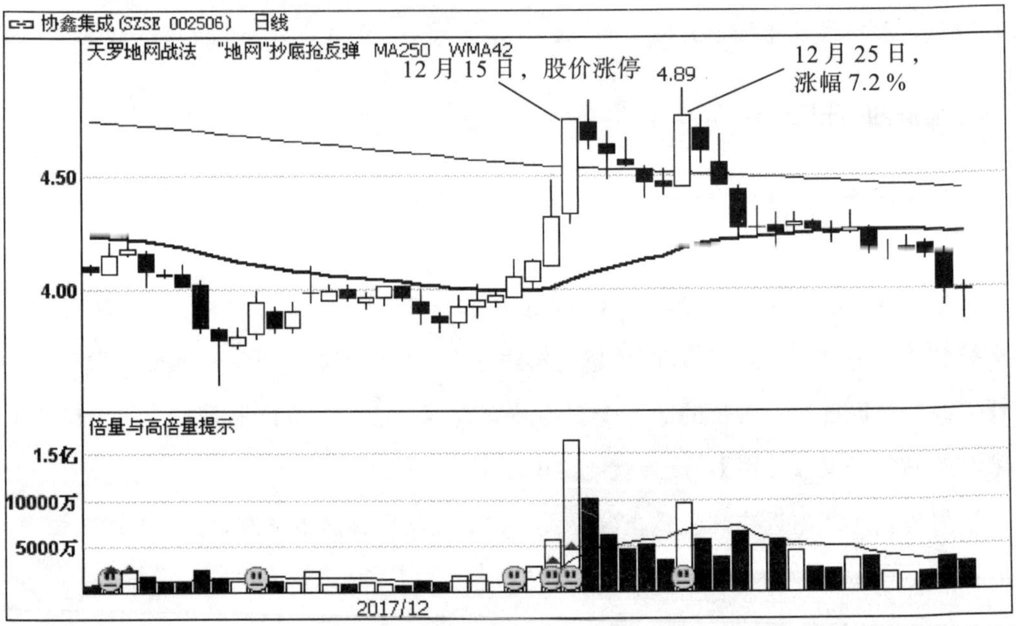

图 3－41

如图 3－41 所示，年线对股价向下的牵引力究竟有多强，在协鑫集成 2017 年年底的反弹中表现得淋漓尽致。

2017年12月15日和25日这两天，该股的股价都是在成交量的有力配合下低开高走、收出大阳线，并站上了年线。然而我们看得再清楚不过了，这两天的冲高站上年线就是主力机构的诱多。而且12月15日和25日的走势刚好构成了【M头】这一教科书般标准的顶部形态，反弹就此终止。

如果投资者能够清楚地认识到，从整体上看此时年线还在向下运行，那么他就会在股价冲顶后回落跌破年线时止盈，而不会在毫不知情的情况下因为拖延而错过最好的离场时机。

案例六 润欣科技（300493. SZ）

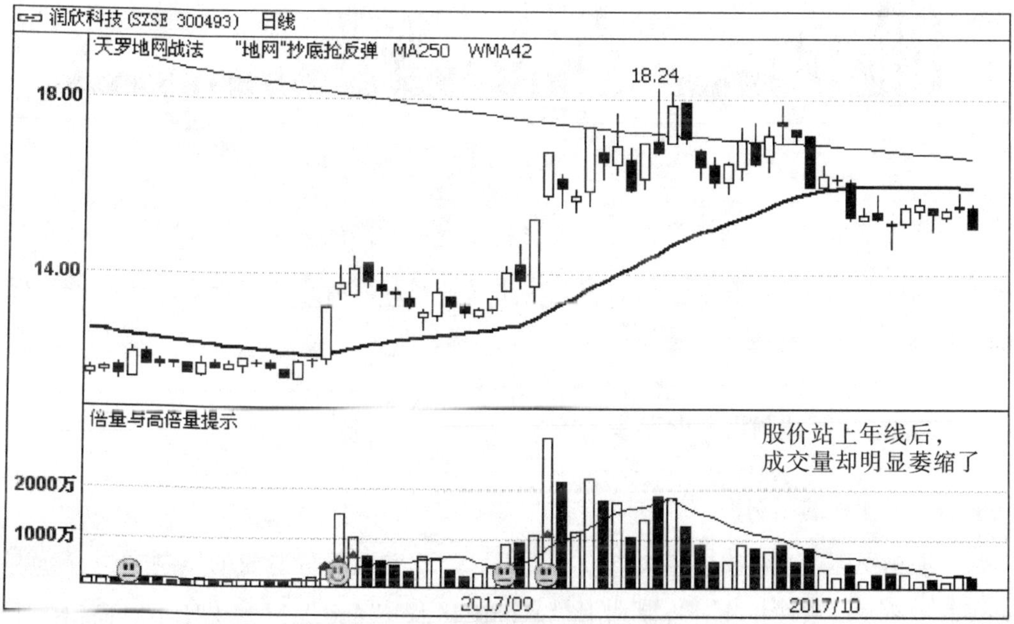

图3－42

如图3－42所示，润欣科技的股价分别在2017年9月和10月两次站上了年线。但由于年线始终向下运行，因此冲过年线的股价后来又都无奈地回到了年线下方。巧合的是，股价站上年线后，由于感受到了压力的沉重，这期间该股的成交量也明显萎缩了。这样一来，就又加速了股价【破网】的速度，真是祸不单行。

从图3－43中被标出来的A、B、C、D四处我们看得非常清楚，在年线持续向下所产生的巨大牵引力的作用下，润欣科技的股价在2017年9月至12月间，虽然4次奋力向上试图突围，但最终都无功而返。

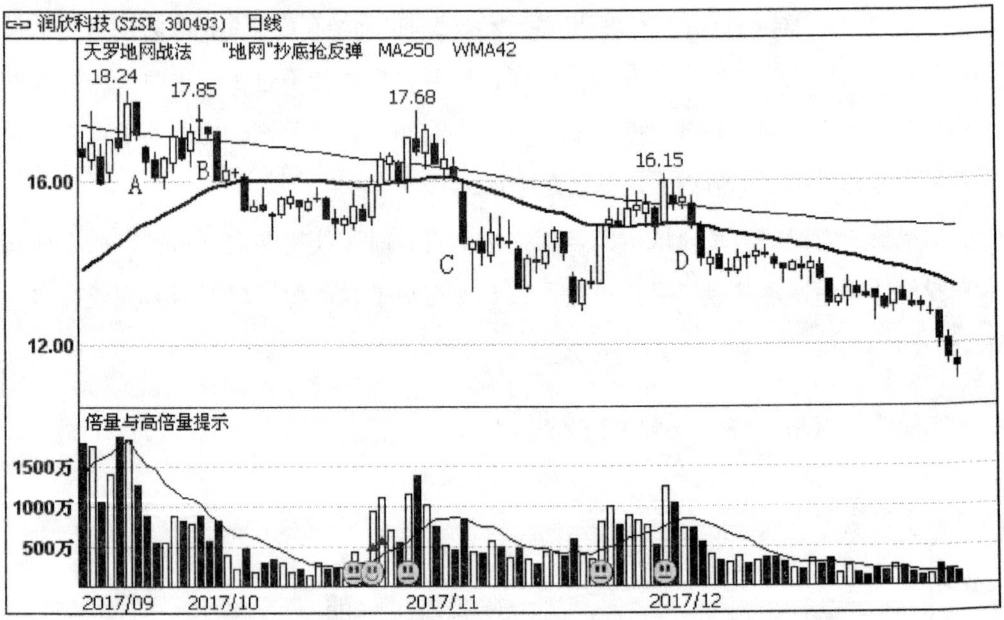

图 3－43

年线向下运行时的两种作用力必须引起投资者的高度重视。止盈时，破线就离场不失为明智的选择。在很多情况下，这比【破网】再清仓让投资者能获得多一些的收益。

3. 请在半年线附近及时落袋为安

(1) 半年线的压制力

一般情况下，半年线比年线离股价更近。因此它对股价造成的压制力很容易就会被我们察觉。当反弹的股价遇到半年线的阻碍时，投资人也要格外小心谨慎，千万不可贪功。请看下面的案例。

案例一　神州泰岳（300002. SZ）

如图 3－44 所示，神州泰岳的股价于 2017 年 8 月 25 日【触网】，当天的收盘价为 7.33 元。

9 月 4 日，股价最高冲到 8.37 元后走低，K 线上方留下了明显的上影线。说来真奇怪，股价 9 月 4 日之后就再也上不去了。一路下跌的股价在 9 月 22 日【破网】。问题究竟出在何处？看了下图你自然就会明白。

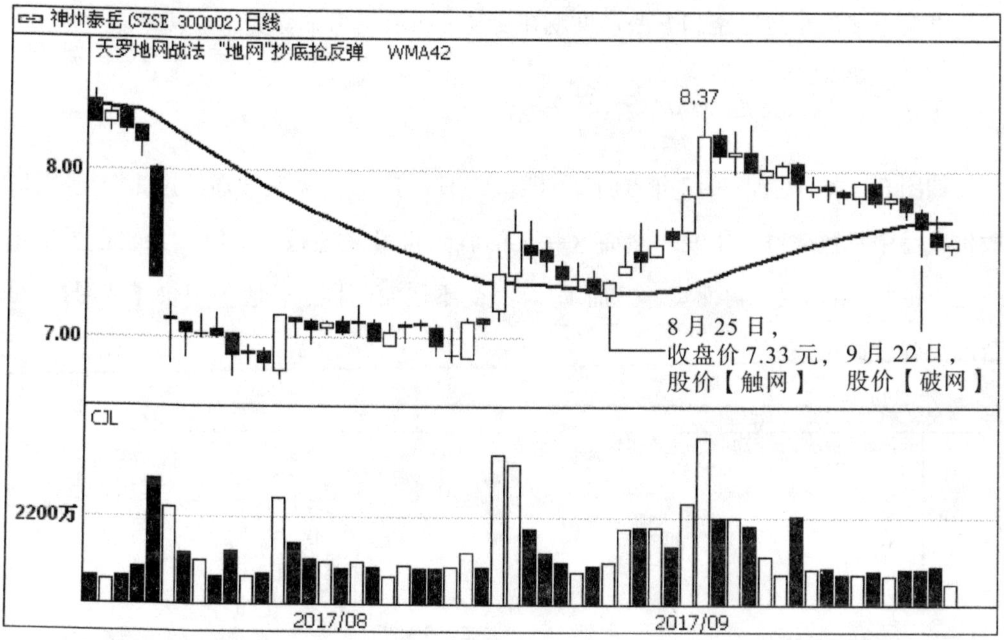

图 3—44

如图 3—45 所示，谜底揭开了！

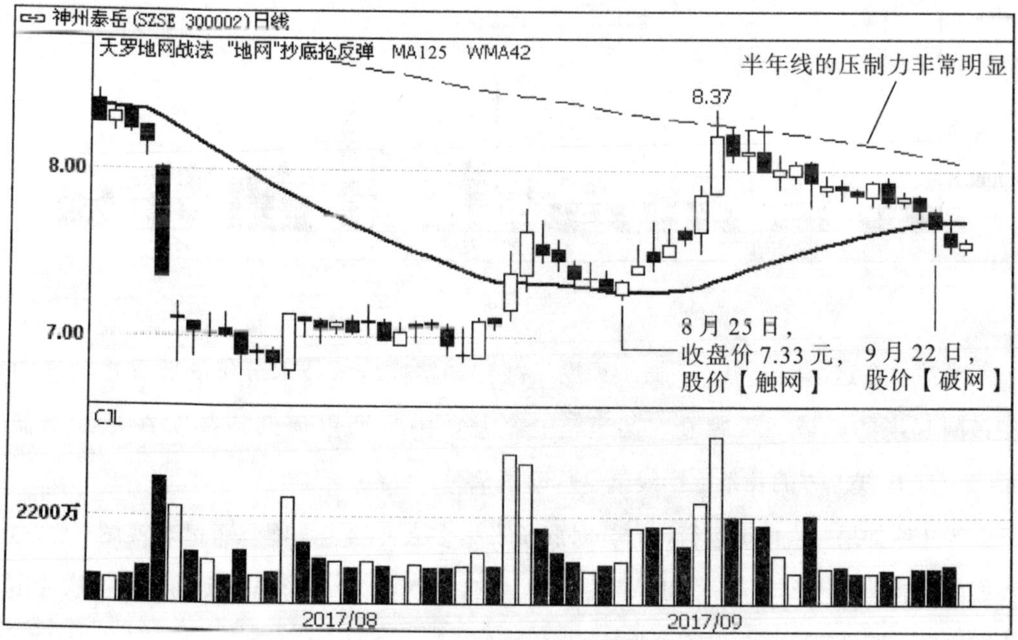

图 3—45

只需把半年线加载到 K 线图中，我们就能知道股价冲高后再也上不去的原因了——它受到了半年线的压制。

谁有更多的止盈思路和方法，谁就在交易中占有更大的优势。

案例二　兴民智通（002355. SZ）

如图 3－46 所示，2017 年 3 月 14 日、15 日、17 日，兴民智通的这 3 个交易日，股价在盘中都挑战过半年线。然而这三天的收盘价最终还是折戟沉沙，收在了半年线之下。“一鼓作气、再而衰、三而竭”，经受不住如此打击，股价很快【破网】，短暂的反弹就此结束。

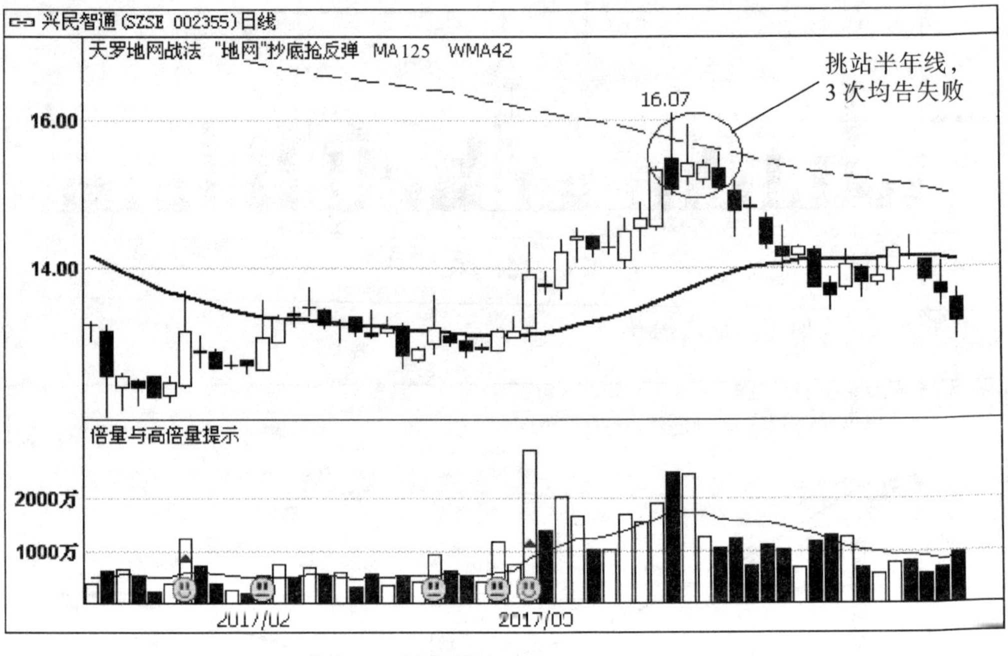

图 3－46

当然，在这个例子中，不懂“地网”战法却精通传统技术分析的股民也会在图中被圈起来的区域一带减仓，甚至清仓离场。因为那里顶部特征实在是太明显了——日 K 线上方的几条上影线就是危险的信号。

半年线如果一直向下运行，它会对股价产生多么大的影响呢？通过观察图 3－47，我们似乎能理解什么叫“压力山大”——在 2017 年 3 月 17 日对半年线的最后一次冲击失败之后，股价的跌势一发不可收拾。

到 5 月 24 日，股价最低被砸到了 8.44 元，接近腰斩。

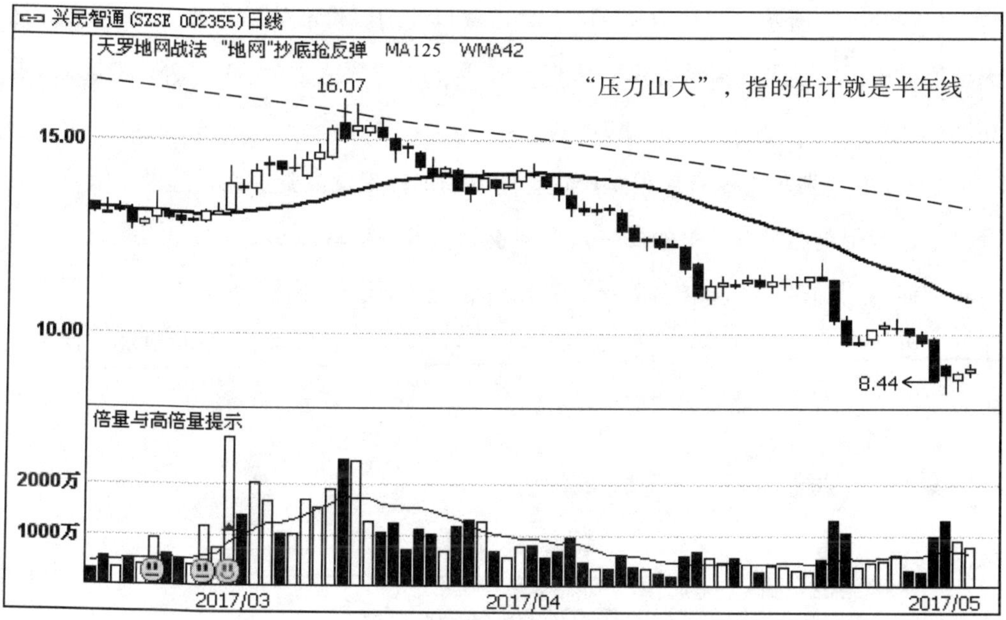

图 3－47

如果投资者能够在 3 月份股价冲击半年线未果后及时止盈，当初的抢反弹就算是功德圆满了。

案例三　营口港（600317.SH）

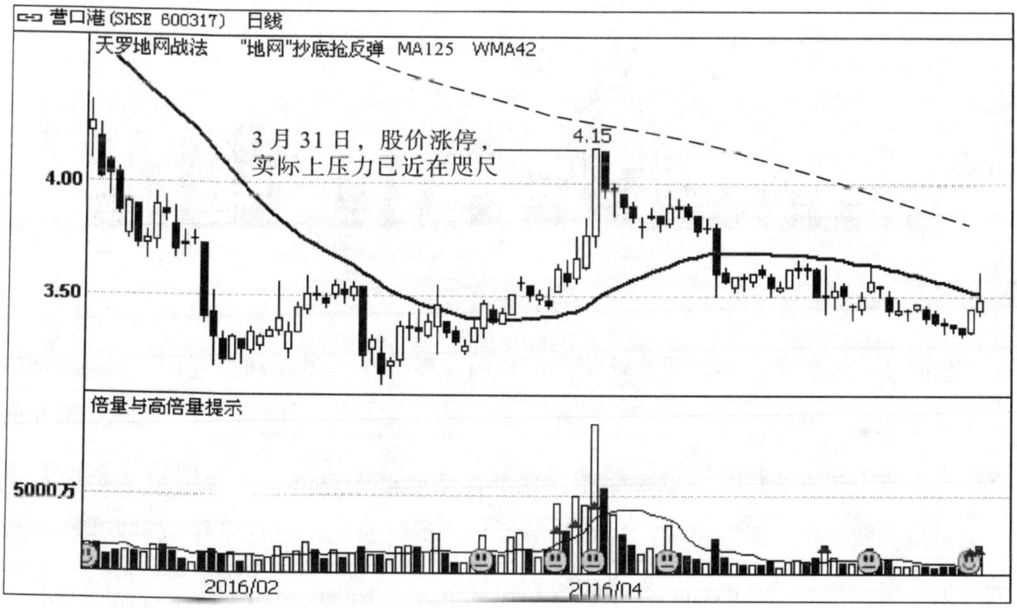

图 3－48

如图3—48所示，2016年3月31日，营口港的股价涨停，报收于4.15元。这天该值得庆祝，还是该保持警惕？毕竟当天半年线的数值为4.26，实际上压力已近在咫尺！

4月1日，股价并没有像很多投资者期待的那样惯性高开，而是选择了低开。低开过后，股价竟然没有丝毫的反弹，直到收盘拉出一根跌幅4.3%的中阴线。

谁能想到一根光头阳线后紧接着就出一根光头阴线，由涨转跌的走势巨变就发生在一夜之间？看看向下倾斜的半年线吧，此时放弃任何幻想，及时离场，保住反弹以来的胜利果实才是最聪明的做法。

案例四　恒泰艾普（300157.SZ）

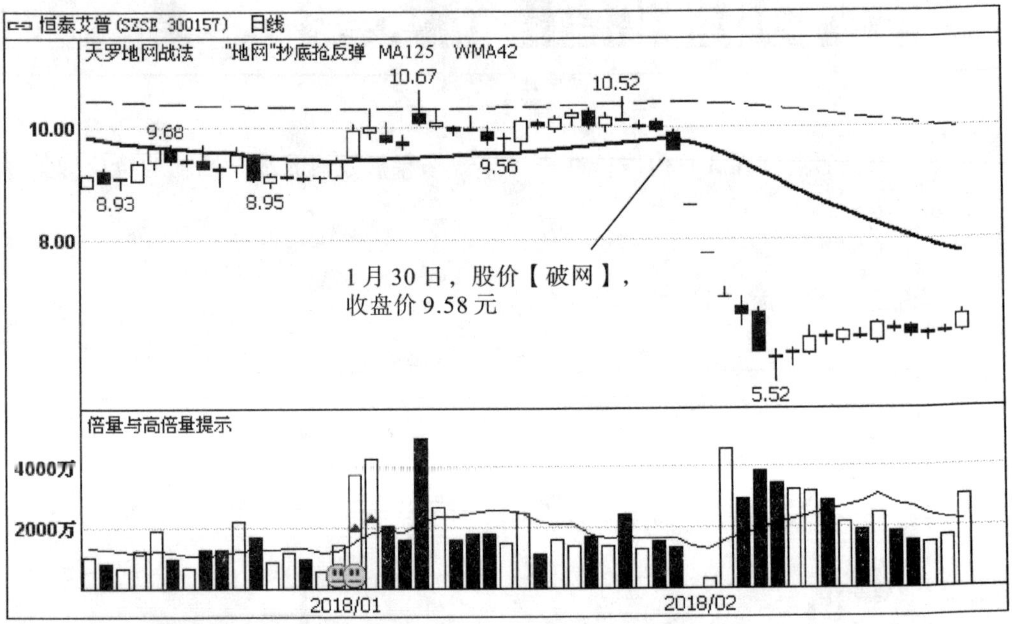

图3—49

如图3—49所示，在恒泰艾普案例中我们发现，在半年线和“地网”较为贴近，且两条线基本走平的情况下，位于两线之间的股价处境十分尴尬。由于明确的方向感消失，股价很可能长时间做窄幅箱体震荡。遇到此种情况，即便股价【触网】多半也只是鸡肋行情，股价持续拉升的概率很小。不仅如此，一旦半年线被跌破，“地网”也会很快跟着被跌破，形成【破网】。

2018年1月30日【破网】后，股价在短期内下跌的幅度相当大。

（2）半年线的向下牵引力

半年线被称作“牛熊分界线”，但是具体行情还需具体分析。投资者千万不要机械地认为股价站上半年线就大功告成了，不要主观地认为激动人心的“主升浪”会很快到来。成交量的变化，以及股价整体的走势和形态有时候更具参考价值。

对于反弹行情来说，如果半年线本来就是一道压力，暂时的突破根本不能说明什么，反倒是量能的衰减要引起投资者的高度重视。一旦量能不济，半年线将发挥它对股价向下的牵引作用。股价跌破半年线，随后反弹就结束了。这种情况非常多见。请看下面的案例。

案例一　标准股份（600302.SH）

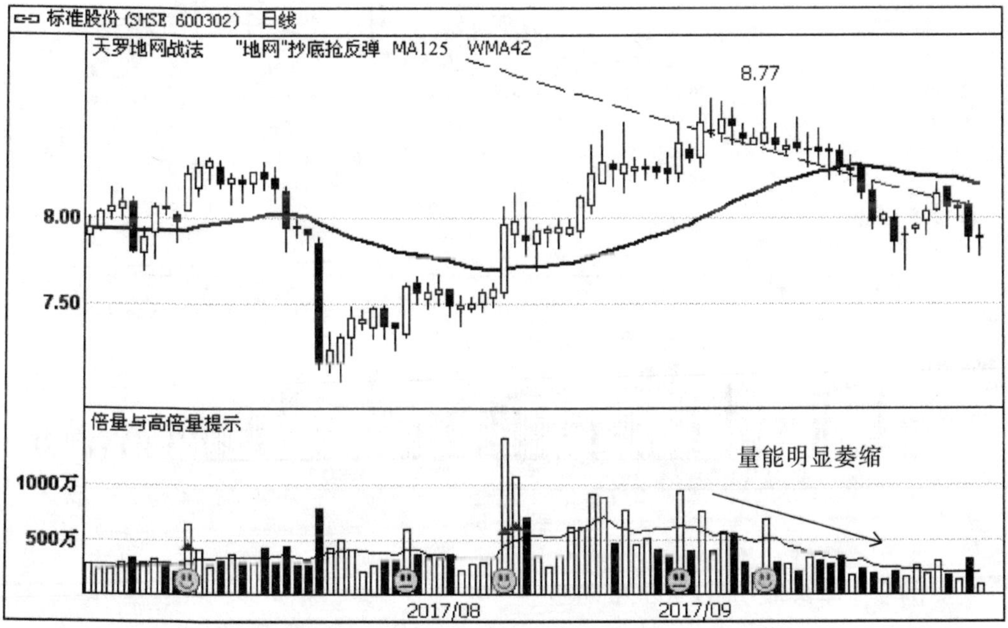

图 3－50

如图 3－50 所示，从标准股份站上半年线后的表现来看，量能的变化至关重要。一旦量能无法持续放大，股价被半年线“带到沟里去”的可能性依然存在。

事实证明，和年线一样，半年线对股价同样具有不可忽视的向下牵引力。因此，一旦投资者遇到股价在半年线附近纠结的情景，再结合量能萎缩等情况，请务必果断止盈，守住反弹来之不易的胜利果实。

案例二　赢时胜（300377. SZ）

如图 3—51 所示，赢时胜的股价在放量创出反弹以来的阶段性最高价 20. 93 元之后，半年线和“地网”已经十分接近了。这说明股价走势何去何从，将马上有答案出来。

由于受到成交量萎缩和半年线的向下牵引作用，K 线最终还是构成了可怕的“头肩顶”形态，股价【破网】及快速的杀跌终于无可挽回了。

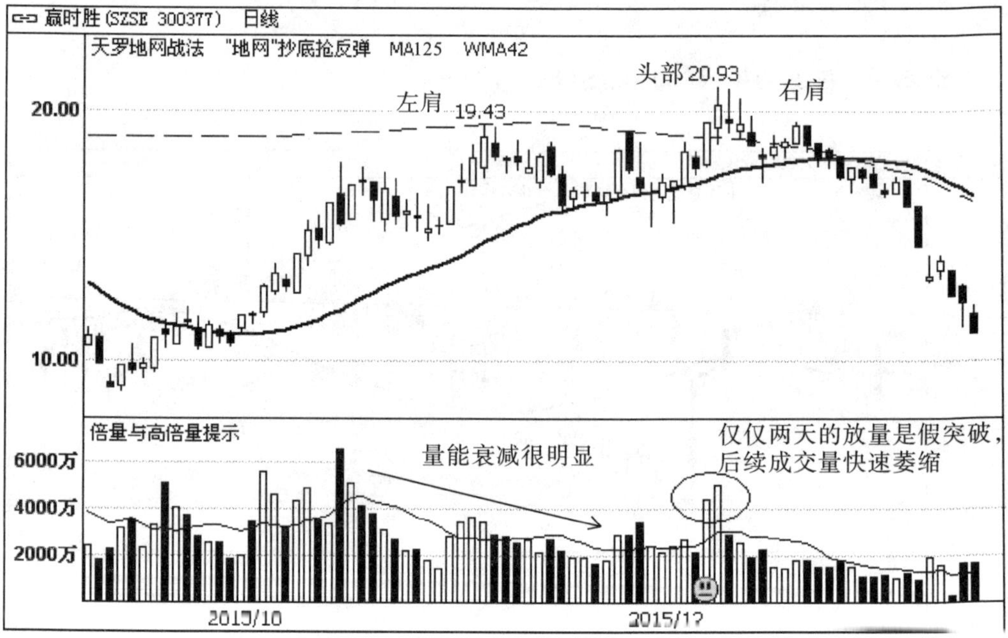

图 3—51

案例三　华泰股份（600308. SH）

股价的一天上线基本不能说明什么问题，而一旦在线下待的时间久了可真不是什么好事。

如图 3—52 所示，华泰股份的股价于 2016 年 4 月 15 日成功收在了半年线上方。然而好景不长，4 月 18 日和 4 月 19 日，股价在半年线上只待了一天就下来了，并且是两连阴。聪明的投资者应该放弃幻想，先保住反弹成果再说。

4 月 20 日，股价大跌 4. 1%，盘中还跌破了“地网”。反过来，能在 4 月 19 日这天逃顶的投资者，应该算是高手了。

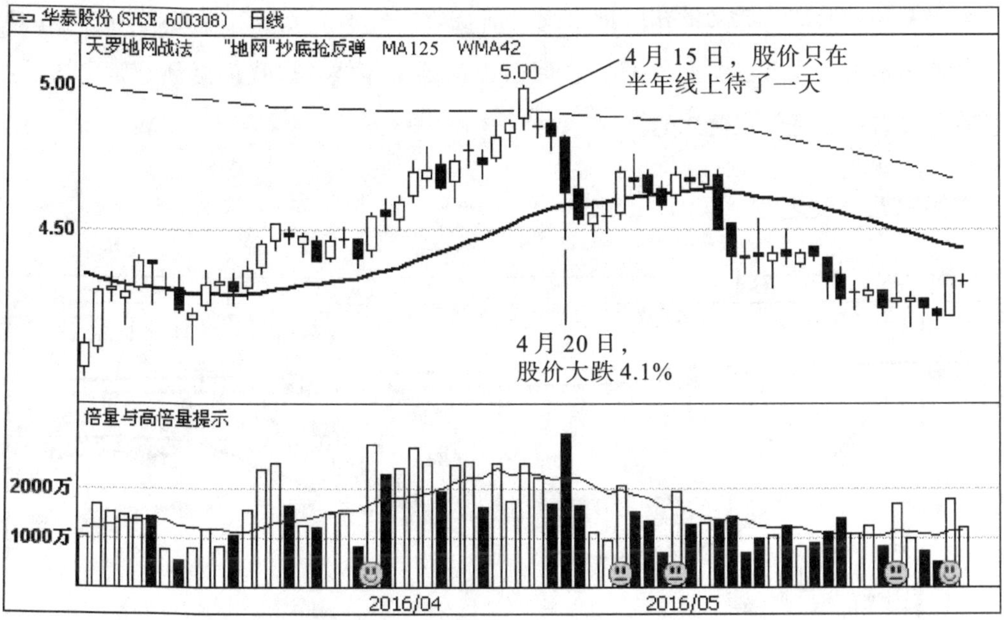

图3－52

案例四　高新兴（300098.SZ）

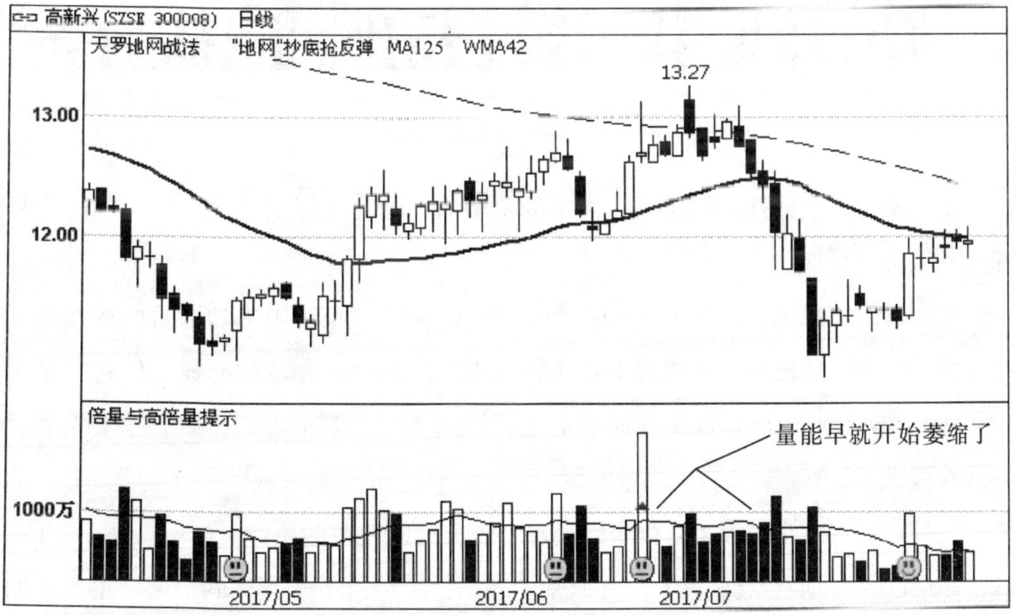

图3－53

如图3—53所示，即便股价一度站到了半年线上方，但高新兴的反弹还是很快就结束了。原因何在呢？首先是明显向下运行的半年线，它对股价向下的牵引力没有丝毫减弱；其次是成交量在股价上线之前就萎缩得十分厉害。因此，当股价这般强弩之末地冲上半年线后，一旦它在回落中跌破半年线，那我们必须赶紧离场了，实在是没有什么可值得留恋的。

案例五　安居宝（300155. SZ）

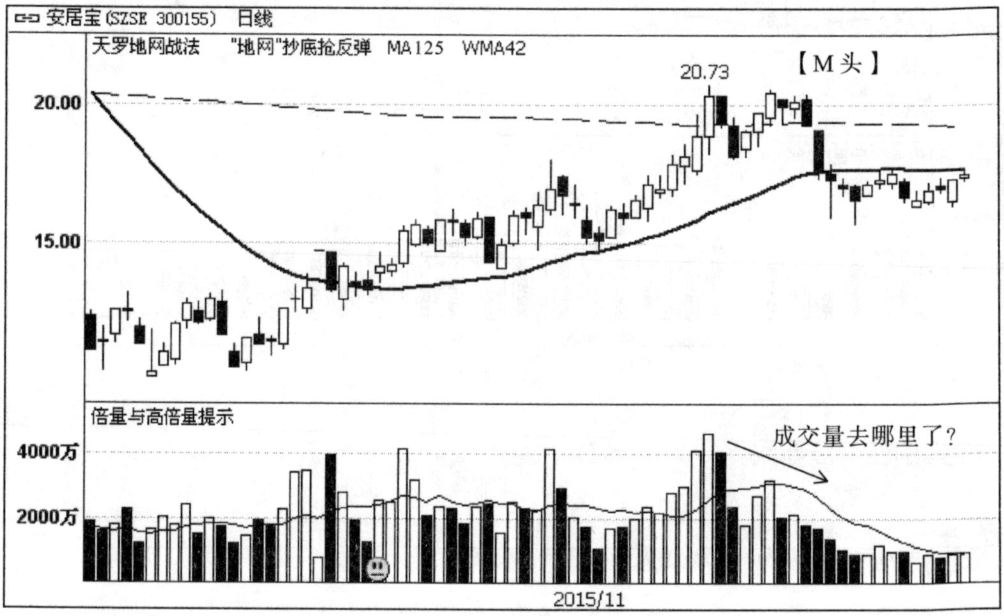

图 3－54

走平的半年线同样对股价具有向下的牵引力，这在安居宝 2015 年 11 月的走势中得到了充分证明。

如图 3－54 所示，2015 年 11 月下旬，从 15 元一线反弹上来的股价两次站到了半年线上方。尽管此时半年线由下跌而转为走平的迹象已经较为明显，但它的牵引力依然存在，值得警惕。股价在两次上线后做成【M 头】形态，然后就很快跌破半年线并【破网】。

此外，还有三个因素也可以帮助投资者做出及时止盈的决定。第一，从 15 元一线到 20 元一线，股价【触网】反弹以来的涨幅已经到达涨幅 30％的上限；第二，股价站上半年线后，“地网”也跟上来了。两条线接近，意味着价格走势的方向要出来了，一旦半年线破了，“地网”接着被破不需要很久；第三，股价站上半年线后，成交量明显萎缩。

总 结

年线和半年线，请你要么把这两条线加载到你的日 K 线图中，要么把它们的作用牢记在脑子里。这样一来，就等于有东西在为你把门了，防止你在抄底抢到反弹后，因为止盈慢了而白忙活一场。

四、及时逃顶，有迹可循

《庄散心理战》一书中，笔者向读者介绍了什么是正确的“杀跌”。在本书中，笔者将结合“地网”战法，与大家分享关于如何及时逃顶的一些心得。

“会卖的是师傅”，逃顶绝对是交易里的高级技巧。

逃顶的时候既要讲科学，也要讲艺术。讲科学是说，股价如果不能冲过前高点，则必须及时转身离场。前高点就是靶子，它可以被测量，可以被瞄准，这个是科学的范畴。讲艺术是说，有时候股价涨着涨着会滞涨，然后才破位下跌。这时，真说不清哪天清仓最佳，所以如何能卖得更好堪称是一门艺术。

还有另外一种情况，介乎于科学与艺术之间——股价在短期内急速拉升，伴随有成交量的明显放大。“股价急速拉升”这个是科学，因为股价涨了多少一目了然，涨幅也能算得出来；而“成交量明显放大”是艺术，什么叫“明显”，没人能彻底将其解释清楚。当然，笔者一再提倡“看图说话”——只要用眼看、用心想，什么叫“成交量明显放大”绝对是很容易识别的。

1. 股价快速冲高必须防大量

有一种股价走势的形态出现后，笔者会条件反射立刻做出减仓乃至清仓的决定，那就是冲高放出大量——如果这不是主力机构在出货，又能是什么？请看下面的案例。

案例一　快克股份（603203.SH）

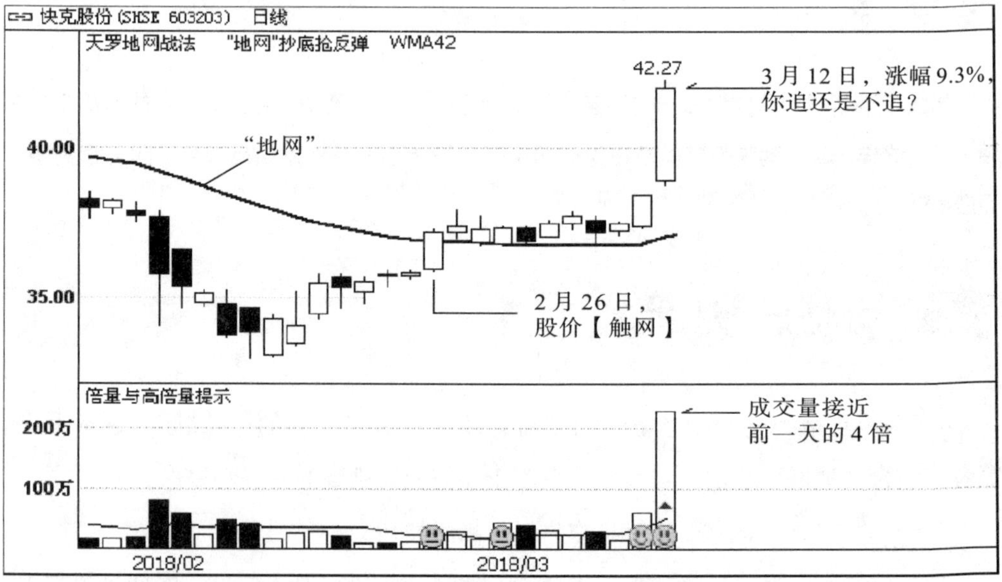

图 3－55

如图 3－55 所示，2018 年 3 月 12 日，快克股份的股价涨幅为 9.3%，成交量显著放大，约为前一交易日的 4 倍。按很多人的理解，这很正常，"量增价升"嘛。

这天的股价没封涨停，在收盘前想买是买得到的。请问，这时你要不要追？

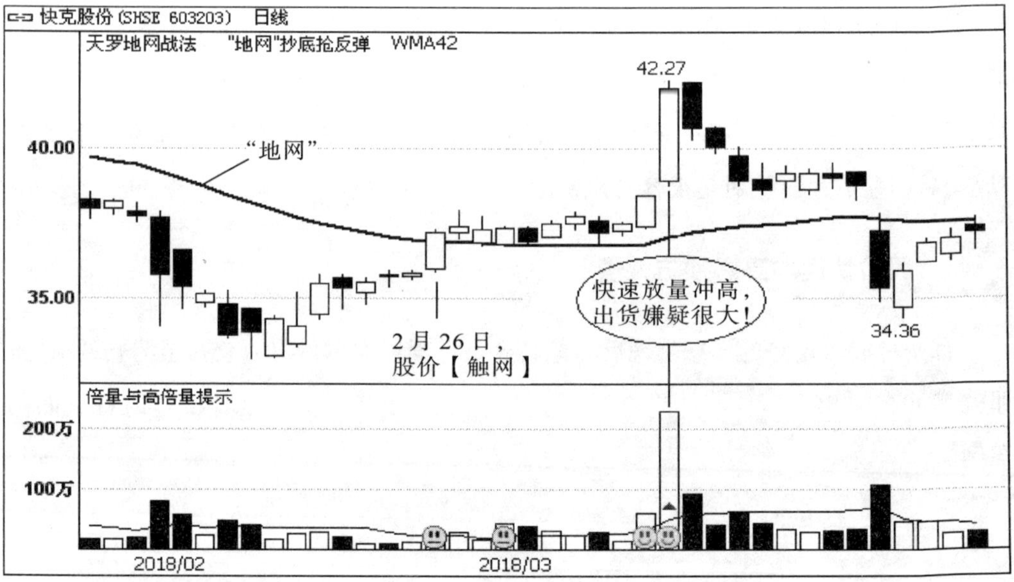

图 3－56

股价放量大涨，我们该激动、还是该警惕？如图 3－56 所示，股价快速放量冲高，出货嫌疑很大！

总喜欢在股价放（大）量奋力上冲的时候进场的投资者，今后可长点儿心吧！

案例二　创元科技（000551. SZ）

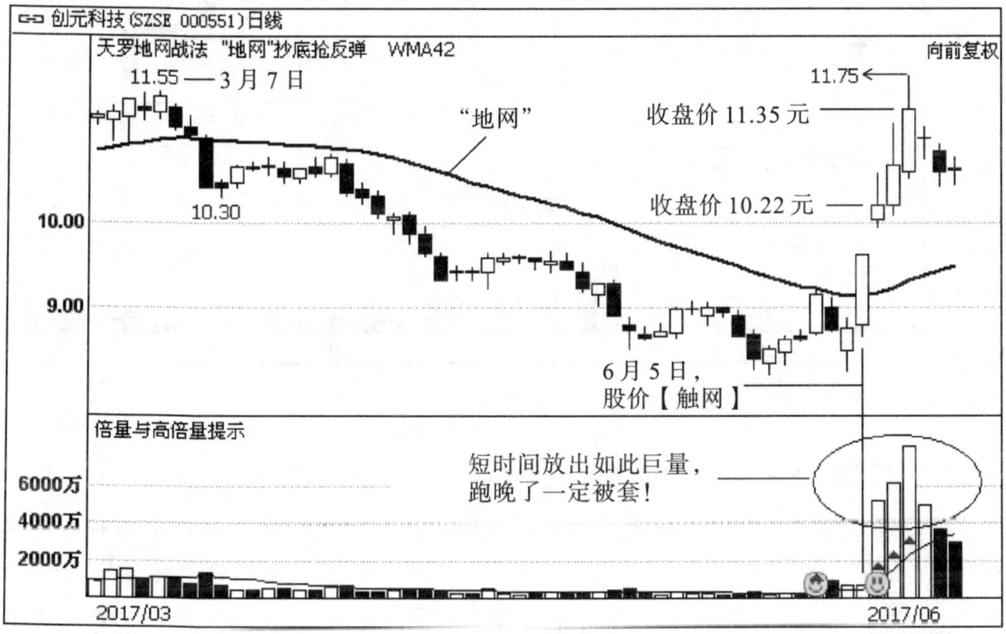

图 3－57

如图 3－57 所示，创元科技的股价在 2017 年 6 月 5 日【触网】。但由于当天股价涨停，因此很多投资者应该有机会在下一个交易日（即 6 月 6 日）进场。

6 月 6 日，股价的收盘价是 10.22 元，投资者买进去了，如愿以偿。

两个交易日后的 6 月 8 日，此时该股已是【触网】后连续第三天放出巨量，并于盘中摸高至 11.75 元，最终以 11.35 元报收。注意，这个价格可是低于 3 月 7 日曾经创下的 11.55 元。

股价没能冲过前期高点，加上连续放出大量，理智的投资者应该果断离场了。从 6 月 6 日进场到 6 月 8 日，时间仅过去了两天，11％的收益难道还不能让你满意吗？

股价后面还会涨吗？请看下图。

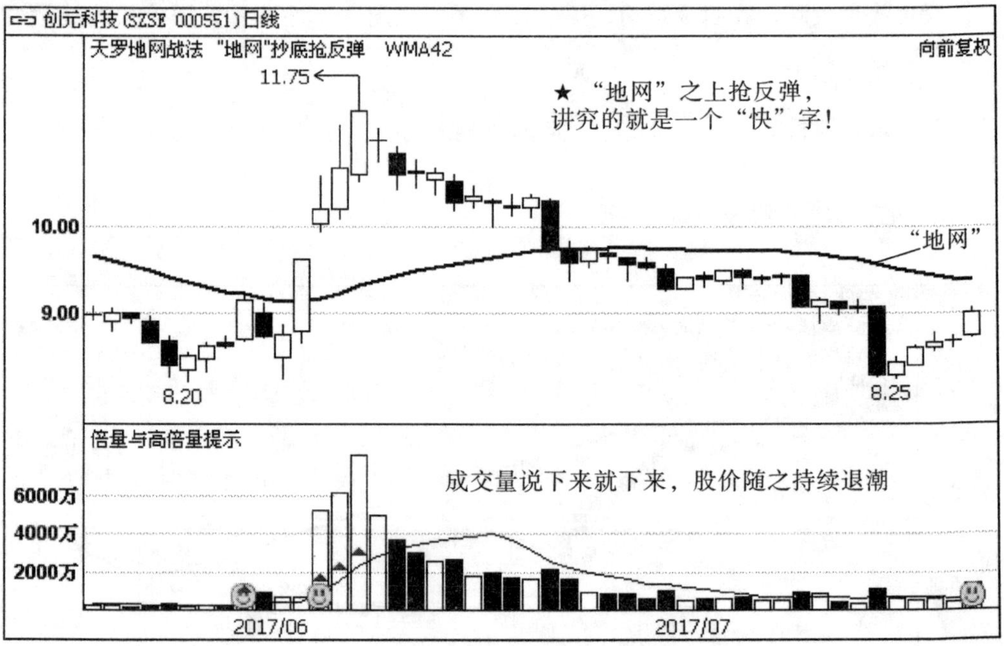

图 3－58

炒股其实就是主力机构和散户在比速度。股价上冲短时间放出巨量，主力拉高出货的嫌疑很大。散户稍一犹豫跑晚了，轻则白忙活一场，将曾经到手的利润客客气气地还给了市场，重则就会被套！

如图 3－58 所示，成交量说下来就下来，当初见好不收到时候可就只能望跌兴叹了。

案例三　良信电器（002706. SZ）

如图 3－59 所示，2016 年 11 月 11 日（周五），良信电器在前一交易日股价涨停的基础上跳空高开。到收盘时，K 线形态为阴十字星，成交量大得惊人。

2016 年 11 月 14 日（周一），股价高开低走拉出阴线，到收盘时跌幅为 4%。看到此时股价走成这样，很多人才恍然大悟："原来上个交易日就该跑！"

K 线收阴十字星还是阳十字星倒无所谓，关键是冲高时成交量放大得也太邪乎了。如果笔者做这单交易，仅凭冲高放出如此大量这一点，就会毫不犹豫在 11 月 11 日收盘前清仓离场。

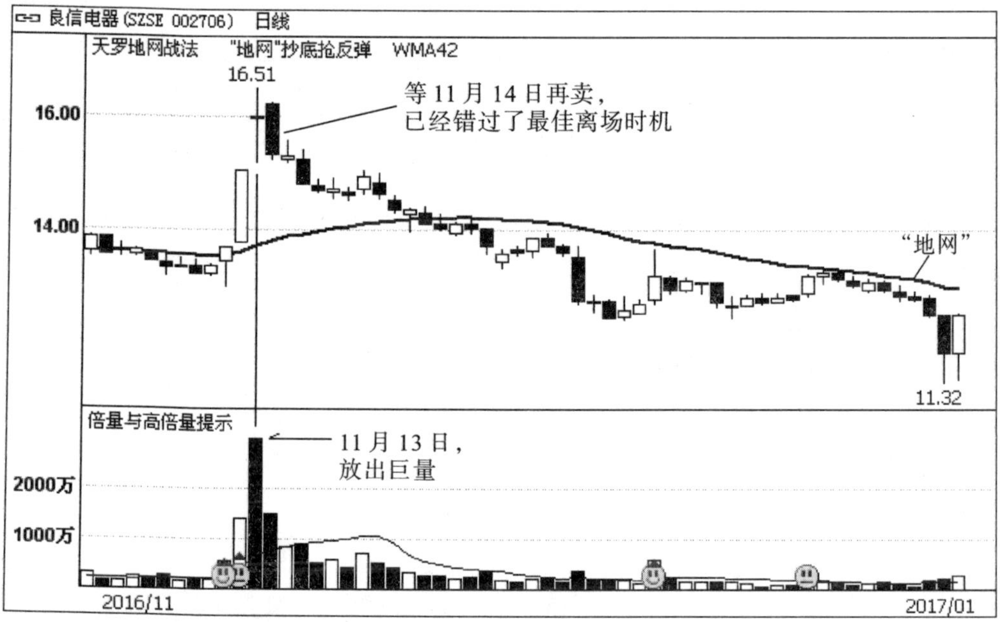

图3－59

案例四　康力电梯（002367.SZ）

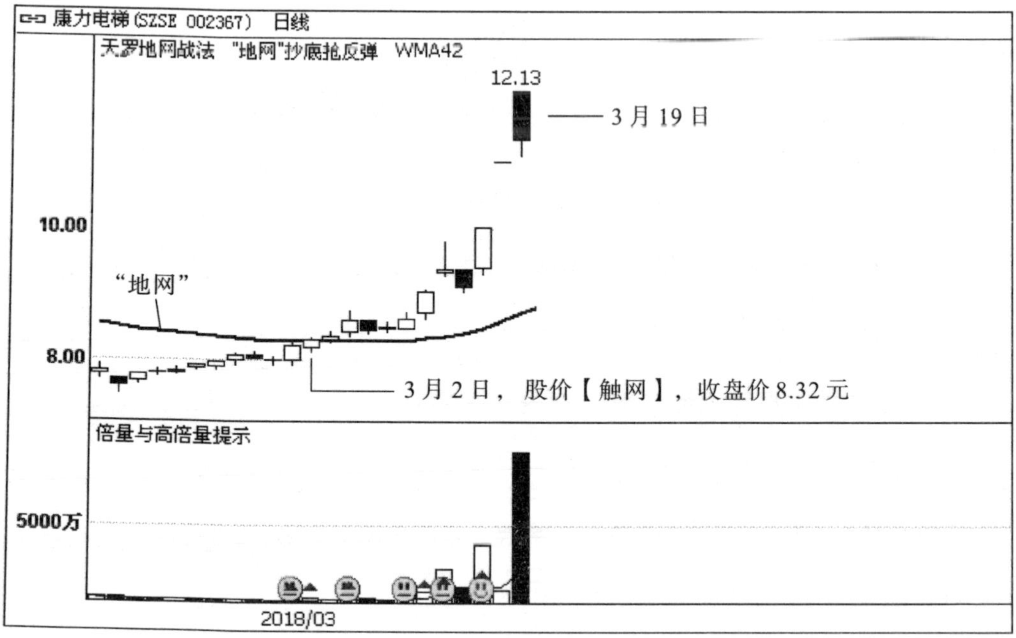

图3－60

如图 3—60 所示，从 2018 年 3 月 2 日【触网日】的收盘价 8.32 元，到 3 月 19 日创出的 12.13 元，短短 11 个交易日，康力电梯的股价涨幅接近 46%。反弹以来的股价涨势是不错，很多随主力而行、早早就悄悄进场的散户早就大赚特赚了。

在欣喜的同时，我们应该冷静下来思考一下：3 月 19 日成交量放得这么大会不会有问题？并且股价还是高开低收的【倒栽葱】形态。出于这两点考虑，相信谨慎的投资者八成会感到不寒而栗——趁着这天股价临收盘前还有 3.2%的涨幅，赶紧跑吧！

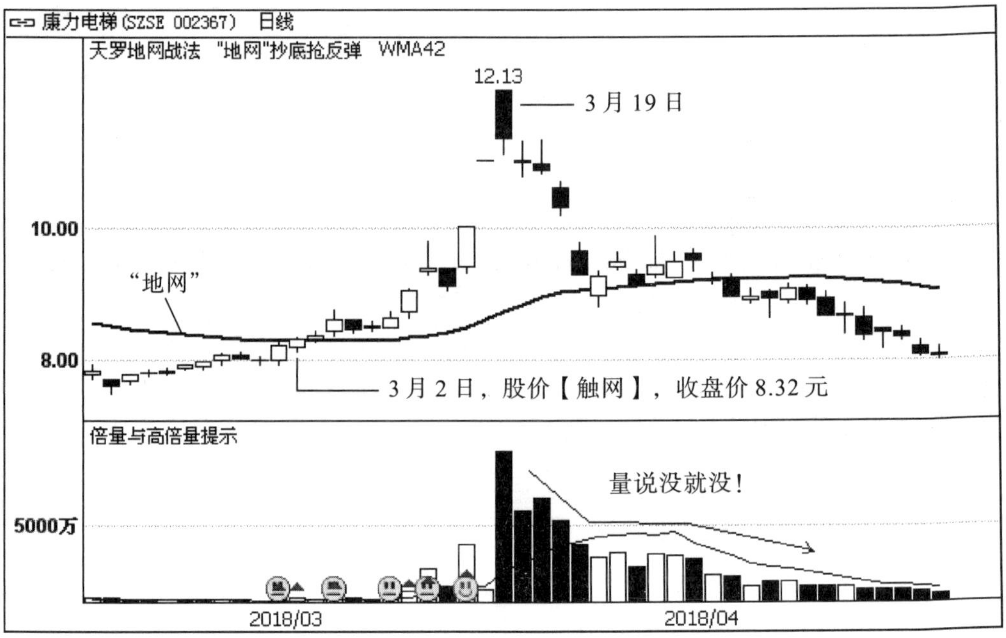

图 3—61

接下来股价的实际走势如图 3—61 所示，它印证了我们之前的判断。

瞧，成交量说没就没！股价打哪儿涨的，又跌回哪儿去了。

2. 带上影线的放量快速冲高，更需提高警惕

股价涨到头了没有？在什么情况下一定是见顶了？对此笔者没有百分之百的把握每次都判断准，但笔者只要看到一个东西出现，就会产生抛股票的冲动——那个东西就是日 K 线的上影线。请看下面的案例。

案例一　海南橡胶（601118. SH）

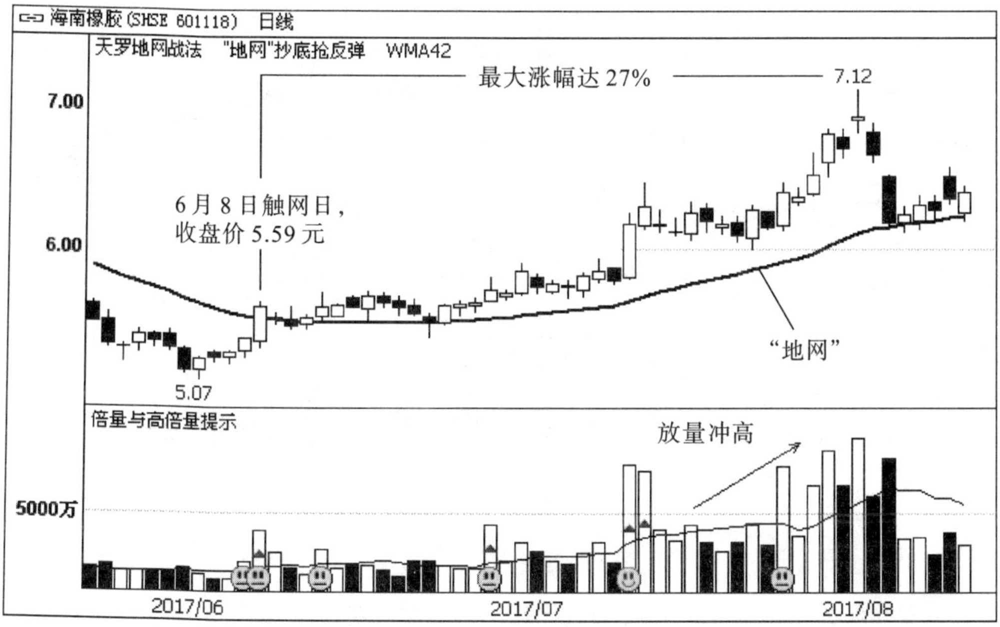

图 3－62

无论 K 线的实体部分有多长，只要 K 线上有上影线，你就得立即琢磨一件事：股票是不是该卖了？

如图 3－62 所示，海南橡胶的【触网日】为 6 月 8 日，当天的收盘价为 5.59 元。行情见顶于 8 月 9 日，当天最高价为 7.12 元。从 6 月 8 日到 8 月 9 日，在长达两个月的时间里股价的累积涨幅已有 27%，非常接近"地网"反弹收益预期的上限。

其实从 8 月 9 日之前的一周开始，股价就已经明显在放量。股价涨得越高我们就越要警惕，尤其是 8 月 9 日这天股价冲高回落，日 K 线的上影线太醒目了。即便不清仓，减点儿仓总不是什么难事吧？

事后证明，这天果然就是行情的终止日。

案例二　唐德影视（300426. SZ）

如图 3－63 所示，2016 年 11 月 3 日，唐德影视的股价收盘于 34.81 元。此时，距 10 月 19 日【触网日】的收盘价 27.58 元，涨幅已超过 26%。如果按当天的最高价 36.92 元计算，则当时的涨幅已达 34%。

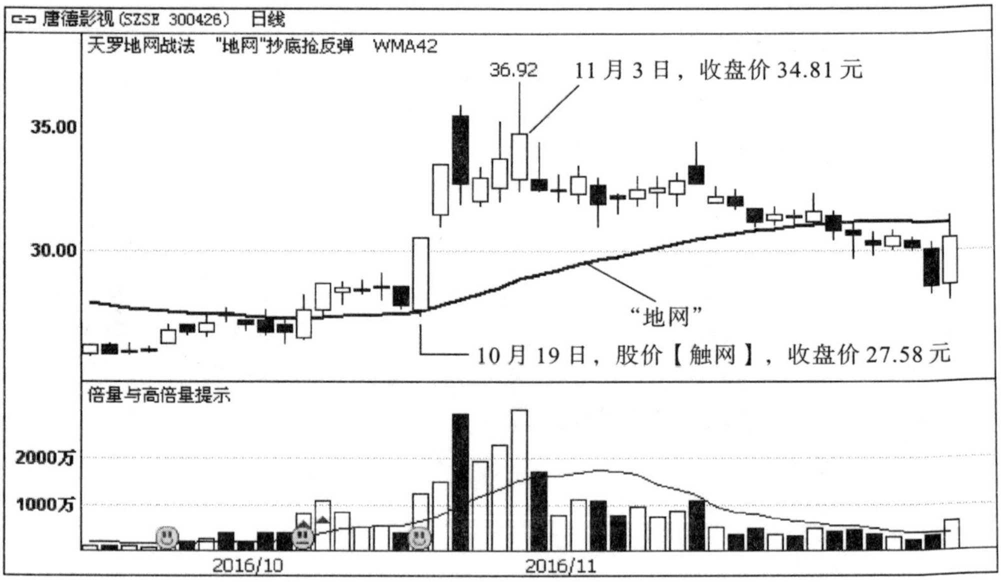

图 3－63

股价持续放量拉升已达 6 个交易日之久，"高位滞涨"四个字的评语基本可以下了。最要命的是，11 月 3 日当天的上影线，其长度超过了 K 线的实体部分。这还有什么好犹豫的，11 月 3 日投资者就应该止盈离场了。

案例三 运达科技（300440. SZ）

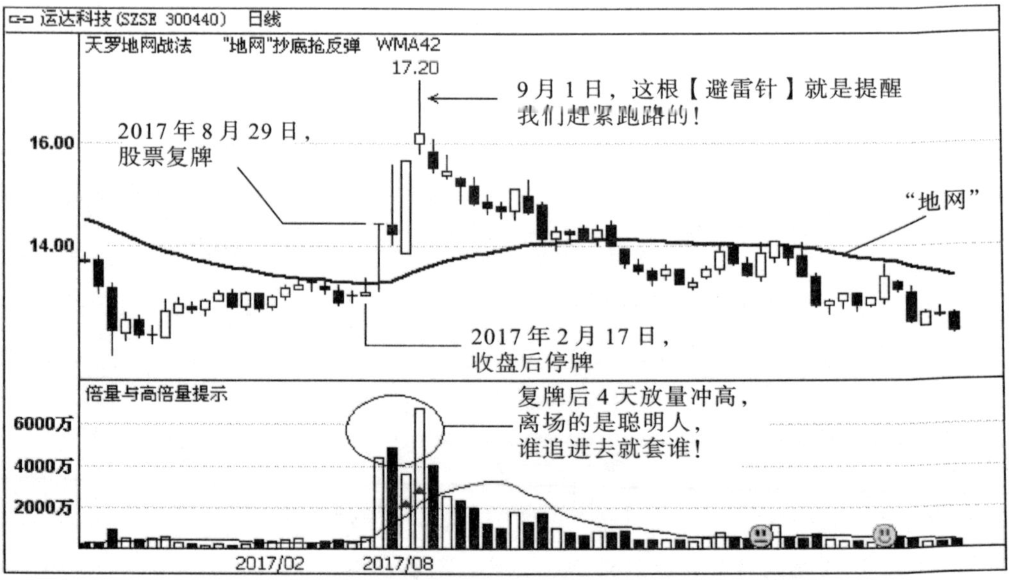

图 3－64

复牌出妖股。

如图 3－64 所示，运达科技 2017 年 2 月 17 日收盘后停牌，8 月 29 日，股票复牌。

从 8 月 29 日到 9 月 1 日，复牌后股价 4 天放量冲高，然后……没有然后了。跑路的算是聪明人，谁追进去就套谁！

你注意到 2017 年 9 月 1 日 K 线上长长的上影线了吗？像不像避雷针？这根“避雷针”就是提醒投资者赶紧出局！

案例四 浙江永强（002489. SZ）

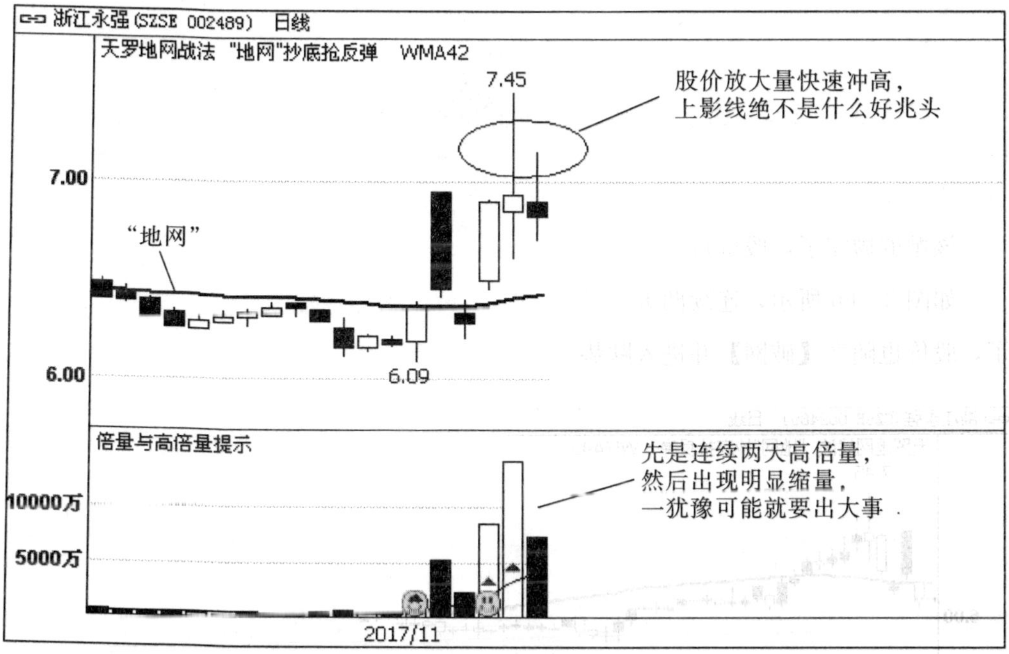

图 3－65

图 3－65 为浙江永强的股价走势。2017 年 11 月 8 日，该股放出高倍量将股价推高至 7. 45 元。股价短期快速冲高却留下了长长的上影线，这可不是什么好兆头。

11 月 9 日，量缩价微跌，这能解读为是在为今后再次上涨所做的蓄势吗？绝对不能！因为 11 月 9 日这天日 K 线上又留下了长长的上影线，说明 11 月 8 日没走掉的筹码在 11 月 9 日继续抛呢。

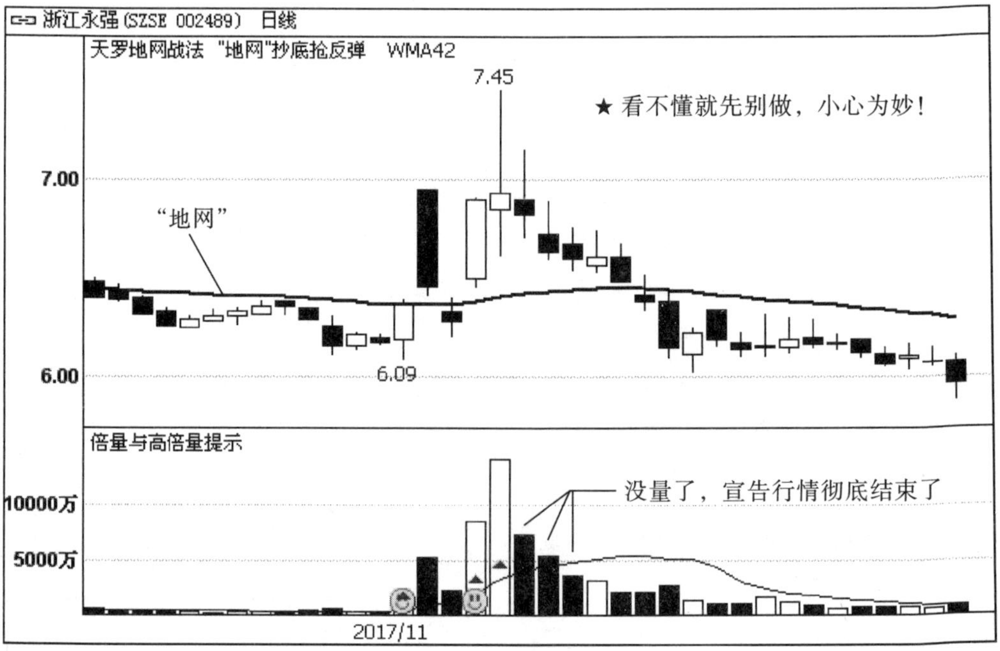

图 3—66

该抛的抛完了，股价自然要跌。

如图 3—66 所示，连续两天的快速冲高之后，浙江永强的成交量突然明显缩小了，股价也随之【破网】并进入跌势。

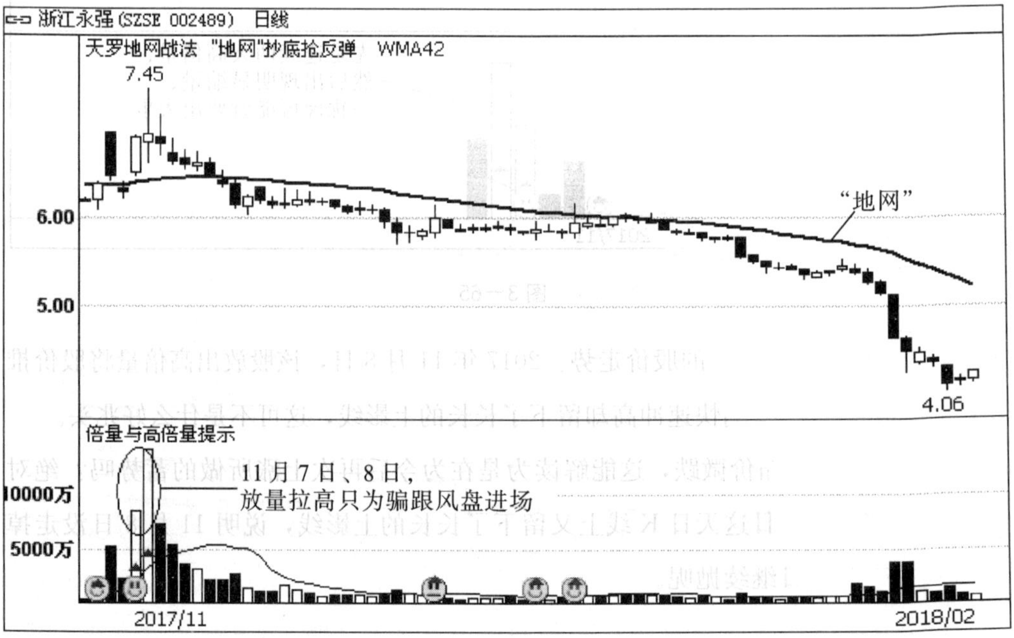

图 3—67

如图 3—67 所示，看看本来就不高的股价最后跌成什么样了。

回想当初 11 月 7 日、8 日的放量，就是主力机构搞的鬼。因为在最前面的图 3—65 中我们也不难发现，其实该股在正常情况下一直都没什么成交量。主力机构骗不了套牢盘，他要骗的是跟风盘！

奉劝各位投资者，如果对盘面短期的走势看不懂，你就先别做了。尤其是碰到长长的上影线，最好忍一忍，躲着点儿！

案例五　新疆浩源（002700. SZ）

如图 3—68 所示，新疆浩源 2017 年 10 月 11 日（收盘价 11.21 元）和 17 日（11.45 元）的两根 K 线本来是【N 形】，很有发展潜力。但是仔细一看，这两天不但突然成交量放得那么大，而且 K 线实体上方都留有长长的上影线。尤其是 10 月 17 日这天太吓人了，上影线用“病态”两个字形容才恰当，生怕投资人看不懂这天有筹码在高抛似的。

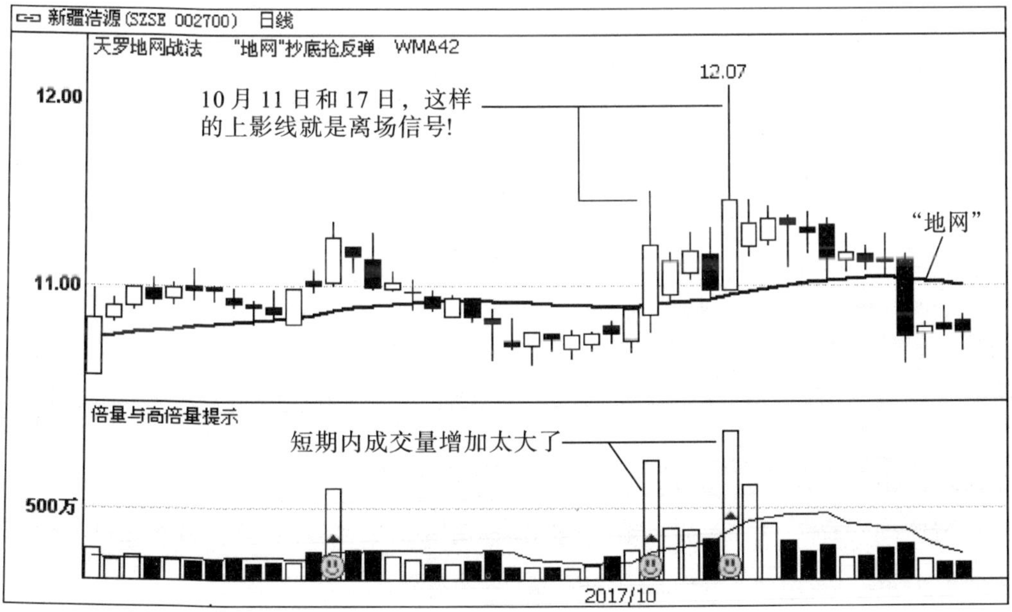

图 3—68

既然这样，那咱就别追了。11 月 17 日必须离场！

案例六　岭南股份（002717. SZ）

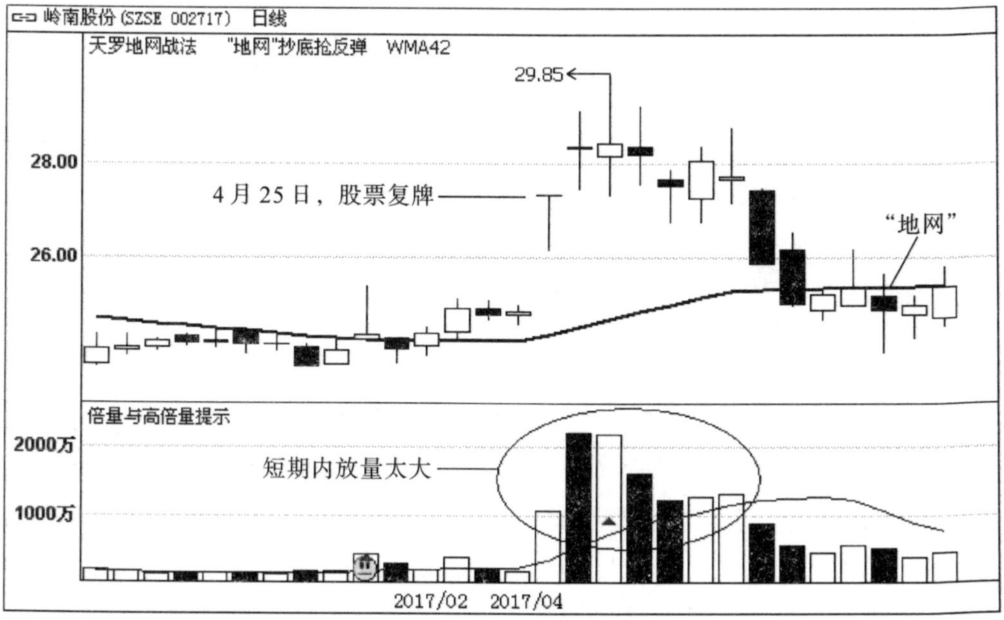

图 3－69

如图 3－69 所示，2017 年 4 月 25 日，岭南股份复牌。此后 7 个交易日里成交量增加太明显了。再数数，短短几天工夫有多少根上影线了？还有比这更明显的出货迹象吗？说什么都得赶紧离场了！

总　结

小心驶得万年船！

见到短期内放量，尤其是放大量，你得先琢磨清楚一点：有买就有卖，卖盘是哪儿来的？即便琢磨不清楚也没关系，操作上很简单：空仓坚决不追。

股市没有“万金油”

一、用较大的均线参数抄底

1. 底部无常形，抄底亦无定法

“机会是跌出来的”，此话不假。但是，在没有准确内幕消息的情况下，散户如何判断“机会到了”，或者是“机会差不多到了”呢？这是非常难的一件事。

市场的“不确定性”是指什么？——股票和股票不一样，即便是同一只股票，这次的行情走势和下一次的行情走势也不一样。在股价下跌后的底部形成过程中，阶段性的最低价倒是只有一个，可底部形态却没有标准的模板。因此抄底没有固定模式可循、没有固定方法和固定参数可用。你不信？那就请看下面这幅图，回答图中的问题吧。

请告诉笔者，图 4－1 上的几个问题，你能回答出几个？

你一个也回答不出来！所以说，底部本无常形，抄底亦无定法。

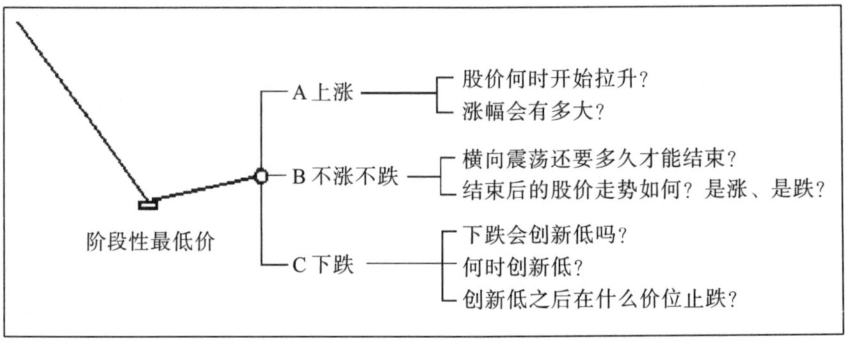
A 上涨
股价何时开始拉升？
涨幅会有多大？
B 不涨不跌
横向震荡还要多久才能结束？
结束后的股价走势如何？是涨、是跌？
阶段性最低价
C 下跌
下跌会创新低吗？
何时创新低？
创新低之后在什么价位止跌？

图 4—1

2. 抄底宜稳妥

在绝大多数情况下，大行情和牛股不是靠抄底能抄到的，抄底就是抢反弹。

不同交易者对市场的感悟不尽相同，因此交易策略会千差万别。笔者不但是坚定的右侧交易者，而且还格外看重进场的胜率。

谁不想在抄底时买得更低？想买得更低很容易。笔者当然清楚如果用较小的均线参数去抄底，很有可能获得更好的进场位置。举例来说，我们只需在 K 线图中加载进 10 日均线（MA10）与“地网”做个对比就能发现，在很多情况下 10 日均线的确能帮助投资者实现“买得更低”。请看下面的例子。

案例　泰山石油（000554. SZ）

如图 4—2 所示，2016 年 1 月 27 日，泰山石油的收盘价为 8. 99 元，已经站上 10 日均线了。而如果按照“地网”战法的相应买入规则进场，则要等到 2 月 26 日新的【触网日】到来，而此时的收盘价已涨到 10. 20 元了。

在本例中，用 10 日均线抄底，相对于“地网”的滞后，价格优势在 10%以上。

如图 4—3 所示，2016 年 5 月 31 日，泰山石油的股价又站到了 10 日均线之上，当天收盘价 8. 56 元。尽管行情没有马上展开，但这个进场位置并不高。相比之下，“地网”战法的【触网日】在 7 月 4 日，当天的收盘价已是 8. 67 元了。由于股价【触网】后的反弹幅度很有限，肯定是参照 10 日均线进场的投资者能多赚一些。

当然，必须指出的是，如果参考 10 日均线操作的投资者有“股价跌破 10 日均线就止损离场”的纪律，则在 6 月 13 日股价大跌破线之日会遭受一次损失。

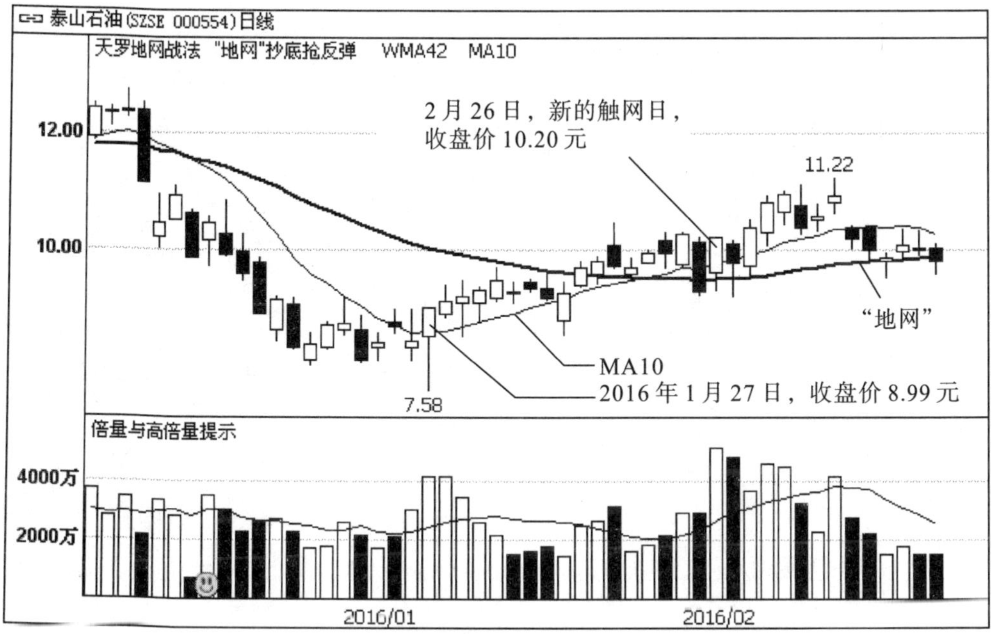

图 4—2

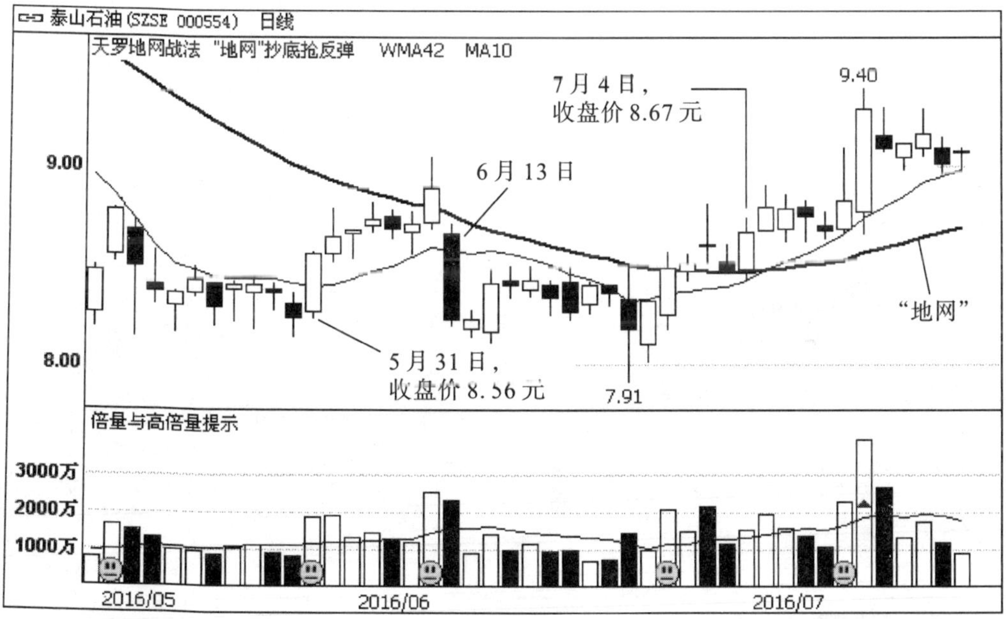

图 4—3

如图 4—4 所示，2018 年 2 月 23 日，泰山石油的股价站上了 10 日均线，收盘于 6.64 元。这个价格明显比 3 月 12 日【触网日】的收盘价 7.18 元便宜不少。

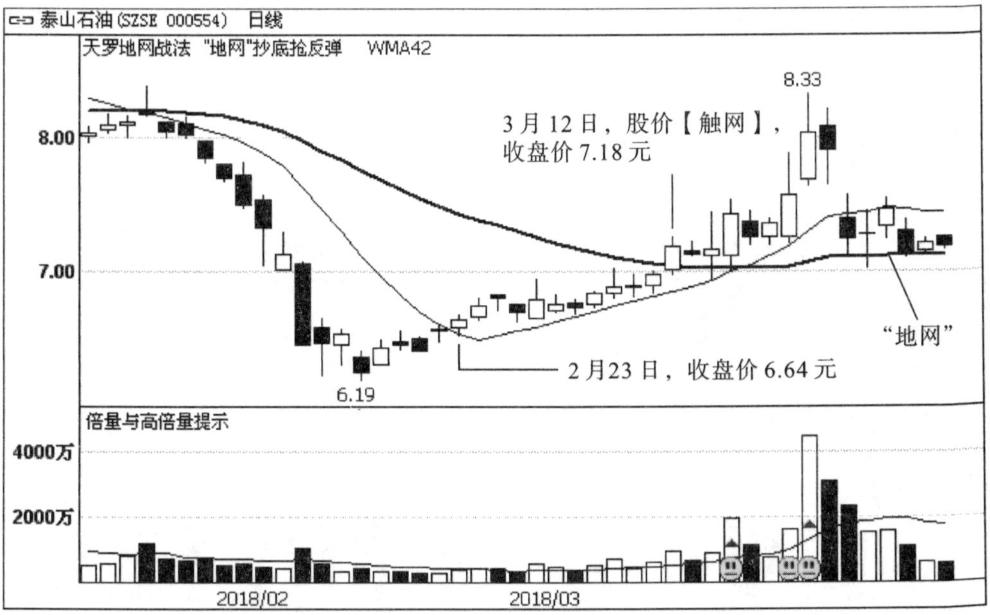

图4－4

显而易见，在抄底时使用较小的均线参数比使用较大的均线参数更激进，投资者可以获得时间和进场位置上的优势。

有时候，由于股价走势怪异，即便按10日均线抄底，也抢不到最好的进场位置。但由于参数小，10日均线依然能比“地网”占据一定的价格优势。如下图所示。

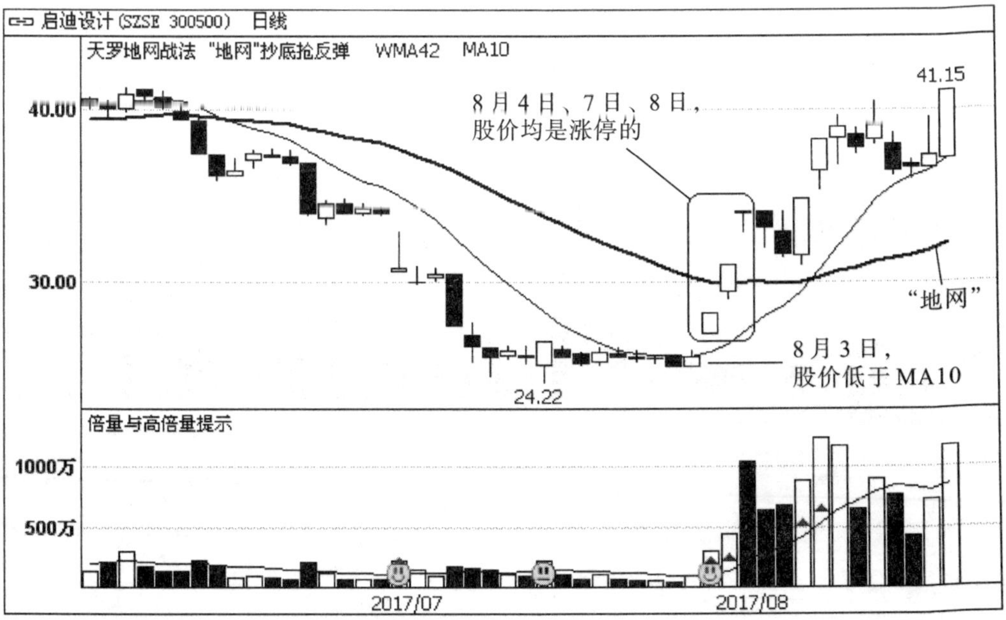

图4－5

在图4—5的这个例子中，即便用10日均线抄底也没有办法买在启迪设计的真正底部。因为2017年8月3日，该股的股价收于25.60元，而当天MA10的值为25.63，股价未上10日均线。并且8月3日这天底部也没有量，谁能想到去进场抄底？

当然，下一个交易日（即8月4日），激进的投资者就可以进场了，尽管这天股价跳空高开并在收盘时涨停。如果用10日均线选进场点，8月4日比“地网”的【触网日】8月7日提早了一天，并且由于“地网”战法不主张在【触网日】当天就进场，因此遵循“地网”战法的相关规则进场，最早也要在8月8日。

8月4日、7日、8日，这3个交易日的股价均是涨停的，这意味着，在启迪设计的这波反弹行情中，凡是在8月4日进场的投资者，有可能比采用“地网”战法的投资者多赚20%。

凡事有利有弊。抄底时如果使用较小的均线参数，难免要遭遇股价在该条均线上下更加频繁的震荡。有时候，即便进场真的可以早几天，价格能够低几角，但买进之后股价不涨你该有多闹心。请看下图。

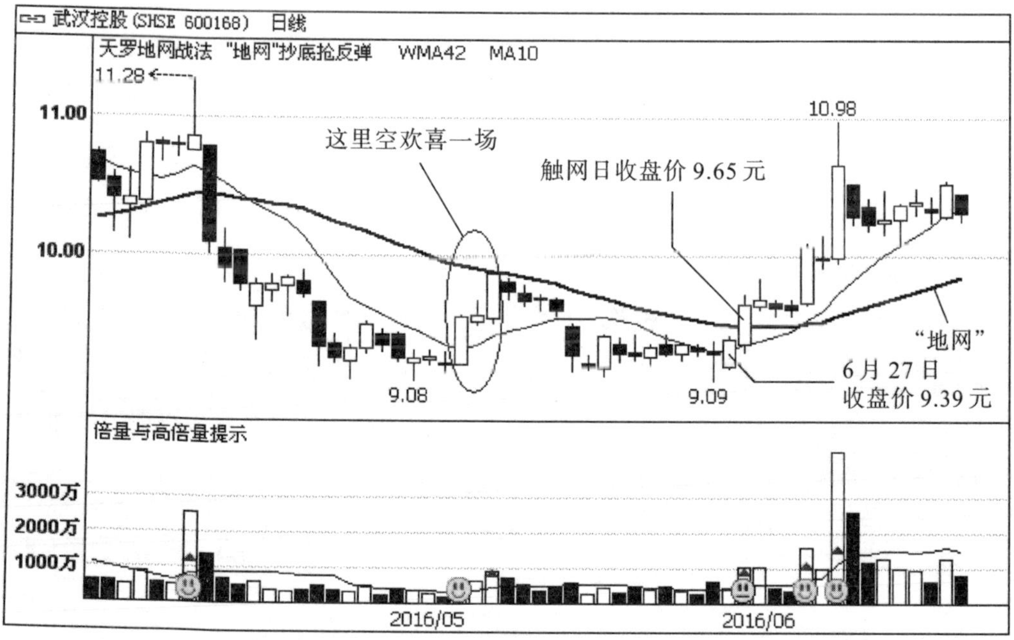

图4—6

如图4—6所示，2016年5月底6月初，在图中圈出的位置，武汉控股已经用10日均线把急于抄底的股民骗了一回。

到了2016年6月27日，股价收于9.39元，再一次站上了10日均线。等到下一个交易日，即6月28日便迎来了久违的【触网日】，当天股价收于9.65元，仅仅比前一日高了0.26元而已。

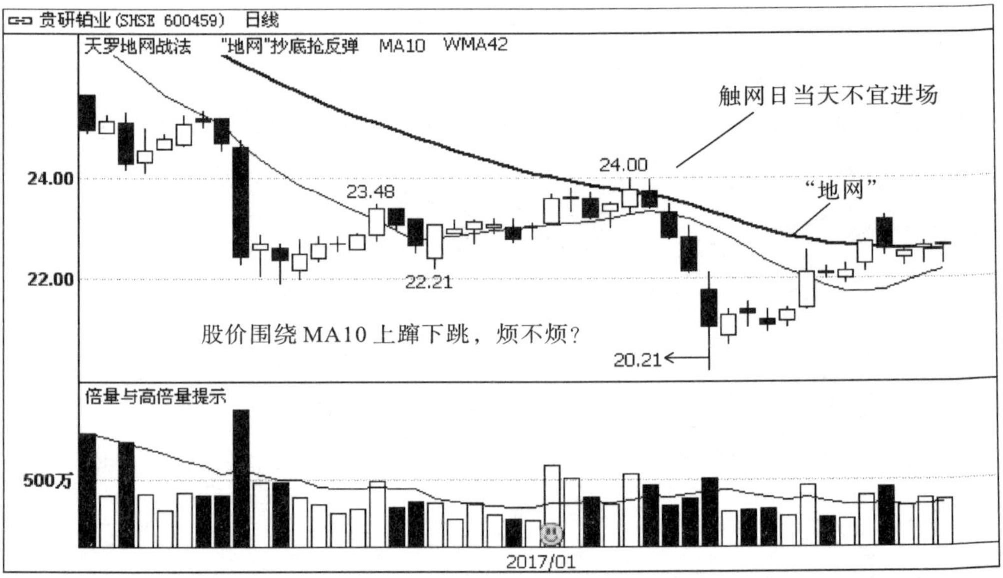

图4—7

如图4—7所示，按照“地网”战法里的相应规则，【触网日】当天不宜进场，另外还有很多方法让我们通过不进场避开陷阱和暗箭，比如【触网日】后大阴线回调要等待。尽管笔者没做具体的统计，但如果“地网”战法进场后投资者被洗一次，则当他换用10日均线作为进场依据时，大致要被洗两到三次。

另外，10日均线具有很强的趋势指向性吗？对此笔者高度怀疑。

如果10日均线处于“地网”下方，那么这种均线的空头排列对股价的压制力是相当强的。“地网”、MA10和股价一同下行，往往说明股价还处于跌势之中，根本就不应该急于抄底。请看下面的例子。

案例　瑞普生物（300119.SZ）

如果两条均线空头排列，判断趋势当然看参数值较大的那条。

如图4—8所示，当“地网”的WMA42和MA10呈空头排列时，股价的方向往往一直指向你电脑的右下角——这不就是典型的持续下跌吗！股价没跌到位，还抄什么底啊？

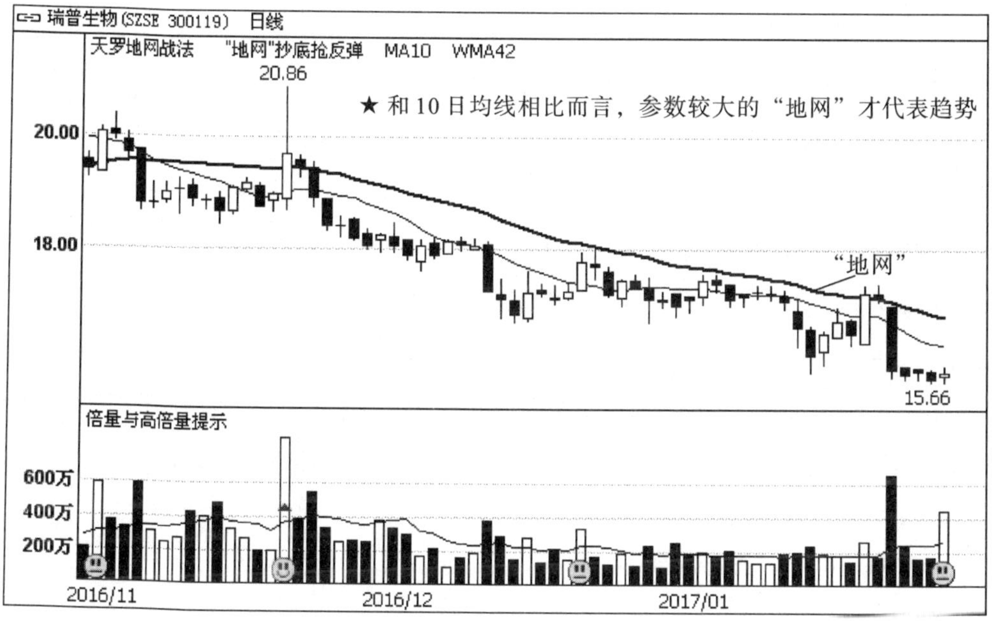

图 4—8

如图 4—9 所示，看，这就是跌势未尽就急于抄底的后果。一路抄底，一路丢盔弃甲、损兵折将。

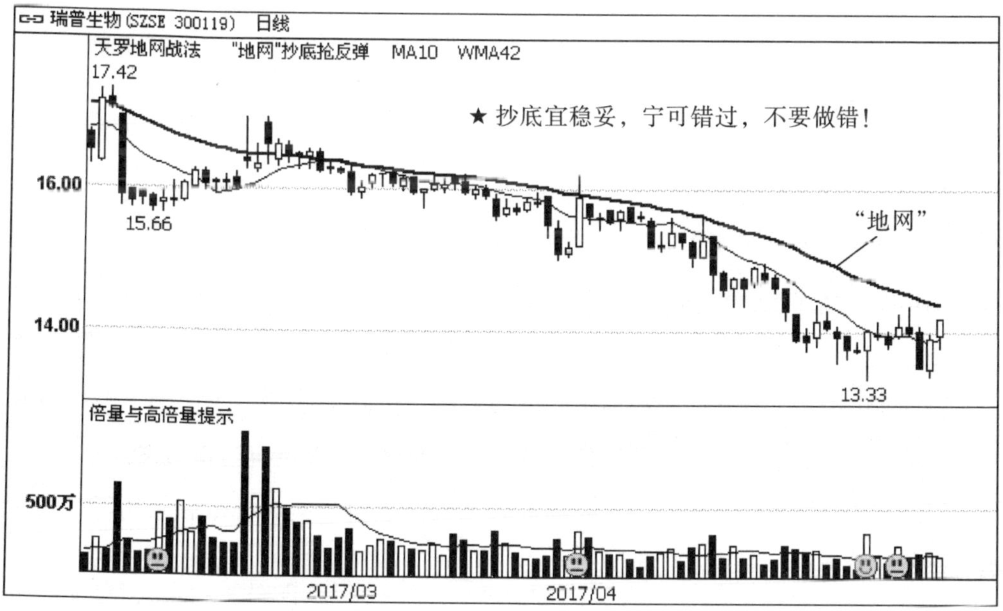

图 4—9

抄底宜稳妥。这是笔者总结的一条经验，或者说是教训。宁可错过，不要做错！

股市不存在什么“万金油”，抄底也并没有一定之规。交易中根本就不存在某条均线“最准”，或者是哪种算法“最好”的情况，更不可能有包打天下的指标和参数。

我们是凭统计数据说话，靠涨跌概率博弈。在炒股实战中，投资者完全可以调整自己的均线参数甚至是算法。你感觉怎么调整用起来顺手就怎么调。

做交易这么多年，笔者已不再像年轻时那样激进。笔者发现自己变“慢”了、变“懒”了，“交易多动症”也早就在不知不觉中被市场治愈了。看到股价围绕均线的上下翻飞对笔者来说已不再是一种享受了——所以在抄底抢反弹时，笔者现在比较喜欢较大的均线参数。

在日级别上用“地网”抄底，笔者觉得还是应该以稳妥为第一要务，至于是否能买得更低一些，倒是不太看重。这也许就是一个交易者在饱经沧桑后对“舍得”的一种理解吧。

二、行情是自己走出来的

抄底没有万全之策，因为股价走势实在是千奇百怪。“天罗地网”战法中的“地网”战法能在很多情况下帮广大股民捕获抄底后的短线赚钱机会，这在大量的实战中已得到了验证。同时，对于一些怪异乃至极端的行情走势，笔者也还有其他的应对之策。只是那种场面比较少见，有些交易策略经常被闲置，派不上用场。

无论行情走势多么怪异、极端，交易者在抄底时有几个“标准动作”是必须做的。

第一步，等待。别整天焦虑地预测底部在哪里，蠢蠢欲动，生怕哪天没盯住错过了最低价。记住，最低价不是你的，你要等阶段性的最低价自己走出来。

第二步，还是等待。用几天或几周的工夫确认之前的某个价位就是阶段性最低价。同时要等底部形态逐渐清晰到自己能看得懂。此外，如果量能的蓄积较为充分就再好不过了。“一定要拿着钱等行情，千万不要攥着股票干瞪眼。”

行情是股价自己走出来的，它想怎么走，由它去吧。

笔者不想神话 WMA42 这条“地网”在抄底中的作用，恳请各位也不要迷信它。

行情是自己走出来的，但行情有三种：

A——上涨；

B——下跌；

C——（长时间）不涨不跌。

股价“触网”之后，如果仅用很短时间就痛快淋漓地拉升或是没有丝毫拖泥带水地“破网”而下都好说，就怕这条由 WMA42 构筑的“地网”慢慢走平了，而股价长时间围绕其上下翻飞。如果真出现这样的行情，谁拿它都没办法。行情是自己走出来的，请看下图。

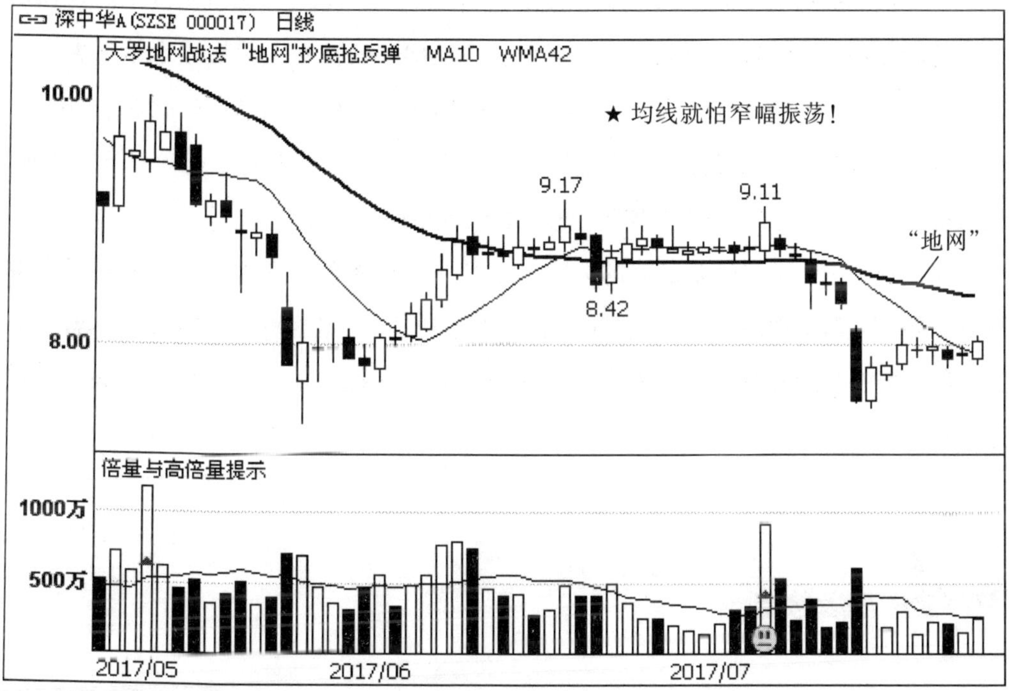

图 4－10

如图 4－10 所示，如果遇到股价（长期）窄幅振荡的走势，任何一条均线都会失效。

股市执行的是 T+1 交易制度，就算投资者能准确判断出震荡区间上沿和下沿的价格，他也顶多在日内做一次 T+0，而且 T+0 还得是在他有底仓可用的情况下才能做。

“万一这种走势真的出现了，我们该怎么办?” 怎么办？没办法了，你已经输了！

当不上不下的窄幅振荡行情已经出现了，抄了几次底你才感觉不对劲“哎呀，怎么震荡了?”这时你挠头、开始想办法了，可一切都已晚了。就如同蔡桓公曾说：“寡人无疾!”好像他自己就是神医似的，真等浑身难受了他才想起了扁鹊。可病都已入了骨髓，谁能救得了他啊？恕笔者直言，只要你事发之前没想好对策，说明你当初就是在赌博，根本不是在做股票。“地网”战法帮得了股民，却救不了赌徒。

“伏击股市”系列丛书之四《庄散心理战》中讲了分散投资，不要一次只买一只股。你要在窄幅振荡这种常见的行情走出来之前就把对策彻底想好。

“不预测、找对策”——行情这样走，我们就这么做；行情那样走，我们就那么做。千万别一棵树上吊死。如果 WMA42 这道“地网”走平，你也被洗了两次，那你立马就要停止再跟这只股票纠结了。一旦“地网”战法在一只股票玩不下去了你该怎么办？你要做两件事：第一，等——等“地网”拐头向上后温和放量；第二，还是等——索性等时机成熟后，直接切换到“天网”战法。就这么简单！（“天网”战法将在“伏击股市”系列丛书第六册里和读者见面。）

你还别不信，等待就是最好的策略。在某一只具体的股票上，主力拖不过分散投资、船小好调头的散户。“大路朝天、各走半边。”他迟迟不拉升股价，你就不要跟这般磨磨叽叽的股票“谈恋爱”了。你做你的分散投资，东边不亮西边亮，桃花谢了有玫瑰。

全书最后总结

在股市里掘金，您可以试着用“天罗地网”战法里的“地网”战法抄底，它是在日级别打伏击战的一种形式。我们就是瞄着在股价止跌、【触网】（即进入我方“伏击圈”）后搏一搏——能赚 1%就算胜利，能赚 10%～30%堪称功德圆满。

我们为什么要打伏击战？因为主力实在是太强大了，我们散户跟他们打不起持久战、阵地战、消耗战。我们只能选择打伏击战、游击战、麻雀战以及采用广种薄收、见好就收这些战法在狭缝中求得生存。笔者相信只要你长期坚持不懈地一仗仗打下去，最终一定能够积小胜为大胜、积小钱成大钱，获得滚雪球般的惊人复利收益。